黃元秀

太極要義

出版人語

武術作為中華民族文化的重要載體，集合了傳統文化中哲學、天文、地理、兵法、中醫、心理等學科精髓，它對人與自然和諧共生關係的獨到闡釋，它的技擊方法和養生理念，在博大精深的中華文化中獨具特色。

隨著學術界對中華武學的日益重視，北京科學技術出版社應國內外研究者對武學典籍的迫切需求，於二〇一五年決策組建了「人文・武術圖書事業部」，該部成立伊始的主要任務之一，就是編纂出版「武學名家典籍」系列。

入選本套叢書的作者，基本界定為民國以降的武術技擊家、武術理論家及武術活動家，之所以會有這個界定，是因為此時期的武術，在中國武術的發展史上佔據著重要的位置。在這個時期，中西文化日漸交流與融合，傳統武術從形式到內容，從理論到實踐，都發生了巨大的變化，這種變化，深刻干預了近現代中國武術的走向。

這一時期，在各自領域「獨成一家」的許多武術人，之所以被稱為「名人」，是因為他們的武學思想及實踐，對當時及現世武術的影響深遠，甚至成為近一百年來武學研究者辨識方向的坐標。這些人的「名」，名在有武術的真才實學，名在對後世武術傳承永不磨滅的貢獻。他們的各種武學著作堪稱「名著」，是中華傳統武學文化極其珍貴的經典史料，具有很高的文物價值、史料價值和學術價值。

民國時期的太極拳著作，在整個太極拳發展史上佔有舉足輕重的地位。當時的太極拳著作，正處在從傳統的手抄本形式向現代出版形式完成過渡的時期；同時也是傳統太極拳向現代太極拳過渡的關鍵時期。這一歷史時期的太極拳著作，不僅忠實地記載了太極拳的衍變和最終定型，還構建了較為完備的太極拳技術和理論體系。「武學名家典籍」收錄了著名楊式太極拳家楊澄甫先生的《太極拳使用法》《太極拳體用全書》，一代武學大家孫祿堂先生的《形意拳學》《八卦拳學》《太極拳學》《八卦劍學》《拳意述真》，武學教育家陳微明先生的《太極拳術》《太極劍》《太極答問》，武術活動家許禹生先生的《太極拳勢圖解》《陳式太極拳第五路．少林十二式》，董英傑先生的《太極拳釋義》，杜元化先生的《太極拳正宗》等。

此次出版的《黃元秀武學輯錄（全二冊）》首次彙集了武術家黃元秀先生一生主要的武學著作：包含楊澄甫等太極大家高深功夫及拳譜，以及黃元秀先生數十年拳學體悟的《太極要義》和《楊家太極拳各藝要義》（《太極要義》與《楊家太極拳各藝要義》的內容有重合之處，故將《楊家太極拳各藝要義》原文影印附錄於《太極要義》之後，以便研究者考證）；記錄了楊澄甫先生所授拳劍刀槍各圖及黃元秀平生武學閱歷經驗所得的《武術叢談續編》。

黃元秀一生修武修佛，造詣極高。他的武學著作反映出以為國為民、強國強族、復興中華為目的的治學思想。其著作中含有大量的珍貴史料和心得體會，對武學貢獻卓著。但其著作流傳卻十分有限，迄今為止，國內外尚沒有出版過黃元秀武學著作合集。因此，對黃元秀武學著作的首次出版，將會對傳統武學及其相關文化的研究與繼承、歷史迷霧的澄清、傳統武學的發揚光大都有所幫助。無論初學者還是資深武學家，都會從這樣一位獨特人物的武學結晶中汲取到自己所需。這也是我們整理分享黃元秀前輩著作的初衷。

以上提及的武術家及他們的著作，在當時就已具有廣泛的影響力，時隔近百年之後，它們對於現階段的拳學研究依然具有指導作用，並被太極拳研究者、愛好者奉為宗師、奉為經典。對其進行多方位、多層面的系統研究，是我們今天深入認識傳統武學價值，更好地繼承、發展、弘揚民族文化的一項重要內容。

本叢書由國內外著名專家或原書作者的後人以規範的體例進行了點校和導讀，尊重大師原作，力求經得起廣大讀者的推敲和時間的考驗，再現經典。

為了減少讀者的閱讀困難，我們進行了如下處理：原書中明顯的訛誤及衍倒之處，我們採用徑改的方式，不再出注，儘量使讀者閱讀順暢；原書中有少量缺字或原字不清情況，可根據前後文補上的，我們即直接補上，不再出注，不能補充的以□表示。

「武學名家典籍」將是一個展現名家、研究名家的平臺，我們希望，隨著本叢書的陸續出版，中國近現代武術的整體面貌，會逐漸展現在每一位讀者的面前；我們更希望，每一位讀者，把您心儀的武術家推薦給我們，把您知道的武學典籍介紹給我們，把您研讀詮釋這些武術家及其武學典籍的心得體會告訴我們。我們相信，「武學名家典籍」這個平臺，在廣大武學愛好者、研究者和我們這些出版人的共同努力下，會越辦越好。

導讀

中國武學歷史悠久，到清末民初達到發展的高潮。如何搜集、發掘先賢前輩們對於武術研究的成果，汲取並傳承其精髓，是今後武學研究面臨的一大課題。在眾多武學前輩中，浙江黃元秀先生的傑出貢獻往往被人們忽略，其著作值得我們深入研究。

黃元秀（一八八四—一九六四），浙江杭州人。原名鳳之，字文叔，中年以後改名元秀。其乃辛亥革命元老，早年曾在浙江省立武備學堂學軍事，後渡東瀛，入日本士官學校深造。在日時化名山樵，與黃興、秋瑾、徐錫麟、蔡元培、章太炎等結交，共同參與同盟會活動，回國後為光復浙江做出過極大貢獻。其後參加過討袁、護法等事，北伐時曾任總司令部少將參議等職。

一九二九年秋，浙江省政府主席兼浙江省國術館館長張靜江，邀請中央國術館副館長李景林將軍等一干武林高手，來杭州主持全國武術表演比賽。黃元秀先生是「國術遊藝大會」籌委會的成員之一，並擔任了大會秘書和監察委員。

同年十一月十一日，黃元秀先生在其放廬居所拜師宴賓，於園中「瑞雲石」前，為後世留下了民國時期武林領袖們的珍貴合影（左圖）。

黃元秀先生

視其一生，黃元秀先生經歷獨特，集辛亥革命者、護國護法軍人、北伐將領、抗日志士、書法家、佛學精修者、武學家為一身，學養高超，學力過人，勤於著述。學人評價其為好人、善人、高人和奇人。

黃元秀先生一生修武修佛，造詣極高。其整理寫作的武學著作，反映出以為國為民、強國強族、復興中華為目的的治學思想。其著作中含有大量珍貴史料和心得體會，對中國近代武學貢獻卓著。譬如，他完成了武當劍大師李景林的願望，整理出版李景林所傳武當劍法；整理楊家太極拳嫡傳與精華；記錄了自己對武林各家的看法與心得，等等。

然而，其著作流傳卻十分有限，如唐豪先生在民國時期出版《王宗岳太極拳經》引用參考文獻時，所注的黃元秀著作只是非賣品的油印本。

為使武術研究者、愛好者得以全面認識黃元秀的武學貢獻，本次出版的《黃元秀武學輯錄》首次彙集了其一生主要的武學著作，包括：《武當劍法大要》（商務印書館印刷，一九三一年七月出版）；《太極要義（附武術偶談）》

（文信書局印行，一九四四年十一月出版）；《楊家太極拳各藝要義（附武術偶談）》（國術統一月刊社發行，一九三六年出版）；《武術叢談續編》（一九五六年油印稿）。

其中，《武當劍法大要》是李景林先生親授的第一部武當劍專著，「元秀親受其業，退而述成此編，呈政。師閱後曰：『汝能記其根略，以惠同門，實吾近年所欲成而未竟之志。汝即付梓可也。』今則誨語如聞，哲人已萎。緬懷風範，不禁高山景行之思。」一直到二十世紀九〇年代，筆者與李天驥先生再傳弟子高曉光先生交流時，高曉光提到李天驥先生武當劍的自豪之情，仍歷歷在目。

李天驥先生乃李景林傳人，此外據黃元秀記載，著名武術家趙道新先生，也是李景林先生的弟子。

黃元秀在《武當劍法大要》中提到，他最初一直在尋找中國劍術，多年不遇，很是遺憾，但不信已經完全失傳。後來，見識到李景林將軍之劍術而投其門下，並將所學著述記載，以使其廣傳。武當劍技奧秘何在，為何能名震民國時期的武林，黃先生在其著作中有詳解。這一著作也奠定了黃元秀在武學界的歷史與學術地位。

除武當劍外，黃元秀先生的楊家太極拳也是嫡傳。一九三七年，日本全面侵華戰爭爆發之前，黃元秀刊登於《國術統一月刊》的《楊家太極拳各藝要義（附武術偶談）》，保留了其所學所知的原始楊家太極拳技藝與文獻，比較全面地解釋了楊家太極拳的內容與奧妙。此書開篇就是一版與眾不同的《太極拳論》。這一版本究竟是什麼來歷？為何與其他版本不同？值得學界重視與研究。其中的太極拳拳式名目內容，與李瑞東傳人於民國八年抄本中記載的傳楊家譜也有不同之處。其《太極拳論》中記載的《太極拳長拳歌》，可能是民國時期與太極拳相關的著作僅見。

這一內容，後來在一九五三年七月一日，才出現於何孔嘉先生的序言文字中，將楊健侯贈田兆麟拳譜（油印本《太極拳手冊》）重提。直到近年，孟憲民先生於二〇一五年出版《牛春明太極拳及珍藏手抄老譜》一書，將其外祖父牛春明抄於楊健侯拳譜手抄本的影印件公佈於世，以《太極妙處歌》之名才又出現。

黃元秀先生武學著作的著眼點獨到。他認為即便是同一門弟子之間的拳法，各傳人之間也是「各有特長，各盡其妙，不能從同，亦不能強同，其中並無軒輕可分，在學者更不得是此而非彼。要知此種藝術，能立千年而不廢，博得一般人士之信仰，其中確有不可磨滅之精義，令人莫測之妙用存焉。」「無論係何師，一家所傳，一人所傳，其動作多少，皆不能同，亦不必盡同。不僅太極拳如此，即彈腿一門有練十路者，有練十二路者。此為回教門之藝，尚且有兩種之分。又若少林門各拳，有岳家手法，有宋太祖拳，此傳彼授，各是其是，各非其非，惟情論總須一致，設或理論不同，則其宗派顯然有別，不得謂為同門矣。」為後人紛爭誰是正宗、如何辨別不同門派指點了迷津。高人高思，可見一斑。

由於黃元秀顯要的社會地位，加上諸多便利因素，他可以向楊澄甫先生詢問許多問題，涉及其他弟子與師父之間不便詢問的事情。以其資深的武學修養、文學修養、修佛境界及軍隊高階等身份，記錄了楊澄甫等楊家太極高手的高深功夫，令人信服。如「楊老師順勢一撲，其手指並未沾著余之衣襟，而余胸中隱隱作痛」。為何弟子們各有特色，為何練太極者眾多而成才者寥寥無幾？他給出了自己的調查結果。

此外，諸如什麼人適合什麼拳，練太極重點何在，學拳慢與快的道理所在，太極與少林姿勢的對應關係，以及太極拳練法、連勁、推手、散手、對打、技擊，八打八不打，等等，都作了專項講解。他還對一些門派（如零令門）加以介紹，對舊時拜師學藝儀式的流程、講究，武林場上的各式規矩、禮範，一些門派的學藝特色，都給以詳細描述，同時將歷代劍俠名人悉數記載在冊。黃元秀先生還在專著中述諸文字，大聲呼籲：應當把概念籠統的國術稱謂改為具體的武術稱謂，唯此才能夠準確釐清武術的專責與其他門類的分野……凡此種種，都使後人能夠看到那個時代武術業清晰的樣貌。

黃元秀在其武學專著中，還保存了許多武術史上的重要資訊。記載了楊家傳人對武家太極來歷之不解；記載了楊露禪所學來自陳家溝的陳長興，為太極拳史研究再次提供了來自楊家說法的旁證；記載了楊鏡湖（楊健侯）的珍貴心得對張三豐（峰）與太極拳之關係，做了概述與探討。

黃元秀還用生動的文筆，記載了河北一個別開生面的郝家太極拳派。其文如是說道：「太極拳，近年來風行南北，可謂國術界中最普遍之拳術，遍觀各處，各人所練，各不相同，可大別為三派：一為河北郝家派。此派不知始於何祖，聞係河北郝三爺（郝山野）所傳，述者忘其名，世以郝三爺稱之。三爺於清末走鏢秦晉間，身兼絕技，善畫戟，名震綠林，鏢局爭聘之，實為山陝道上之雄。余見天津蔣馨山、劉子善等，皆練此拳，南方習者不多，吾師李芳宸先生南來時，其家人及同來各員，皆善此。手法極複雜，其動作較楊陳二派增添一倍，約有二百餘式，表演一周，時間冗長。據吾師云：此於拳式之外，加入推手各法，故較他派手法齊備，因太繁細，頗不易記，諸君既習楊家派，其理一貫，勿須更習。余慫恿朋儕學習之，計費六十餘日，不能卒業，可見其繁細矣。孫祿堂先生云：『此拳之長，極近柔順之至。』爾時余忘索其拳譜，不知與陳楊兩派之理論，有無異同也。」黃元秀的這一記載，學界並沒有認識到，它為破解太極拳眾多重大歷史謎團，留下了一把鑰匙。

《武當武技與開合太極拳》作者李仁平，於二〇一三年《武魂》發表文章

介紹：……十九世紀晚期，清代武術家劉德寬得世隱高人的開合太極拳，傳弟子吳俊山。一九一〇年劉德寬病故，弟子吳俊山投至李景林麾下，並與蔣馨山

（一八九〇—一九八二，祖籍河北省棗強縣人。程派八卦掌傳人。畢業於北京法政學堂後，跟隨表兄李景林從戎，時任李景林奉軍第一師軍法處處長，直隸省軍務督辦署軍法處處長。）關係密切。為報答李景林、蔣馨山的知遇之恩，吳俊山奉獻開合太極拳，言此拳係王宗岳所傳，請李、蔣二人甄別。李、蔣二人慧眼識得此拳的價值，甚是歡喜地接納了此拳（後蔣馨山傳弟子呂學銘、李允中、兒蔣炳熙等；呂學銘傳弟子李仁平等；李仁平傳眾弟子……）由此可知有一個「述者忘其名」的神秘人物——河北郝三爺，而蔣馨山等所練之開合太極拳與河北郝三爺同脈。蔣馨山生前常說：「該拳無一處不合『拳論』，是王宗岳真傳無疑。」

文中說這位郝三爺「於清末走鏢秦晉間，身兼絕技，善畫戟，名震綠林，鏢局爭聘之，實為山陝道上之雄。郝三爺走鏢往來於秦晉之間，一代太極拳宗師王宗岳也是山西人，有地緣上的契合以及人與人之間往來聯繫的可能性，由此是否可以推斷郝三爺的太極拳來源於山西王宗岳一脈？開合太極拳公之於世已六代人（一百八十多年）。清中晚期，鏢師郝三爺得武當高人傳授開合太極拳，為近代第一代傳承人。晚清著名武術家劉德寬（一八二六—一九一一）在山西護鏢時，得郝山野傳授，為第二代傳承人。劉德寬傳第三代吳俊山；吳俊山代師傳蔣馨山、李景林、程海亭……由此推斷劉德寬得自郝三爺。」

綜合新發現的山西版《三三拳譜》、山西版《三三槍譜》及唐豪先生廠本《陰符槍譜》《太極拳經》合抄本等可知，王宗岳是乾隆時人、原來《陰符槍譜》分別在北平、河北、山西三地流傳。乾隆年間民間流傳的《山右王宗岳太極拳論》，不止被武禹襄經過其兄而得到，也被河北廣平陳華（利）先生等人得到。顧氏六合通背拳傳人廣平陳利先生這一支，掌握的拳譜與楊家不同，如楊家並無《陰符槍譜》。另從河北顧氏傳人藏譜，以及各傳人的著作等看，其門內並不尊王宗岳為乾隆傳祖，可知其不是王宗岳嫡傳之系。陳利弟子盧氏的傳譜名為《六合通背》，而非《太極拳譜》。

陳利先生得到《陰符槍譜》《山右王宗岳太極拳論》之後，最初用於補充完善自己的六合通背拳，並非太極拳。可知陳利先生之前的顧氏拳法為六合通背拳，其傳人盧鳴金先生的《槍譜》也不是陰符槍。此槍法被三皇炮拳傳人冠之以「趙雲勇戰槍」「子路槍」，河南南陽地區以「黃龍槍」稱之。這些資訊的共享，是又一個值得研究的大課題。

因此，陳利六合通背拳傳系後與楊家交流學習，結合自己所學，將其擴充為太極長拳，拳譜文字也二者合一。此拳傳人有郝三爺、劉德寬先生、陳利傳人等。後人搞不清楚來源，河北廣平等地傳人將太極拳上推到顧氏；又見自己傳譜中有張三豐的資訊，便按自己的理解，認為是張三豐所傳。

此外，吳孟俠先生民國三十三年《明武山莊武學手冊之一》顯示，所謂牛連

河北顧氏傳人陳利傳譜中《王宗岳太極拳論》的資訊

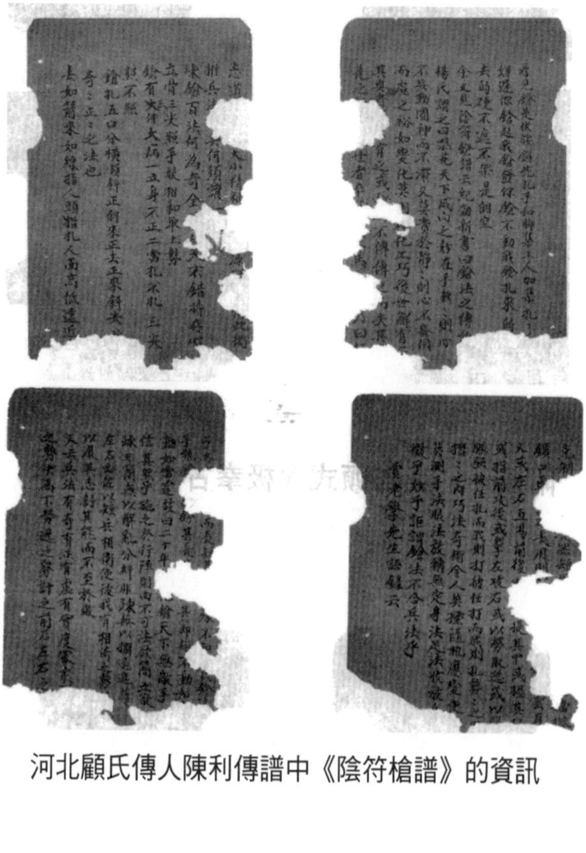

河北顧氏傳人陳利傳譜中《陰符槍譜》的資訊

元傳譜並不存在，原來是王樹剛傳譜，也是陳利這一支的傳譜。

至此，筆者得出初步結論：河北郝三爺各太極拳傳系與姜容樵、姚馥春太極拳傳譜相合；吳孟俠傳譜與姜容樵、姚馥春太極拳傳譜相合；姜容樵、姚馥春太極拳傳譜與河北廣平陳氏陳利傳系相合；山西版《三三拳譜》、山西版《三三槍譜》與唐豪廠本、河北顧氏傳人陳利傳譜相合；乾隆時王宗岳《陰符槍譜》與《太極拳論》相合；武氏《王宗岳太極拳論》與山西、河北、北平《王宗岳太極拳論》相合。

上述發現，以及「此係武當山張三豐先師遺論」真相揭示等成果，將改寫太極拳的歷史，並提出新的大課題。更多相關課題及其深入探討有待學界展開。這是黃元秀先生此書的歷史價值及貢獻所在。

黃元秀先生的書是以辛亥革命過來人的歷練，寫光復後國人如何對待傳統武術，應該如何使之發揚光大。這點與李泰慧先生著作《心一拳術》背景相同。因此，這些前輩們是真心為國家及其後代受益而著述，其心胸視野自是不同。

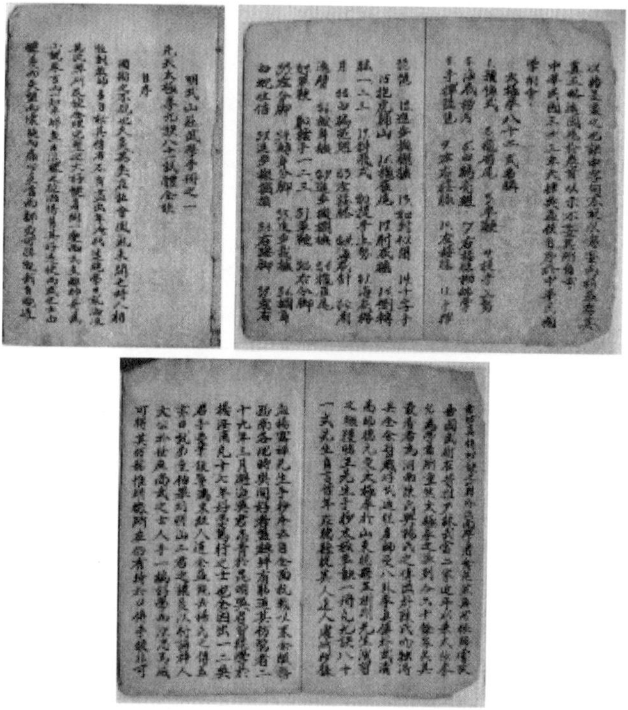

吳孟俠先生民國三十三年《明武山莊武學手冊之一》原本

《太極要義》一書，是《國術統一月刊社》發行《楊家太極拳各藝要義》之後，第一部太極拳方面的獨立出版物。表面上看，兩者內容上有大量相同，但《太極要義》更加豐富的內容，正是黃元秀先生致力於武學事業，不斷完善作品的反映，這也是其用心所在。鑒於刊物發行量有限，黃元秀先生經過不斷努力，終於有了《太極要義》單行本。

該書整理於抗日戰爭時

期，意義特別，因物質匱乏而使用土紙出版，由文信書局印行。此書沒有了《楊家太極拳各藝要義》中的刊物附帶，以及其他學人的武學相關文字及歷史遺跡遺物等內容，篇幅內容也有增刪與不同，並有許多歷史名人之序，反映出當時政要人物對武術國粹及其黃先生的重視程度。

除太極拳內容外，此書另有大量傳統武學的其他內容，增補了圖示。無論從哪方面講，黃元秀先生的武學專著都具有多方面的實用與學術價值，其中作序的相關人物，今日大都已成需要後人重點研究的歷史人物。

晚年，黃元秀先生又總結出《武術叢談續編》（一九五六年油印稿），更新其武學心得與成果，但限於歷史條件，僅在小範圍公開。雖個人身份以及社會地位不斷變化，但黃元秀先生為中華武學發揚光大的初心不改，世間罕見。如其一九五七年與海燈法師的交往及其留影，又為學界關於海燈法師武功疑問的爭論，提供了一個佐證。

唐豪先生、徐哲東先生等學人都曾以黃元秀先生著作為論據，考證相關課

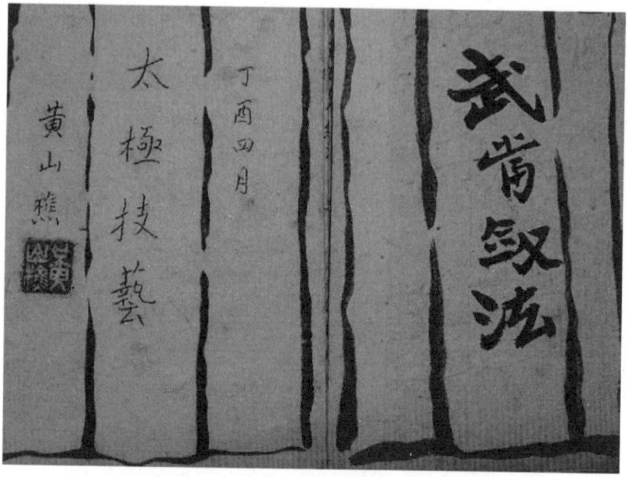

1957 丁酉年，黃山樵（黃元秀）撰《太極技藝》《武當劍法》

1960 庚子年，黃山樵撰《武當妙技》

1960 庚子年仲冬，海燈法師與黃元秀（時年七十又八）湧金公園對劍

題；移居瓜地馬拉的李英昂先生曾在《太極拳十三槍注》中讚譽，黃元秀先生是以科學方法整理太極拳；陳炎林編寫的《太極拳刀劍杆散手合編》一書，論勁、散手、太極拳表等，皆從黃先生著作而來。

遺憾的是，黃元秀先生的武術專著，除個別出版於民國時期，以前一直未能公開出版發行。大陸地區只在二十世紀八〇年代翻印過《武當劍法大要》一書。其餘都沒有機會再版或翻印，可謂遺珠棄碧。迄今為止，國內外尚沒有出版過黃元秀先生武學著作合集，這也是學界一大不足。

對黃元秀先生武學著作的首次合集出版，將會對傳統武學及其相關文化的研究與繼承、歷史迷霧的澄清、傳統武學的發揚與光大都有所幫助。無論初學者還是資深武學家，都會從這樣一位獨特人物的武學結晶中汲取到自己所需。這也是我們整理分享黃秀元前輩著作的初衷。

崔虎剛 於加拿大首都渥太華

太極要義

附武術叢談

[illegible]題誌

黃元秀編著

太極要義

附武術叢談

文信書局印行

目錄

古籍原貌

譚序（一）

民國二十三年春三月，余至南昌，謁　委員長。遇行營黃處長文叔先生，出其太極拳要義一書，囑余題句，余因之有言矣。余聞諸　楊夢祥先生曰：研究太極拳之要訣有三：

一：盤架子，初學者，宜勻、宜緩、宜正、宜展，所謂勻者，劃圈宜圓，兩圓須成切線，兩圓相交，須通過圓心，蓋求其整齊也。所謂緩者，使所儲之內勁，漸漸達於指梢，蓋求其血氣舒暢也。所謂正者，全身中正安舒，重心無傾斜之弊，蓋求其姿勢之優美也。所謂展者，使筋肉骨節自然展開，蓋求合符生理上之運動也。

二：推手　架子盤熟，工夫稍進，則學推手，或曰搭手，又曰靠手，推手者，敵我二人，以一手或兩手然搭，用拈、連、黏、隨、四字工夫，劃陰陽兩圈。其法有二：

1. 甲劃圓圈，乙隨而走，或乙劃圓圈，甲隨之而走。
2. 甲乙兩人，各劃半圓圈，合成一整個圈。

然無論一整圓圈，或兩半圓圈，均於此圈圈上，研究掤、擠、捋、按、四字要訣。惟應注重者，甲乙兩人，各有一重心，甲乙兩人搭手時，又於搭手之交叉點，自成一重心，此三重心點，由甲乙兩人互相爭奪，得重心者勝，失重心者敗，此一定之理也。

三：發勁與化勁　推手練習純熟，然後練習發勁與化勁，初學者，可練手上發勁，所謂合掌，或曰補手是也。工夫較深者，練習腰勁或足跟之發勁，所謂發於足跟形於手指是也。發勁宜直，化勁宜圓，化之不盡，發之不遠。初學化勁者，方向宜斜，上乘工夫，則向自身化之，所謂引進落空是也。或曰：以夫子之道，反制夫子。即借敵人之力，以打敵人，借敵人之勁，以制敵人也。

然發勁化勁，必須拈、連、黏、隨、掤、攦、擠、按、採、挒、肘、靠、合而運用。否則不克生效也。

余對於太極拳，夙尋而未專研，茲承　黃先生囑，不敢推諉，謹錄師說，以留紀念，並非謙遜也。

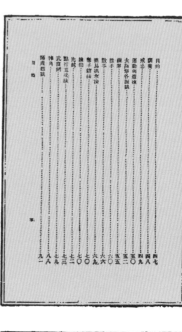

永新譚夢賢於南昌謹識

譚序(二)

余友黃君元秀，字文叔，軍界之宿將也，性恬淡，廣交遊，公餘之暇，輒喜擊技之術，昔日曾與李芳宸楊澄甫杜心五諸先進遊，潛心研習，歷有年矣，著有太極拳要義一書，行將付梓，供諸同好，問序於余，余因之有言矣。夫古代拳術，不知創自何人，史冊難稽，近代拳術，其流派雖演為武當少林兩宗，然其鍛鍊之結果，其成功則一也。溯考少林拳術，有龍拳練神，虎拳練骨，豹拳練力，鶴拳練精，蛇拳練氣之分，五拳均練純熟，則體魄雄厚，腦氣充足，手足靈活，眼光銳利，基礎既立，然後研求對敵致用之方，於是少林之拳法備矣。武當拳術，創始於張三丰先師，此拳不重表面筋皮骨之形態，而重內體精氣神之充實。其致用之法，主張以靜制動，以柔克剛，以短勝長，以慢勝快，以無力打有力，即兵法所謂動於九天之上，藏於九地之下是也。初習三丰藝術者，先練十三式架子，盤此架子之期間，最短百日，最長三年，姿勢準確正確，手眼身腰步已趨一致，而動作呼吸用意三者，均能協調，然後再練着法，由着熟而練習懂勁，由懂勁而階及神明，一旦臨敵，則着勁合一，身意協調，吾人一舉手，一抬足之間，無不得機得勢，所向無敵矣。練武當拳如是，練少林拳想亦大同而小異也。今之習技擊者，應以黃君之要義為法，幸勿存內外二家之謬見，而生分別之心，則習拳之要旨得矣。　質諸文叔兄，未卜以余言為河漢否耳，是為序。

民國三十一年冬譚參贊又序於桂林智是齋

姚序

黃君文叔，博學多能，尚武俠，少居鄉里，好與突騎垂冠者，縱談技擊，未嘗不心領神會。其時風氣未開，輒為父老所阻，長而奔走國事，職務鞅掌，無暇及此。中年以後，始與田紹先楊澄甫，諸國術名家，先後相識，乃從學太極拳，暨各種武藝。旋又游李芳宸將軍之門，習武當劍法，綜是十餘年來聲應氣求，交遊益廣，學業亦日益精進，近出所著太極拳要義見示，都凡一萬四千餘言，詳論拳術工夫，並學者用功方法；而於關節體力，修養身心諸端，言之尤詳。至若師門源別，拳家慣例，亦略舉大概，足供參考。夫拳術諸書，不乏善本。惟斯編乃不僅拳法論理，並能切實指示學者以用功要旨。蓋本其經驗所得，加以悉心體會，故著眼有獨到之處，語似尋常，而體用賅備，願讀者勿以其近而忽之，斯可已。

民國紀元二十有三年甲戌仲春弟姚僖第謹跋

蔣序

擊技總別為武當，為少林，少林宗達摩，武當宗張三丰。考武當之擊技，亦不一其途，就余所知者，如太極拳及八卦遊身連環掌，武當劍術，皆三丰祖師所傳留。太極拳之歷代遞嬗者，在唐代有許宣平夫子李，在元代有張三丰，在明代有張松溪。松溪乃三丰之高足，於浙之鄞縣，傳授門徒，厥後名家輩出，要皆松溪一派。八卦遊身連環掌，則董海川太老師，在江南謝花山，受之道人避塵俠。武當劍術，則先師宋唯一，在醫巫閭山，受之道人避月俠，乃避塵俠之師兄也。二者之術，似同而不同，不同而同，其左旋右轉，右旋左轉，擰蓋花則不同而同者也。其換勢一則自下，一則自上，自下者，乾用九，進陽火。其旋轉，則如盤中滾珠，其變化則身如風中之柳，手如織布之梭。自上者，坤用六，退陰符。如食固石於萬仞之山，其法主於誘，即所謂善戰者不鬥，善爭者不怒，此同而不同者也。尤宜辨者，武當丹字派劍術，則張松溪在浙江鄞縣之四明山，授於張三丰，故又稱曰四明劍術。松溪本少林名家，遍歷南北無敵手，在四明為張三丰所折服。遂盡棄少林所學，而歸於武當，所存者僅少林之五行陰手棍，又名連環過江棍，故凡松溪一派之劍客，均熟於少林陰手棍法。甲子秋余從先師宋唯一受數時，談及太極拳之意義，則不知有太極拳之名，習之演練太極拳者則不知有武當劍術之名。太極拳之要義，爲拈、連、黏、隨，武當丹字派劍術之要義，爲背孤擊處，完全用腰，所謂往來無蹤影者也。以其時代地點考之，均係溪研傳留，固無疑意。余友虎林黃文叔先生，既著太極拳要義，武術叢談，徵敍於余，余不敏，不能文，則就武當各派之源流，略述梗概，後之學者，攻擊之風，於以泯滅，斯則余之厚望焉。

甲戌秋，河北蔣馨山敍於天津浮棄瑕國技研究社。

鮑序

虎林黃文叔先生，學識通明，亦儒亦俠，而胸懷坦蕩，肝胆照人。少卽有志於技擊，顧其時斯道尚未大彰，武術名家，亦不爲當世所引重，先生方有志焉而未之逮。尋且投筆從戎，以軍界先進人物，盡瘁國事，從偬不逸者，彌歷年歲。而先生志願所結，卒以全國國術大會之機緣，與太極拳斗楊澄甫先生覯炎，得精究曠傳一世之楊無敵暨禪先生拳術遺傳，因以廣交海內國術名家，不一其人。更從李芳宸將軍研習武當劍法，以與太極拳術相輔，由斯應求會合，廣益集思，益諳斯道之奧妙。邇者退食自公之暇，著太極拳要義一書，而附以經驗所得之武術偶談，其於拳術之宗法規約，與夫致力之方，稱名之義，體力之調節，身心之修養，均能切致意，有志斯道者，洵堪奉爲典要。回憶去夏，行營成立，先生奉召來贛，佛田亦附驥奔走於斯，旅社傾襟，備覺歡洽。自是公餘宴暇，輒摩挲濟，益承先生不棄，忘形爾我，始知先生固深嫻武術，佛田愧於斯道，素少研究，方思學步，而苦於靡所問津。今對先生之逸塵遐飛，緒習之章，彌形堅決，顧以公務忙迫，人事拘束，卒卒未果。直至今歲元月，始得償半載以來之積念，由是每夕追陪，於練拳練劍之餘，時飫聆先生名論。凡古今來端人賢哲之私懿言行，塌蓋技藝，與夫一切涉世應務之方，植品讀身之道，莫不懃懃懇懇，亶爲雅言。其對於青年後進，

尤力勉其體魄身修，以爲將來作大事業，並謂技擊之[illegible]。不僅以練習拳術爲强身健體之基礎，而以[illegible]之所長，務須永保恆心，保持健康，以濟羣生，諸要義之[illegible]，此佛田[illegible]。斗[illegible]以[illegible]心書此編以爲世之讀是書者，共作爲[illegible]。

中華民國二十三年一月[illegible]佛田[illegible]於南昌行營

林序

余習太極拳於田師紹先，得識黃文叔先生。其爲人深沈果毅，勇往直前，每習一藝必至精熟而後已，故其造詣之遠，造詣之深，非余所能揣測也。本年春，黃先生於勞勞鞅掌之餘暇，出其多年苦心所得之經驗，筆之於書，彙爲太極拳要義及武術偶談，欲示初學者，以實練入手之法，其有益於世，洵非淺鮮。書成以余稍習醫學，命將拳術於生理上之益處，簡括言之，重違其請，謹爲條例如左：

一：太極拳之爲術也。一動無有不動，一靜無有不靜，其動其靜，莫不身心兼顧，內外並修，將無偏重之弊。且其練習順序，由淺入深，按步以進，倘柔和不用拙力，以努氣爲大忌，絕無過勞之弊，故能發達全身臟器，使其肥大，則身體日益堅強矣。

一：太極拳之實練也，以集精領神，以發號施令，一舉一動，皆有意志，爲其主宰，非沒無統率者可比，故能凝聚集中，精神且以聚固。

一：呼吸爲吾人生命所賴以維持，其爲重要，不言可知。然在實際上，每被忽視，常見有摒其氣息，以求最大努力，致顏色紫漲，脈絡怒張，或竟昏厥若悶而倒地，此皆不知注意呼吸，蓋以體內氣氣之出入決滅也。太極拳則不然，集中心意，以行呼吸，一呼一吸，皆應

身體之動作，隨者轉換之間，皆以呼吸貫通之。即所謂以心行氣，以氣運身，身心之關係，介以呼吸，故能身體靈活，呼吸隨之，而肺活量日以增大矣。

凡上三端，僅其大概，聊舉以爲證，固不足以盡太極拳於生理上之益也。

民國二十三年一月南昌行營第八陸軍醫院院長林鏡平識

自序

余自幼喜習拳棒，好聞古俠士行，從鄉人學，髫年未成，壯求科學，旋即從軍，無暇及此。民國八年，開始研拳法劍術，時北平田兆麟先生來浙，邀余加入，學幾數月，江浙軍興，奔走勞瘁，遂廢中輟。民十八張靜江先生主浙，開全國國術大會，國術名家，聯袂蒞止，一時見獵心喜，乃從陳平楊澄甫先生重習太極拳，並從老友孫祿堂，褚兆東，如兄杜心五、劉百川，研究各技；復承李芳宸先生傳授武當劍術，由來六易寒暑，愧無所得，而向慕之私，愛好之念，實未嘗一日去懷。上年孟春，日寇關東，爲友人邀往第八軍參贊戎幕，入夏南來，委囑在行營工作。公餘之暇，舉劍自娛，同營中，不乏同好，爰及錄此譜，以餉諸友，又有余習拳經驗談數則，當另附焉。

民國二十三年元月中澣黃元秀識於南昌百花洲行營

張三丰傳（錄北平太極拳研究社許先生序）

張三丰名通，字君實，遼陽人，元季儒者。善書畫，工詩詞，中統元年，曾舉茂才異等。任中山博陵令，嘗遊寶雞川之窩人，途經實仕過，遊寶雞山中，有三山峯，挺秀蒼潤可喜，因號三丰子。世之傳三丰先生者，不下十數，均未言其善拳術。洪武初，召之入朝，路阻武當，夜夢玄武大帝授以拳法，且以技賊，故名其拳曰武當派，或曰內家拳。內家者，儒家之意，所以別於方外也。又因八門五步，爲此拳中之要訣，故名十三式，言十三法也，後世誤解以爲姿勢之數，則謬矣。傳張松溪，張翠山。先是宋遠橋，俞蓮舟，俞岱岩，張松溪，張翠山，殷利亨，莫谷聲，等七人爲友，往來金陵之地，時同往武當山，訪夫子李先生不遇，過紫玉虛宮，晤三丰先生，七人共拜之，耳提面命者，月餘而歸，自後不絕往拜。由是而觀，七人均曾師事三丰，惟張松溪，張翠山，傳者名十三式耳。或曰：三丰係宋徽宗時人，值金人入寇，彼以一人殺金兵五百餘，山陝人民慕其勇，從學者數百人，因傳技於陝西。元世祖時，有西安人王宗岳者，得其真傳，名聞海內，著有太極拳論，太極拳解，行功心解，搭手歌，總勢歌等，溫州陳同州多從之學，由是由山陝而傳於浙東，又百餘年，有海鹽張松溪者，在派中最爲著名，見寧波府志，松溪傳其技於寧波葉繼美近泉，近泉傳王征南來咸，清順治中人。征南爲人爽而有義，

征南拳可稱獨步，黃宗羲與征南至善，其事蹟見寧波府志後。征南死時，曾爲墓誌銘。黃百家主一，爲傳內家拳法，有六路長拳，十段錦等歌訣。征南之後，又百年，始有甘鳳池，此皆爲南派人士。其北派所傳者，由王宗岳傳河南蔣發，蔣發傳河南懷慶府陳家溝陳長興，其人立身常中正不倚，形若木雞，人因稱之爲牌位先生，子二人，曰耕耘，曰紀信。時有楊福魁號露禪者，直隸廣平永年縣人，聞其名，因與同里李伯魁共往師焉。初至時，同學者，除二人外，皆陳姓，咸異視之，二人因互相結納，專心研究，常徹夜不眠，陳長興先生見二人之勤學，遂傾傳其秘，楊歸傳其術鄉里，人稱爲軟拳，或曰化拳，因其能化解剛硬之力也。同治間游京師，爲端邸府師，清親貴王公貝勒多從受業焉，旋爲旗營武術教師，有三子，長名錡早亡，次名鈺字班侯，三名鑑，字健侯，亦曰鏡湖，皆負盛名。余從鏡湖先生游有年，悉其家世，有子三人，長曰兆熊字夢祥，仲名兆元早亡，叔名兆清字澄甫，班侯子一，名兆鵬，務農於鄉里，當露禪先生充旗營教師時，得其傳者蓋三人，萬春凌山全佑是也。一勁剛，一善發人，一善柔化。或謂三人各得先生之一體，有筋骨皮之分，旋從先生命，均拜班侯先生之門，稱弟子云。有宋書銘者，自云宋遠橋後，久客項城幕，精易理，善太極拳術，頗有發明，與余相善，晨夕過從，獲益匪鮮，本社教員紀子修，吳鑑泉，劉恩綬，劉采臣，姜殿臣等，多受業焉。

太極拳要義

太極拳理詳解

富春陳智侯　杭州黃元秀述註

太極拳術十要（此十要，從各譜拳論中，擇其要旨，分別詳釋之）。

一、虛靈頂勁。

頂勁者。頭容正直，神貫於頂也。不可用力，用力則項強，氣血不能流通，須有虛靈自然之意。非有虛靈頂勁，則精神不能提起也。

二、含胸拔背。

含胸者。胸略內涵，使氣沉於丹田也。胸忌挺出，挺出則氣擁胸際，上重下輕，腳根易於浮起。拔背者。氣貼於背也。能含胸則自能拔背，能拔背，則能力由脊發，所向無敵也。含胸，非彎胸曲背，僅含而已。

三、鬆腰。

腰為一身主宰。能鬆腰然後兩足有力，下盤穩固。虛實變化，皆由腰轉動。故曰：「命意源頭在腰際」。有不得力處必於腰腿求之也。

腰圍要鬆，而肩肘腕手，皆要鬆。否則不能鬆活不能沉，發勁不長。

四、分虛實。

太極拳術以分虛實為第一義。如全身皆坐右腿則右腿為實，左腿為虛。全身坐在左腿，則左腿為實，右腿為虛。虛實能分，而後轉動輕靈，毫不費力。如不能分，則邁步重滯，自立不穩而易為人所牽動。

此僅以足為例，如手之出動，亦有虛實，或一手中亦分虛實，腿中亦有虛實，此理非有純熟工夫，不能領悟。

五、沉肩墜肘。

沉肩者。肩鬆開下垂也。若不能鬆垂，兩肩端起，則氣亦隨之而上，全身皆不得力矣。墜肘者。肘往下鬆墜之意。肘若懸起，則肩不能沉。放人不遠。近於外家之斷勁矣。兩臂沉下，兩肘亦向沉下，但不可僵硬，仍須鬆活靈便。

六、用意不用力。

太極拳論云：此全身用意不用力。練太極拳，全身鬆開，不使有分毫之拙勁，以留滯於筋骨血脈之間，以自束縛。然後能輕靈變化，圓轉自如。或疑不用力，何以能長力？蓋人身之有經絡，如地之有溝洫，溝洫不塞而水行，經絡不閉而氣通，如渾身僵勁，充滿經絡，氣血停滯，轉動不靈，牽一髮而全身動矣。若不用力而用意，意之所至，氣即至焉，如是，氣血流注，日日貫輸，周流全身，無時停滯，久久練習，則得真正內勁，即太極拳論中所云：「極柔軟然後能極堅剛也」。太極拳功夫純熟之人，臂膊如綿裹鐵，分量極沉。練外家拳者，用力則顯有力。不用力時，則甚輕浮。可見其力乃外勁浮面之勁也。外家之力最易引動，故不尚也。

內家拳，不重外表之得勁，而重內部之心意，意之所到，即精氣神所到之處，如是血脈方能運行，如法修練，日久自得無窮妙用。譜中所謂行氣如九曲珠無微不到，其行氣之快，全在意也。

七、上下相隨。

上下相隨者，即太極拳論中所云：「其根在腳，發於腿，主宰於腰，形於手指，由腳而腿而腰，總須完整一氣也」。手動、腰動，足動，眼神亦隨之動。如是方可謂之「上下相隨」。有一不動，即散亂矣。

上下不相隨，即不能完整一氣。術語云，手到腳不到必定瞎胡鬧。

八、內外相合。

太極所練在神。故云、神為主帥，身為驅使，精神能提得起，自然舉動輕靈。架子不外虛實開合。所謂開者。不但手足開，心意亦與之俱開。所謂合者。不但手足合，心意亦與之俱合。能外內合為一氣，則渾然無間矣。

九、相連不斷。

外家拳術，其勁乃後天之拙勁。故有起有止；有續有斷。舊力已盡，新力未生，此時最易為人所乘。太極用意不用力，自始至終，綿綿不斷。周而復始，循環無窮，原論所謂：「如長江大河，滔滔不絕」；又曰：「運勁如抽絲」，皆言其貫串一氣也。

太極拳。自第一動起，至結束，相連不斷。如一元環無斷而盡，無凹凸處。

十、動中求靜。

外家拳術，以跳躑為能，用盡氣力。故練習之後，無不喘氣者。太極以靜禦動，雖動猶靜，故練架子愈慢愈好。慢則呼吸深長，氣沉丹田。自無血脈僨張之弊。學者細心體會，庶可得其意焉。

練此拳時，外面雖動，而內部沉靜，此靜字，心意中有冷靜之意。

太極拳論（張三丰祖師著）

未有天地以前，太空無窮之中，渾然一氣，乃為無極。無極之虛氣，即為太極之理氣，太極之理氣，即為天地之根荄。化生人物，始初皆屬化生，一生之後，化生者少，形生者多。譬如木中生蟲，人之生蟲，皆是化生，若無身上的汗氣，木無朽氣，那裏得這根荄，可見太極的理氣，就是天地根荄之個抽也。（此處疑有殘論）

一舉動，週身俱要輕靈。

不用後天拙力，則週身自然輕靈。

尤須貫串。

貫串者。綿綿不斷之謂也。不貫串則斷，斷則人乘虛而入。

此指氣血脈絡貫串全身。

氣宜鼓盪，神宜內斂。

氣鼓盪則無間。神內斂則不亂。

神宜內斂，即恬靜之謂，靜者令也。

無使有凹凸處，無使有斷續處。

有凹處有凸處，有斷時有續時，此皆未能圓滿也。凹凸之處，易為人所擊。斷續之時，易為人所乘。皆致敗之由也。

其根在腳，發於腿，主宰於腰，形於手指。由腳而腿而腰，總須完整一氣。向前退後，乃得機得勢。

莊子曰：「至人之息以踵」。太極拳術，呼吸深長。上可至頂，下可至踵。故變動。其根在腳。由腳而上至腿。由腿而上至腰。由腰隨上至手指，完整一氣。故太極以手指放人而跌出者。並非盡手指之力。其力乃發於足跟，而人不知也。上手下足中腰。無處不相聯。

自然能得機得勢。

所云得機得勢，有二人接觸之機，相交之勢，有個人內外相合之機，前後轉動之勢。

有不得機得勢處，身便散亂，其病必於腰腿求之。

不得機不得勢，必是手動而腰腿不動。腰腿不動，手雖有力，而身愈散亂，故有不得力處。必留心動腰腿也。

上下前後左右皆然，凡此皆是意不在外面。有上即有下有前即有後，有左即有右。

欲上欲下，欲前欲後，欲左欲右，皆須動腰腿，然後能如意。雖動腰腿，而內中有知己知彼，隨機應變之意在。若無意，雖動腰腿，亦亂動而已。

如意要向上即寓下。意若將物掀起，而加以挫之之意。斯其根自斷，乃壞之速而無疑。

此言與人交手時之隨機應變。反復辯論。令人不測。使彼由此而不能顧彼。自然散亂。散亂則吾可以發勁矣。

虛實宜分清楚。一處有一處虛實。處處總此一虛實。週身節節貫串。無令絲毫間斷耳。

練架子要分清虛實。與人交手，亦須分清虛實。此虛實雖要分清然全視來者之意而定。彼實我虛彼虛我實。實者忽變而為虛。虛者忽變而為實。彼不知我，我能知彼，則無不勝矣。週身節節貫串。節節二字，以言其能虛空粉碎，不相牽連。故彼不能使我乘動，而我穩如泰山矣。雖虛空粉碎，不能相連，而運用之時，又能節節貫串，非不相顧。如常山之蛇。擊首則尾應，擊尾則首應，擊其背而首尾俱應。夫然後可謂之輕靈矣。譬如以千金之鐵棍。非不重也。然有巨力者可持之而起。以百斤之鐵鍊。雖有巨力者不能持之而起。以其分為若干節也。雖分為若干節，而仍是貫串。練太極拳亦猶此意耳。

虛者非無也，僅虛而已矣。實者非僵與硬也，實在而已。

以上係武當山張三丰祖師所著願天下豪傑延年益壽不徒作技術之末也。

王宗岳先師拳論

太極者。無極而生。陰陽之母也。

陰陽生於太極，太極本無極。太極拳處處分虛實陰陽。故名曰太極也。

此論王宗岳先師所造。

動之則分。靜之則合。

我身不動，渾然一太極，如稍動，則陰陽分焉。

無過不及，隨屈就伸。

此言與人相接相黏之時。隨彼之動而動。彼屈則我伸。彼伸則我屈。與之密合。不丟不頂。不使有稍過，及不及之弊。

人剛我柔謂之走。我順人背謂之黏。

人剛我剛則兩相抵抗。人剛我柔則不相妨礙。不妨礙則走化矣。既走化。彼之力失其中則背矣。我之勢得其中則順矣。以順黏背，則彼雖有力而不得力矣。

剛與僵不同。柔與軟不同。黏與滯不同。走與散不同。

動急則急應。動緩則緩隨。雖變化萬端，而理惟一貫。

乘之隨彼之緩急，不自爲緩急，則自然能粘連不斷，然非兩臂鬆淨，不使有絲毫之拙力，不能相隨之如是巧合。若兩臂有力，則喜自作主張。不能捨己從人矣。動之方向緩急不同。故曰：變化萬端雖不同，而命之粘隨，其理則一也。

由著熟而漸悟懂勁，由懂勁而階及神明。然非用力之久，不能豁然貫通焉。

著熟者。習拳以練體。推手以應用。用力既久。自然懂勁而神明矣。

學者須注意階及二字，其工夫如升階然，須一級一級而升堂入室，久練功夠自然成。

虛靈頂勁。氣沉丹田。不偏不倚。忽隱忽現。

無論練架子及推手，皆須有虛靈頂勁，氣沉丹田之意。不偏不倚者，立身中正，不偏不倚也。忽隱忽現者，虛實無形，變化不測也。

此節所云之頂勁，其頂中有虛靈，非硬挺也，若硬挺則傷氣矣。其沉，非硬壓丹田也，若硬壓，日久成病切忌切忌。

左重則左虛，右重則右杳。

此兩句卽解釋忽隱忽現之意，與彼粘手，覺左邊重則吾之左邊與彼相粘處卽變爲虛，右邊亦然。杳者。不可捉摸之意。與彼相粘，隨其意而化之，不可稍有抵抗使之落空，而無可如何。

此節工夫，須與人推手時練習之。

仰之則彌高，俯之則彌深，進之則愈長，退之則愈促。

彼仰則覺我彌高，如捫天而難攀。彼俯則覺我彌深，如臨淵而恐陷。彼進則覺我愈長而不可及。彼退則覺我愈逼而不可逃。皆言我之能粘隨不丟，使彼不得力也。

一羽不能加，蠅蟲不能落。人不知我，我獨知人。英雄所向無敵，蓋由此而及也。

羽不能加，蠅不能落，形容不頂之意。技之精者，方能如此。蓋其感覺靈敏，已到極點，稍觸卽知。能工夫至此。舉動輕靈。自然人不知我，我獨知人。

此節完全是懂勁工夫，與人交手粘連不離，非熟練懂勁不可，否則易爲人制，習懂勁，先從推手起。

斯技旁門甚多。雖勢有區別，概不外壯欺弱，慢讓快耳。有力打無力。手慢讓手快。是皆先天自然之能，非關學力而有爲也。

以上言外家拳術，派別甚多，不外以力快勝人。以力以快勝人，若遇力過我者，則敗矣。是皆先天自然之能，非有巧妙如太極拳術之不特力不恃快而能勝人也。

此節所提旁門，當有以太極之名，而無太極拳陰陽虛實之分，徒取外表之形式，而無內部鬆靜柔和之精練，故概爲旁門外道。

察四兩撥千斤之句，顯非力勝。觀耄耋能禦衆之形，快何能爲。

太極之巧妙，在以四兩撥千斤。彼雖有千斤之力，而我避彼實，則千斤亦無用矣。彼雖快，乃自動也。若遇精于太極拳術者，以手粘之，彼欲動且不能，何能快乎。

能做到四兩撥千斤耄耋能禦衆之形，始稱太極拳眞工夫。

立如平準。活似車輪。

立需如平準者。有虛靈頂勁也。活似車輪者，以腰爲主宰，無處不隨腰運動開轉也。

立如平準，並非硬直僵立。活如車輪，並非亂動。

偏沉則隨，雙重則滯。

何謂偏沉則隨，雙重則滯。譬兩處與彼相粘，其力平均，彼此之力相遇，則相抵抗，是謂雙重。雙重則二人相持不下，仍力大者勝焉。兩處之力平均，若鬆一處，是爲偏沉，我若能偏沉，則彼雖有力亦不得力，而我可以走化矣。

每見數年純功，不能運化者，率自爲人制，雙重之病未悟耳。

有彼我之雙重，有本身之雙重，彼我之雙重，必重於頂，本身之雙重，必見於笨滯。

有數年之純功，若尚有雙重之病，則不免有時爲人所制，不能立時運化。

試驗雙重，須在推手中求之。

若欲避此病，須知陰陽，粘卽是走，走卽是粘。陰不離陽，陽不離陰，陰陽相濟，方爲懂勁。

若欲避雙重之病，須知陰陽，陰陽卽虛實也。稍覺雙重，卽速偏沉，虛處爲陰，實處爲陽，雖分陰陽，而仍粘連不脫。故能粘能走，陰不離陽，陽不離陰者。彼實我虛，彼虛我

實，又變爲實。故陰變爲陽，陽變爲陰，陰陽相濟。本無定形。皆隨彼力之意而變耳。如能隨彼之意，而虛實應付，毫厘不爽，是眞可懂勁矣。

此論中有稱陰陽，有稱虛實，足見陰陽與虛實有別。

懂勁後愈練愈精，默識揣摩，漸至從心所欲。

懂勁之後，可謂入門矣。然不可間斷。必須日日練習，處處揣摩，如有所得，默識於心，心動則身隨，無不如意，技日精矣。

懂勁者明白對方之勁如何與自己之勁如何入門而已，由此而升堂入室，漸至從心所欲。

本是捨己從人，多誤捨近就遠。

太極拳不自作主張，處處從人，彼之動作，必有一方向，則吾隨其方向而去，不稍抵抗，故彼落空或跌出，皆使用力太過也。如有一定手法，不知隨彼，是謂捨近而就遠矣。

斯謂差之毫厘，謬以千里，學者不可不詳辨焉。

太極拳與人粘連，卽在粘連密切之處而應付之。所謂不差毫厘也。稍離則遠，失其機矣。

長拳者。如長江大海，滔滔不絕也。

太極拳亦名長拳。楊氏所傳，有太極拳，更有長拳，名目稍異，其實相同。

十三勢者。掤捋擠按採挒肘靠。此八卦也。進步退步右顧左盼中定。此五行也。掤捋擠按，卽坎離震兌，四正方也。採挒肘靠，卽乾坤艮巽，四斜角也。進退顧盼定。卽金木水火土也。

此論句句切要，並無一字敷衍陪襯。非有夙慧，不能悟也。先師不肯妄傳，非獨擇人，亦恐枉費工夫耳。

太極拳之精微奧妙，胥不出此論。非有夙慧之人，不能領悟，可見此術不可以技藝視之也。

十三勢歌（王宗岳先師作）

十三總勢莫輕視。命意源頭在腰隙。變轉虛實須留意。氣遍身軀不可滯。靜中觸動動猶靜。因敵變化示神奇。勢勢揆心須用意。得來不覺費工夫。刻刻留心在腰間。腹內鬆淨氣騰然。尾閭中正神貫頂。滿身輕利頂頭懸。仔細留心向推求。屈伸開合聽自由。入門引路須口授。工夫無息法自修。若言體用何爲準。意氣君來骨肉臣。想推用意終何在。益壽延年不老春。歌兮歌兮百四十。字字眞切義無遺。若不向此推求去。枉費工夫貽歎息。

十三勢歌之意義，前已申述，故不復注解。

十三勢行功心解

以心行氣，務令沉着，乃能收歛入骨。以氣運身，務令順遂，乃能便利從心。

以心行氣者。所謂：意到氣亦到。意要沉着，則氣可收歛入骨，並非格外運氣也。氣收歛入骨，工夫既久，則骨日沉重，內勁長矣。以氣運身者。所謂氣動身亦動，氣要順遂，則身能便利從心。故變動往來，無不從心所欲。毫無阻滯之處矣。行功心解四字，即道家煉氣修心之法，行功是外，心解是內，即內外兼修，即是動靜雙修，便是性命雙修。前人稱爲太極手法，今人改稱太極拳。

精神能提得起，則無遲重之虞。所謂頂頭懸也。

有虛靈頂勁，則精神自然提得起。精神提起，則身體自然輕靈。觀此，可知捨精神而用拙力者，身體必爲力所驅使，不能轉動如意矣。

意氣須得靈，乃有圓活之妙。所謂變轉虛實也。

與敵相粘，須隨機換意。仍不外虛實分得清楚，則自然有圓活之妙。

發勁須沉着鬆淨，專注一方。

發勁之時，必須全身鬆淨，不鬆淨則不能沉着。沉着鬆淨，自然能放得遠。專注一方者。

隨彼勁之方向。而直去也。隨敵之勢，如欲打高，眼神上視。如欲打低，眼神下視。如欲打遠，眼神遠視。神至則氣到，全不在用力也。

立身須中正安舒，撐支八面。

頂頭懸則自然中正。鬆淨則自然安舒。穩如泰山則自然能撐支八面。

行氣如九曲珠，無微不到。

九曲珠。言其圓活也。四肢百體，無處不有圓活珠，無處不是太極圈子，故力未有不能化也。

運勁如百鍊鋼，無堅不摧。

太極拳不用力，而其增長內勁。可無窮盡，其勁如百鍊之鋼。無堅不摧。

形如搏兎之鵠，神如捕鼠之貓。

搏兎之鵠，盤旋不定。捕鼠之貓，待機而動。

靜如山岳，動若江河。

靜如山岳，言其沉重不浮。動若江河，言其周流不息。

蓄勁如彎弓，發勁如放箭。

蓄勁如張弓，以言其滿。發勁如放箭，以言其速。

曲中求直，蓄而後發。

曲是化人之勁。勁已化去，必向彼身求一直線，勁可發矣。

力由脊發，步隨身換。

含胸拔背，以蓄其勢。發勁之時，力由背脊而出。非徒兩手之勁也。身動步隨，轉換無定。

收即是放，放即是收，斷而復連。

黏化打還是三意，而不能分開。收即粘。化放是打。放人之時，勁似稍斷，而意仍不斷。

往復須有摺疊，進退須有轉換。

摺疊者。亦變虛實也。其所變之虛實。最爲細微。太極截勁，往往用摺疊。外面若似未動。而其內已有摺疊。進退必變換步法，雖退仍是進也。

極柔軟然後極堅剛，能呼吸然後能靈活。

老子曰：「天下之至柔，馳騁天下之至堅」。其至柔者，乃至剛也。吸爲提爲收。呼爲沉爲放。此呼吸乃先天之呼吸與後天之呼吸相反。故能提得人起，放得人出。

氣以直養而無害。勁以曲蓄而有餘。

孟子曰：「吾善養吾浩然之氣。至大至剛。以直養而無害。則塞乎天地之間」。太極拳蓋養先天之氣，非運後天之氣也。運氣之功，流弊甚大，養氣則順乎自然。日習之養而不覺。數十年後積虛成實。至大至剛。致用之時，則曲蓄其勁以待發。既發則沛然莫能禦也。

心爲令，氣爲旗，腰爲纛。

心爲主帥以發令，氣則爲表示其令之旗。以腰爲纛則旗中正不偏。無致敗之道也。

先求開展，後求緊湊。乃可臻於縝密矣。

無論練架子及推手，皆須先求開展。開展則腰腿皆動。無微不到。至功夫純熟，再求緊湊。由大圈而歸於小圈。由小圈而歸於無圈。所謂「放之則彌六合，卷之則退藏於密」也。

又曰：先在心，後在身，腹鬆淨。氣斂入骨。神舒體靜。刻刻在心。

太極以心爲本，身體爲末，所謂：「意氣君來骨肉臣」也。腹鬆淨，不在絲毫後天之拙力，則氣自斂入骨。氣斂入骨，其剛可知，神要安舒，體要靜逸。能安舒靜逸，則應變敏暇，決不慌亂。

切記：一動無有不動。一靜無有不靜。

內外相合，上下相連。故能如此。練到節節貫串，上下相隨，即有此工夫。

牽動往來，氣貼於背，斂入脊骨。內固精神，外示安逸。

此人與人比手之時，牽動往來，須涵胸拔背。使氣貼之於背，斂於脊骨。以待機會。至則發。能氣貼於背，斂於脊骨，則能力由脊發。不然仍手足之勁耳。神固體逸，則不散亂。外示安逸，便是冷靜態度。

邁步如貓行，運勁如抽絲。

此仍形容綿綿不斷，待機而發之意。

步履，如貓行之輕靈、沉著、穩固。

全身意在精神，不在氣。在氣則滯。有氣者無力，無氣者純剛。

太極純以神行，不尚氣力。此氣，言後天之氣也。蓋養氣之氣，乃先天之氣。運氣之氣。爲後天之氣。後天之氣有發。先天之氣無形。

氣如車輪。腰似車軸。

氣爲旗，腰爲纛。此言其靜也。氣如車輪。腰似車軸。此言其動也。腰爲一身之樞紐。動則先天之氣如車輪之旋轉。所謂：氣遍身軀，不滯也。

推手歌（按推手即打手，又稱搭手，又有稱柔手者。）

掤捋擠按須認真。上下相隨人難進。任他巨力來打我。牽動四兩撥千斤。引進落空合即出。粘連黏隨不丟頂。

認真者。掤捋擠按四字，皆須照師傳規矩。絲毫不錯，日日打手，功夫自然能上下相隨。一動無有不動。雖巨力來打，稍稍牽動，則我之四兩，可撥彼之千斤。彼力既巨，力必長而直，當其用力之時，不能變動方向，我因彼之方向而引進，則彼落空矣。然必須粘連黏隨。不丟不頂，方能引進落空，四兩撥千斤也。

平常通稱推手，如原地推手，活步推手。

又曰：彼不動己不動。彼微動己先動。似鬆非鬆。將展未展。勁斷意不斷。

打手之時，彼不動則我亦不動，以靜待之。彼若微動，其動必有一方向，我意在彼之先，因其方向而先動，則彼必跌出矣。似鬆非鬆，將展未展。皆言蓄彼之勁，蓄勢待機。機到則放，放時勁似斷而意仍不斷也。

練拳架時，自始至終，其動作式式不同，似有斷續之處，而其內部之意與氣，實一貫不斷，此所謂勁斷意不斷也。

推手法之原理說明（譚孟賢著）

十三勢根據五行八卦之理而成，由練架子之十三勢，而發生推手之十三勢。所謂五行，又分為「內」「外」二種。

1.形於外者為進、退、沾、盼、定。

2.發於內者為粘、連、黏、隨、不丟頂。

至於八卦亦分「內」「外」二種。

1.形於「外」者為四正，四隅，即東南西北四正方及四隅角是也。

2.蘊於「內」者為掤、握、擠、按、採、挒、肘、靠。

但形於「外」者為「勢」，蘊於「內」者為「勁」，用勁之時其根在脚發於腿主宰於腰，而形於手指。故太極拳練架子時，蓋所以練「勁」，練推手時，蓋所以求懂「勁」也。

「拮」如兩物互交，拮之使起，在太極拳術語，謂之拮勁，然非直接拮起之謂，實間接拮起之謂。而含有「勁」「意」雙兼之兩義。譬如敵我兩人推手，或交手時，敵人體質雖壯，氣力充實，馬步穩固，則勢難向敵人掀動，或移其重心，則用「拮」勁，即能使敵人自動失其重心。其法先用「意」探之使敵人氣腦，精神向上注，則敵體上重而脚輕，其根自斷，

此即敵人之自動力所致，我則順其勢撤手以不丟頂之「勁」，引敵懸空，是謂拮「勁」。

「連」貫串之謂。手法毋中斷毋脫離，接續綿綿，無停無止，無休無息，是謂連勁。

「黏」即粘貼之謂。彼進我退，彼退我進，彼浮我隨，彼沉我鬆，丟之不開，投之不脫，如粘似貼，是謂黏勁。

「隨」隨者從也。緩急相隨，進退相依，不即不離，不後不先，捨己從人，蓋敵而進，是謂隨勁。

「不丟頂」丟者離開也。頂者抵抗也。即不脫離，不擴先不落後之謂也。

掤勁義何解。如水負舟行。先實丹田氣。次緊頂頭懸。周身彈簧力。開合一定間。任爾千斤力。飄浮亦不難。

握勁義何解。引導使之前。順其來勢力。引之使長延。輕靈不丟頂。力盡自然空。重心自維持。莫被他人乘。

擠勁義何解。用時有兩方。直接單純意。迎合一動中。間接反應力。如球撞壁還。又如錢投鼓。躍然聲鏗鏘。

按勁義何解。運用如水行。柔中已寓剛。急流勢難當。遇高則澎滿。逢窪向下潛。波浪有起伏。有孔必貫入。

採勁義何解。如權之引衡。任爾力巨細。權後知重輕。轉移只四兩。千斤亦可秤。若問理何在。槓桿作用存。

挒勁義何解。旋轉如飛輪。投物於其上。脫然擲尋丈。急流成漩渦。捲浪若螺文。落葉墮其上。倏爾便沉淪。

肘勁義何解。方法有五行。陰陽分上下。虛實宜辨清。連環勢莫當。開花捶更兇。六勁融通後。用途始無窮。

靠勁義何解。其法分肩背。斜飛勢用肩。肩中還有背。一旦機可乘。轟然如倒碓。仔細維重心。失中徒無功。

大攦約言

我採他肘。他上步擠。我單手擋。他轉身靠。我上步擠。
他[illegible]。我一握。他上步擠。

楊鏡湖先生約言

曰：輕則靈。靈則動。動則變。變則化。

古籍原貌

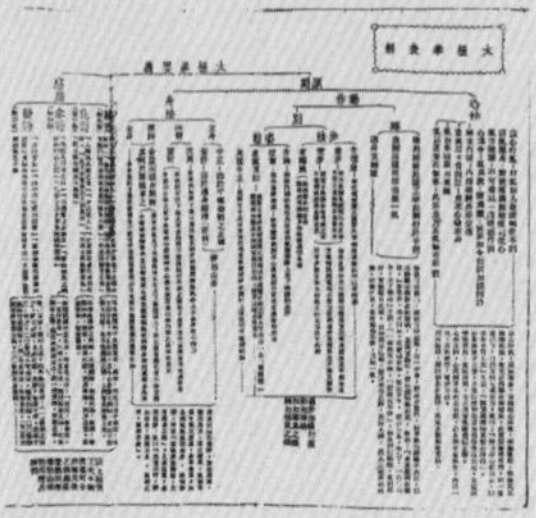

太極拳名稱

太極出勢。攬雀尾。攬擺擠按。單鞭。提手上勢。
白鶴展翅。左摟膝拗步。手揮琵琶勢。左摟膝拗步。右摟膝拗步。
左摟膝拗步。手揮琵琶勢。左摟膝拗步。進步搬攔捶。如封似閉。
十字手。抱虎歸山。攬雀尾。攬擺擠按。斜單鞭。
肘底捶。左右倒攆猴。斜飛勢。提手上勢。白鶴展翅。
左摟膝。海底針。扇通背。轉身撇身捶。上步搬攔捶。
上勢攬雀尾。攬擺擠按。單鞭。左右雲手。單鞭。
高探馬。右分脚。左分脚。轉身蹬脚。左右摟膝拗步。
進步栽捶。轉身撇身捶。進步搬攔捶。右蹬脚。左右打虎勢。
右蹬脚。雙風貫耳。左蹬脚。轉身右蹬脚。上步搬攔捶。
如封似閉。十字手。抱虎歸山。攬雀尾。攬擺擠按。

斜單鞭。左野馬分鬃。右野馬分鬃。左野馬分鬃。上步攬雀尾。
攬擺擠按。單鞭。左右玉女穿梭。上步攬雀尾。攬擺擠按。
單鞭。左右雲手。單鞭。斜身下勢。左右獨立金雞。
左右倒攆猴。斜飛勢。提手上勢。白鶴展翅。左摟膝拗步。
海底針。扇通背。轉身撇身掌。白蛇吐信。進步搬攔捶。
上步攬雀尾。攬擺擠按。單鞭。左右雲手。單鞭。
高探馬。轉身右蹬脚。左摟膝指襠捶。上勢攬雀尾。攬擺擠按。
單鞭。斜身下勢。上步七星。退步跨虎。轉身雙擺連。
彎弓射虎。上步搬攔捶。如封似閉。十字手。合太極。

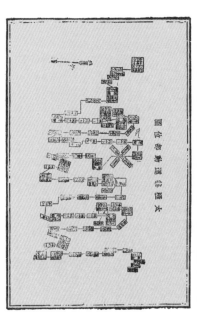

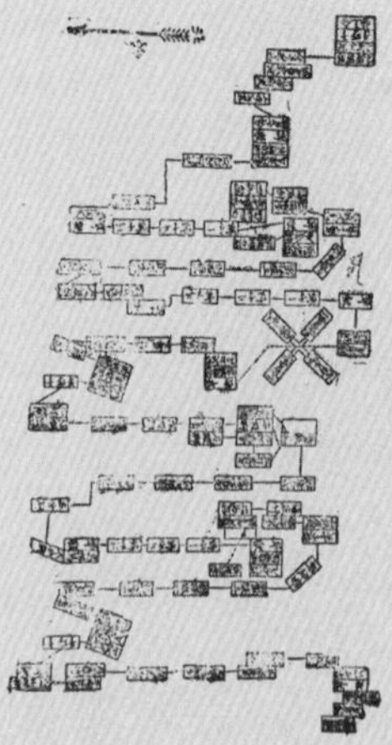

太極拳運動部位圖

太極長拳名稱

四正四隅。 攬雀擠按。 左右雲手。 魚尾單鞭。 鳳凰展翅。
摟膝拗步。 手揮琵琶。 雀尾勢。 彎弓射雁。 琵琶勢。
上步搬攔捶。 蹺錘勢（即如封似閉十字手）。 抱虎歸山。 攬雀擠按。
斜單鞭。 提手上勢。 肘底捶。 倒攆猴頭。 摟膝指襠捶。
轉身蹬腳。 上步栽捶。 斜飛勢。三 攬雀尾。 魚尾單鞭。
轉身撇身捶。 上步玉女穿梭。 兩拳兩拳左拳右拳 攬雀尾。 左右野馬分鬃。
斜身下勢。 左右金雞獨立。 左右倒攆猴。 斜飛勢。 提手上勢。
白鶴展翅。 摟膝拗步。 海底珍珠。 扇通背。 轉身白蛇吐信。
上步搬攔捶。 上步攬雀尾。 單鞭。 左右雲手。三 單鞭。
高探馬。 左右分腳。 轉身蹬腳。 左右摟膝拗步。 左右雙風貫耳。

攏腳。 左打虎勢。 右雙風貫耳。 左蹬腳。 轉身蹬腳。
上步撇身捶。 白蛇吐信拳。 進步搬攔捶。 上步攬雀尾。 攬雀擠按。
單鞭。 左右雲手。三 單鞭。 高探馬。 轉身單擺蓮。
上步指襠捶。 上步攬雀尾。 轉身單鞭。 下勢。 七星跨虎。
轉身雙擺蓮。 彎弓射虎。 撥攔捶。 如封似閉。 十字手。
合太極。

太極長拳歌

太極長拳獨一家。無窮變化徇兆誇。妙訣全憑能借力。當場殺急莫輕拿。掌、拳、肘合、腕。肩、腰、胯、膝、腳。上下九節勁。節節腰中發。約言：順人能借勢，借力不須拿。

太極劍名稱

三環套月。 魁星勢。 燕子抄水。 左右邊攔掃。 小魁星。
燕去入巢。 靈貓捕鼠。 鳳凰點頭。 黃蜂入洞。 鳳凰右展翅。
小魁星。 鳳凰左展翅。 釣魚勢。 左右龍行勢。 宿鳥投林。
烏龍擺尾。 青龍出水。 風捲荷葉。 左右獅子搖頭。 虎抱頭。
野馬跳澗。 勒馬勢。 指南針。 左右迎風打塵。 順手推舟。
流星趕水。 天鳥飛瀑。 挑簾勢。 左右車輪。 燕子啣泥。
大鵬展翅。 海底撈月。 懷中抱月。 哪吒探海。 犀牛望月。
射雁勢。 青龍現爪。 鳳凰雙展翅。 左右跨攔。 射雁勢。
白猿獻果。 左右落花勢。 玉女穿梭。 白虎攪尾。 魚跳龍門。

左右烏龍絞柱。 仙人指路。 朝天一柱香。 風掃梅花。 牙笏勢。
抱劍歸原。

太極劍歌

劍法從來不易傳。直來直去是幽玄。若仍歎我如刀割。笑死三丰老劍仙。

太極刀名稱歌

七星跨虎交刀勢。　騰挪閃展意氣揚。　左顧右盼兩分張。　白鶴展翅五行掌。
風捲荷花葉裏藏。　玉女穿梭八方勢。　三星開合自主張。　二起腳來打虎勢。
披身斜掛鴛鴦腳。　順手推舟鞭作篙。　下勢三合自由招。　左右分水龍門跳。
卞和攜石鳳回巢。　吾師留下四方讚。　口傳心授不能忘。　斂研剝劃。截刮。撩腕。

太極黏連槍

頭一槍進一步刺心。二槍進一步刺腋。三槍進一步刺脇。四槍上一步刺咽喉。（此進步由退即進，因他之進而後進也）。退一步採一槍。進一步扱一槍。進一步　一槍。上一步摳一槍。（此四槍，在前四槍之內也）。

武術偶談（黃元秀　文叔　蒼述）

自光復以還，凡百學術，無不蠭起，即消聲匿跡已久之國術，亦乘時而興。邇來各省倡設專館，市間出版風行，但僅囿於槍、刀、拳、棒、之方法，斯謂教也。而於育字方面，未嘗知以研究。至於煅鍊之目的，收效於何處，皆未明白了悟。故練而強者有之，練而致疾者亦有之。余以爲對於工夫固屬重要，對於身體，尤宜注意。故須先知偶發之方法，效用之目的，然後加以練習之功，乃至國術界中一切習慣，亦須知所謹守。茲將經驗所得，分述於左：

（一）練武術之目的　吾輩提倡吾國武術之目的，非直接致用於戰鬥，係間接收效於事業也。爲今機械化學之戰爭，不能以血肉之軀相抗，有常識者，類能知之。但研究科學，使用火砲，駕駛飛機，非有強壯之體力，不能運用自如，非有雄偉之氣概，不能指揮若定，非有充足之精神，不能深刻研究，即組織社會之事業，亦莫不然，倘學者對於武術，果能按照程序，依法鍛鍊，既不過分，又不中輟，循序漸進，使其精力充沛增長，以之從事教育，必能發揮其敎理，從事實業，必能謀其事業，從事軍政，必能達成其任務，從事科學，必能輔助其研究，此即直接保持健康，間接助其事業，俾使全國民族，增加自衛之奮鬥力也。此種效線，既不必如球場之鋪張，又不必有多人之集合，無著時間，無論月下，燈前，深山窮谷，代有傳

人，實吾國數千年來，強身健體之秘訣也。

吾人所謂快樂者，舉止有爽快之感覺，思慮有歡樂之興趣，探其原因，皆係精神充足故也。例如兒童活潑跳躍，其心中抱有無限快樂，此卽精神充足之故。嗜煙酒者，以煙酒提神，貪一時之快，不知其害，甚不能去。不知練國術者，精神飽滿，身體爽適，其快樂之妙，迥非煙酒之提神於一時者可比。一則日久成疾，形成癱瘓，一則練成絕藝，卻病延年，其利害相較，不可以道里計也。

（二）調養　邇來練拳術者，皆因身體虛弱而學習，故初學之時，對於調理身體，最宜注意。如四季中，春季宜服清補之劑，夏季宜服補氣等品，秋宜滋潤，多可峻補，凡屬補品，爲習武之人，長年所不可少，吾鄉有言：窮文富武是也。吳時讀書者，一套四子書，可以終其身，然價不過數百文而已，然習武拳者，長年培補，所費不貲，即器械用具，亦非一部四子書所可比擬齊觀也。至於應需何種補品，則因個人身體不同，不能固定，總之藥補不如食補，通常以魚肝油、牛乳、雞蛋、蹄筋、肝腰、脊髓、等物爲宜。其他奇異怪誕之物，如虎筋鹿鞭，以及龜、鱉、鰻、鱔、等類，肥膩厚腻，久食恐生痼疾，宜屏除之。

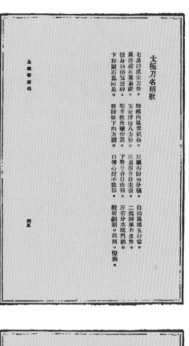

以上所舉，如肝以補肝，腰以補腰，魚油補腦，脊髓補髓，蹄筋補筋。此外如豆料穀物，亦極滋補，勿以價賤而忽之。總之食品不尚名貴，食量不在多貪，要宜平均使之消化，所謂平均者，不可過多過少，所謂消化者，務使叩嚼細緻。如國術名家孫祿堂先生，太極、形意、八

非、各種拳法，皆負盛譽，年逾古稀，無疾而終。北平日食品，皆極清淡。又誠中楊澄甫先生，太極拳斗，名滿南北，身軀魁梧，而食量並不過巨，杜心五劉百川諸少林派名家，飲食皆如常人，同學寧益濤兄，身體強壯，武藝精深，於浙江全國比試會，名列第四，上海全國比試會，名列第一，亦不知其保長盛若碩者。上列諸君，皆皆晶麵不同，考其經驗，或保健若此，或久擊或行，足跡遍江湖，大江南北，而平時保全起居，皆極珍攝。可見在於調養，並不在過分之飲食，古稱斗酒十肉者，無非形容其志氣之行耳。

慎節時間　即練拳時間與休息時間，互相調節，其平日所辦事務，切宜節約，騰出光陰，以習其身心，此為最要之言。余見數友人，因練拳之故，精神旺盛，對於業務，盡力使用，一年之後，衰象畢見，有友人以此精神供治遊，不及二載遂致殞命。故練不得其道無益，練得其道而不知節，更有害也，習拳必此道者，三復斯言。

（三）戒忌　凡人一動靜，氣血自生，以忘其平日生活之節，每有縱情飲酒，或好勇鬥狠之行。故練拳氣未固之時，一般家長，皆禁其子弟學習拳術者此。一則防其妄動，二則慮其傷身。余昔見國術館學員中，有以拳術與人鬥毆者，亦有在外所傷，不慎身命，殊易見此。任意而為身，恐遊蕩成癖，皆於門牆，亦致忘師授之恩，其招致之由，實誤認血氣之勇，為作使之舉，純出以私之心，反而害之，是不可也，深宜戒之。

練習國術者，忌在飽食，忌在過飢，忌在酒後，忌在風前。遺精之後，病愈之後，房事之

後，體務疲勞之後，皆宜休養一日，或二三日，自覺精神健旺，則徐習之，否則必致疾病。

練習後，因汗脫衣，或遽飲冷汁，或即安坐臥眠，俱大不可，輕則感冒風寒，重則勞傷氣痛，於練習工夫，反有妨礙。

練武人，遠離女色為要義，手淫尤為禁忌，即自然之遺精，亦有礙氣血，況斫傷乎？若犯之自促其壽命矣。凡點綴聲色，以及淫色之事，切勿沾染。即有家室之人，房事亦宜節制，年在卅以後，一月一度，四十以後，一季一度，五十以後，一年一度，或且不可矣。習武修道之士，其所以為寶貴者即精氣神三寶而已，若無寶貴，實無可練也。此個中人云：「練武身，貴如金，遇身危莫值千金」，是見古來武士之重視保養矣。

（四）保勤與保健　古語云：練精化氣，練氣化神，練神還虛，由虛成道，實乎古不易之名言。試觀近日國術比試場，及表演會場，往往有體格魁梧，強健異常之壯士。而數載練運動名家，未必壽享大年，即如近日不運動諸名之人見短壽。自稱壽老之翌年，即且長眠地下，此何故耶？是不知精氣神三寶之修養也。

先哲有言：「眼珠光澤，舌底津液，其精必盈。聲音洪亮，言語清朗者，其氣必盛。眼皮紅潤，指甲赤潤者，其血充行」。又曰：「精是不思淫，氣是不呼吟，神是不悸沉」。

凡人每日三餐飲食，入胃化為胃漿汁，至腸化為膀液汁，經各部吸收後淨而成精，（此所謂精非精蟲之精，係精液之精，是營養之精華及活之要素）。修練之士，以命門火蒸騰，化

而為氣為血，升而為神，發而生氣，動而為力，變化自然，神奇莫測，其精蘊大致如此。若遺泄之徒，則易傷損而入腎臟，故其氣弱，其血貧，其力竭。或再繼之以酒，加之以勞，則虧損不救，必拔其本原，本原既虧，百病自生，促其壽命也。

天地之間，以氣為本，曰氣象，曰氣運，曰氣數，凡百變異，皆氣之盛衰為轉移，人亦何獨不然。隱者言人氣之上者，如氣沖霄漢，氣化長虹。其次若氣概雄偉，氣度非凡，力大無窮，叱咤風雲。其異者，尸居餘氣，氣息奄奄，故強弱盛衰，全憑之氣，不知其氣，皆由精液而成，其所存之處，在丹田，其所成之由，在命火與精液，道家所謂水火既濟，所謂內丹者，即此也。例如近世機器，凡有動力者，皆依蒸汽而動，以火蒸水，水化為汽，以汽鼓動而行百械，有電力云者，仍依蒸汽之力摩擦而生，若水涸油盡，非但鼓動所能矣。

氣血行於內者，謂之運，經絡表於外者，謂之動。運動二字，係表裏運行之稱，所謂流水不腐，戶樞不蠹，推陳出新，借以保其，是乃外練之補助。故道家有五禽經，佛家有易筋經，儒家有練三宇，均為有此修練，考其運行之道路，始精神練能也。

現練者，實屬不易，風俗為之習也。人身根據，除寒暑時節外，伏暑二季為最大變換，故講求習此道者，於結為養身，須不加意調攝，則若根據，以其能長工夫，且不易退轉也，所謂練者，每於演習至出汗，否則調之姿勢非勢，而後始散。常人初行始於遍體血出流，若則謹為運動，或且散，若是小腿有汗，則宜止矣。如習家歸馬，省時見得行，則須停練，不然，有

傷其生命。

通常練拳中，每日未明前四點即起，練一小時後復臥，待天明早餐後，向野外散步，呼吸清新之氣，歸來午餐，下午中睡一小時，三四時起，復練一小時，或二小時，七時晚餐，夜間八時練至九時止，十時即睡，此為練門規程。若發有暇時者，當以早晚二小時為度，或早晚合為一小時，或合為各小時皆可，祇求其歲月之久，不求一日之成也。

（五）太極拳各派流　太極拳。近年流行南北，可謂國術界中最普遍之拳術，溯源各處，各人所練，各不相同，可大別為三派：

（一）河北楊家派　此派不知始於何處，因係河北楊三爺所傳，遂有忘其名，但以都三爺稱之。三爺所傳拳架練有特別之身法姿勢，與澄甫派，名位並列，顯得學習之，實為山陝道上之雄。余見其於楊露禪諸子等，皆練此拳，但方向不必，每歸來訪武先生而來時，其與人及討論，皆詳此。手法極精練，其動作純為楊三爺所傳「法，約有二百餘式，演演一週，時間頗長，據吾國云：「此拳架式之外，加入推手各法，以致他派手法齊備，因太繁複，頗不易記，路亦迂曲繞滾，共有一百，共計更習」。余曾以期練習之，計費六十餘日，不能學習，可見其繁複矣。孫祿堂先生云：「此拳之長，極為柔和之至」。惟以余忘其拳譜，不知與陳家溝派之理論，有無異同也。

二　河南陳家派。　即河南溫縣陳家溝世傳之拳，余所悉者，如陳鑫伯與，及陳發科師之

子明兄拳譜，者陳氏之舊，而世其傳者。據子明續前二兄云：其先世以此保國保鄉，立功勳者屢累，故合族皆習太極拳，略分新架子與老架子兩種：並有所謂太極砲拳者。余因其動作，及所示拳譜，完全與楊家所傳者不同。其手法剛，其步法重，運勁一切，都有特到之處，可異者，即陳氏各人表演，亦覺不盡相同。近聞張之江館長，派人至陳家溝考察，攜帶當世傳拳譜付梓，與子明兄所刊行本，亦有歧異。據其緣由，總因歷次傳抄，不免脫漏衍文，或有心得者，從而修改增減之，積習穩為，遂有出入矣。

三　北平楊家派　即世稱楊祿禪先生所遺傳，如楊班侯、楊健侯、楊夢祥、楊澄甫、許禹生、吳鑑泉等，亦各不同；大致分為大架子與小架子兩種。余嘗以此事問之澄甫先生，先生答曰：「先求開展，後求緊湊，初學者，宜大架子，能使筋骨舒展，血氣流行，確定方位，表示工夫，到用時，要快要便，宜小架子也，家兄現在練的。都是打人法則」。其意若曰：基本工夫尚未做到，欲越而學打人，譬於小孩，平路尚不能走，先要學跳，其可得乎？例如學游泳，平穩靜水之中，尚不能浮泳，欲涉驚濤駭浪之江海可乎？又習騎馬，組淺之慢步，未有把握，而欲跳越障礙可乎？古人所謂登高必自卑，行遠必自邇，實為至理名言。總之打人之事，非日常所需，而鍛鍊體質為須臾不可離，武術修養，何者為亟，何者為急，本當所為，皆為平庸之談，卑無高論，倘讀者能循此而進，日計不足，月計有餘，於庶儘上不無裨益。至於驚世駭俗之論，好高務遠之談，是非鄙人所知矣。近日一般學者——非指弟之則，指普通學者。——

往往求速求快，最好將太極拳五六步工夫，數十年學力，在三兩日內學成，故近年學太極拳者，山北面南，黃河流域，長江流域，以至於珠江流域，不下數十萬人，即以浙省而論，十餘年來，亦有數千人，迄今能稍有成就者，幾寥寥無幾，即以普通推在推手上將掤、擠、按、捋、四字分得清楚者，亦不多見，其原因何在耶？一在求速，二在無恆，好高騖遠者，決無成就。傳之吾人先從基礎上練起，決無錯誤，第一求氣血充足，然後精神飽滿，身體強健，務使架式正確，舉動合法，使其有利而無弊，循序而漸進，不在思想之急進，而在學力之勤惰，與方法穩妥否也。楊夢祥先生，拳架小而剛，動作快而沉，常使冷勁，偶一交手，肌膚觸痛，每指示者，頗多應用方式，其工夫，確得乃祖真傳，惜非常人所能學。文弱者，不堪承教，無根底者，無從領悟，且性情剛毅，頗有其伯父楊班侯之遺風，同志中，每與談學之慨，故其名譽不彰，其徒不多。澄甫先生即夢祥先生之胞弟，架子開展而柔順，手法綿軟而沉重，所謂綿裡藏鐵，柔中有剛，好太極拳者，均歡迎之。但他自不願為其推手者，每一發勁，猶似鐵鍊，尋丈以外，為弟子者，仍難領受其內勁滋味。余常問澄甫先生，致人何必如此，先生曰：非如此，無以示其勁，若隨隨便便模模糊糊，君等何必來，豈不徒耗光陰。慮隱余錢耶？十八年秋，楊為浙江國術館教務長，余常與推手，某次比演健按，楊順勢一捋，其手指並未沾着余之衣襟，而余胸部隱隱作痛多時，照常理論，手指既未接着，何來疼痛之感？殆所謂掌風者耶？余詢之楊，楊曰：內勁耳，然耳，余至今仍不解其所以然也。據田紹先先生云：當年學習時，以拳論

力能楊健侯老先生之腹，老先生腹一鼓，紹先跌出庭外，而老先生仍安坐椅上，手持茶煙呼吸如常，若不知有所舉動者。後與澄甫比試，被擊於右脅，雖痛於左脅者月餘，凡此種種，皆為技術上不可思議之事。然考紹先之工夫，其手法之妙，出勁之沉，實非普通太極拳家，所能觸其項背，余非為其宣傳，凡有太極拳有歷史者，莫不知田紹先為太極拳名家也。後如武匯川、褚桂亭、陳微明、董英傑諸君，同為澄甫先生入室弟子，行道於南北者，亦有年，均學殊精，頗為社會人士所欽仰。而手法仍各有不同，理論亦各有其是，其他私淑者可知矣。以上三派拳法，各有特長，各擅其妙。不能從同，亦不能強同，其中並無軒輊可分。在學者，更不得是此而非彼。要之一種藝術，能歷千餘年而不廢，博得一般人士之信仰，其中確有不可磨滅之精義，令人莫測之妙用存焉。

據以上情形，無論係何派何師，一家所傳，一人所傳，其動作多少，皆不能同，亦不必盡同。不僅太極拳如此，即彈腿一門，有練十路者，有練十二路者，此為同教一門之藝，尚且有兩樣之分。又若少林門各拳，有宋太祖拳，有岳家手法，此傳彼授，各是其是，各非其非，惟情理論總須一致，設或理論不同，則其宗派顯然有別，不得謂為同門矣。以此質之海內專家，以為如何？

練拳（一）　練太極拳全套架式，每日學一二式，循循不斷，以常人資質，約一月可以學全。須經兩月之改正，再加一月之苦練，共計四個月，其式樣姿勢，即離開師傅一年，可以不

致變換。——若僅一月光陰，粗知大略。不經改正，則不得謂之學會，因稍有間斷，其方向與動作，早已走樣矣。——但每日仍須復習，不可間斷，若每日間斷，能使純熟，每日三遍，能增工夫，每日一遍，不過不忘而已。

練拳（二）　學習拳架，自第一動起至末式止，謂之一套，其中名目百餘，式式皆要綿綿周到，而且要輕鬆沉着，無有一式可以隨便，無有一式可以丟頂。——丟者離也，頂者僵也。——四肢百骸，從輕，從綿，從柔。輕而不可忽，綿而不可斷，柔而不可疏，若注意而起僵勁，此所謂頂，便離太極門徑矣。學者切宜注意之：

練拳（三）　練太極拳一遍，其經過時間，是愈長愈妙，有練一遍，需一小時以外者。練慢之後，亦須練快，有以數分鐘內練五六遍者，無論慢快，總以均勻為貴。譜曰：『毋使有缺陷處，毋使有凹凸處，毋使有斷續處』。初學之人練一遍，最少八分至十分鐘，如經五六年後，工夫已深，則可練快，惟須式式到家，不可因快而草率。至於架式分三種：初練以高架子，繼則四平架子，（眼平，手平，腿平，襠平）。將則工夫日深，逐漸而進於低架子矣。由高而平而低，皆從工夫上來，不可強求，否則弊病百出，無益於學者。

練拳（四）　練架式，外面注意動作，務使勻靜。譜曰：『由腳而腿而腰，總須完整一氣。』內部氣分呼吸，亦要勻靜，若無事然，萬勿逆氣。心意不可呆滯。譜曰：『精神能提得起，則無遲重之虞，所謂頂頭懸也，意氣須換得靈，乃有圓活之趣，所謂變化虛實也，』由外

各變勁工夫，例如本係提手上勢之勁，一變而爲白鶴亮翅之勁，再變而爲摟膝拗步之勁。各式各氣，各氣各勁，由此式而變彼式，變換之間，換式換法，換法換意，由換意而換氣，由換氣而換勁。此中變化轉動之間，與學者內部之意氣運用，外部之四肢伸縮開合，有極大關係，務須按照譜中各論，個個適合之。

練拳（五）　所謂增工夫者，即學者之氣日漸增長，——不致氣喘身搐，——手足日漸輕靈，腰腿日漸柔順，手掌足底日漸增厚，頭部與兩太陽穴日漸充滿，精神充足，思慮周到，發聲洪亮，耐飢耐寒，能饑寒，能任勞，飲食充分，睡眠恬適等事，可以證到。

擇拳（六）　練拳法雖皆有益，而學者身體，確有相宜不相宜，乃有擇學與選學之分別。如年富力強，環境所可許，不妨由博而約，各派門徑，均可涉獵，結果則專修一門。若年事已長，且有業務關係者，則選其與己相宜者習練之易於得益也。

練拳（七）　例如身體肥大者，可學通臂拳，摔角等技。如身材中等，而強壯者，可學摔角拳、八吉拳、太祖拳、形意拳等技。如身體靈小巧者，可學地趟拳、猴拳、醉八仙等技。如年事已長，身體柔弱者，可學八卦拳、太極拳、金剛十二法等技。中國拳技繁多，今余不過舉其大概而已。

練拳（八）　尋練拳架，是爲運動衛身之術，修己之事也。學推手與散手，爲攻避方法，及練勁之術，敵人之事也。若年事已長，身有宿疾者，尋練拳架，亦可却病延年。如年力富

強，環境優裕者，做可尋聘名師，爲升堂入室之研究。

練拳（九）　據友人云：太極拳中各式，實兼備各家拳式。全套中有八種法：如掤、擴、擠、按、採、挒、肘、靠，又有八種勁：如退步跨虎爲開勁；提手上勢爲合勁；海底針爲降勁；白鶴亮翅爲提勁；摟膝拗步爲拋勁；倒攆猴爲退勁，抱虎歸山爲右轉勁；肘底捶爲左轉勁。

又有八種式：如十字手，少林門爲平馬式；摟膝拗步，少林門爲攻步式；下勢，少林門爲撲腿式；金雞獨立，少林門爲獨立式；手揮琵琶，少林門爲太極式；攬雀尾，少林門爲坐盤式；栽捶，少林門爲蹲踞式；跨虎，少林門爲騎腳式：共爲八式，無論何種拳法，總不外此八式，故稱拳師爲把勢者，即實八式之訛也。

八快歌　行如風，站如釘，升如猿，降如鷹，鎚驚流星，眼如電，腰如蛇行，腳要鑽。

太極拳中八法八式之外，尚有八腿：如翅。蹬。起。擺。接。套。破。採。清末時所編者僅四腳：如左右翅腳；轉身蹬腳；二起腳；擺蓮腳。現在僉致僅練翅蹬擺三腳，其他四法，更鮮所聞。如接者；見敵腿來時，以我之腿接其腿而踢之，謂之接腳。套者；見敵腿來時，套用而踢之，若敵從左方踢來，我套在右方踢之，敵從右方踢來，我套在左方踢之，謂之套腳。破者；以我之腳踢敵腳之內側方，如破其內，謂之破腳。採者；即以腳橫斜而採之，用在敵來我側方時踢之，謂之採腳。此四腳練不易練，亦不易用，須有長久累積工夫爲之補助，不然，不能應用自如。但據來一般教太極拳者，因不能使人人普遍學習，且年長身弱之人，更難習練，

故隱若之，但其適用之巧妙，踢法之齊備，不可不表而出之也。

踢腿要領，有「直起風速」四字：直者；踢腿蹬腳；無論向前向側，總須要直，若不能直，不能實證工夫。起者；高也。踢腿蹬腳；普要高，能高可滿足全圈，或小限度，亦須踢過腰，對時能高，用時可以如意。風者；踢出收回時，快而有風聲，此言其快，不快無風，即不能出勁。速者；踢出之腿，自腿際至腳尖，存彼須形狀，表示腿勁，貫到腳尖之意。存此四字，可以稱踢腳要領齊備，不僅太極拳如是，無論何門何派，基本要領，莫不如是也。踢腳與踢腿不同，以腳尖腳邊向旁打人者，謂之踢腳，以腿之全部打人，或以腿之後跟打人者，謂之踢腿，其要領同。據此道中人云：「手如兩扇門，全憑腿打人。」「八式無真假，指上便有手。」足見用腿之重要矣。

練拳（十）　習練拳術，身要注意手、眼、身、法、步、五大項。所謂手者：即拳掌附合鈎等諸法。所謂眼者：即左顧右盼，或向上向下等看法。所謂身者：即肩腰胯等動法，如含胸拔背，轉換等事。所謂法者：即拳術各種名式，如太極拳中各名稱，紅拳中各名稱，花拳中各名稱，各拳各路，各路各法，不勝其述，要皆拳路中，打人之方法也。所謂步者：是練拳人最易疏忽，而最要之事，步爲根本，活動全在步，穩與不穩在步，巧與不巧亦在步。此道中人曰：「手到腳不到，自法無着俏，低頭與彎腰，傳授定不高。」此兩句話，五種方法，皆說到矣。

武匯川先生名言　練太極拳之要旨，務須身體中正安舒；氣要鬆，手按時；要使肩肘鬆活伸出；兩肩要鬆，兩肘要下沉；尾閭要收。腳落地時，先虛而後實，上下一致，式式均要圓滿。頭要提頂；氣沉丹田；練時要慢，快則氣即上浮。

田兆麟先生名言　（一）「化勁」之最重要者，是順人之勢，尤其是快慢要相合，過快則敵易生中斷，太慢仍未能化去。（二）「發勁」先要化勁化得好，才有發勁的機會，機會既得，即宜施放，其勁要整，要沉着。（三）「攻人」全在得機得勢，機會未到，不宜攻人，「雙分」「單分」時候要合得上，極勁亦甚重要，發勁先要化得合法，發時要快，要有一定目標。凡此種種，苟非積實久練，不能得心應手。

推手（一）　習練拳架，係一人盤操，其勁之如何？實屬隱藏。故進一步練推手，即實現掤、握、擠、按、採、挒、肘、靠、之用法，換言之：以循環的攻避方法，來試用太極拳打人避人手段是也。其中最難者，即聽、化、拿、發、此四字工夫。所謂聽者；即以我之手腕身體，與對方接觸時，剎那間，知其動作變化，謂之聽；同時避其攻擊，謂之化；同時定其作用，謂之拿；同時攻其弱點，謂之發。詳言之分此四段，而實在是一剎那間爲之。故此四字工夫，甚難甚微，雖畢生研究，亦無止境。其訣竅在一元圈，其化也發也避也攻也，無不以元圈爲之，所謂太極者在此，所謂妙用者亦在此。——（採挒肘靠同）——

推手（二）　以余個人之經驗。初練習推手者，於掤、握、擠、按中，先以兩人合作五個

大元圖，來武演之，名爲基本方法。一：平面元圖；二：直立元圖；三：斜形元圖；四：前後元圖；五：自轉元圖，先將此法習演純熟。以後可以變化各種元圖，而妙用之。但此五圖，非面授不可，筆墨之間，難以盡其動作。初試元圖大而笨；繼則小而活；再則其圈不在外面在內；有圈之意；無圈之形；一剎那間，而妙用發矣。到此地位，可以意會，不可以言傳，真知其妙，而妙自生，非有長久苦工夫，不能到也。

推手（三） 推手爲太極拳實驗之方法，已如前言之，此外須要注意者有三：第一：不可存爭勝負之心。彼此既爲同道，自有互相切磋之誼，動作稍有進退挫折，並無勝負榮辱之可言，何可在此計較而生嫉妒之念？第二：不可存賭力之心。太極之妙是在巧，非在蠻力，譜上云：「察四兩撥千斤，顯非力勝。」若恃蠻力。是非研究太極拳之道矣。第三：不可存作弄之心。凡爲同道，皆當互愛互助，彼高於我者，當謙恭而請教之，彼不如我者，當誠懇而指導之，語云：他山之石，可以攻錯，勿以其力量可欺，而出我之風頭，似非同道者所可有也。

推手（四） 兩人一交手，即須研究手、眼、身、法、步、五項，並練掌、拳、肘、合、靠，肩、腕、膝、胯、臀、各勁，及掤、攦、擠、按、採、挒、肘、靠，前進、後退、左顧、右盼、中定、十三勢，方始爲推手之目的，推手之本事。每見普通學者，不按上列諸法習練，俗語所謂磨豆腐者，纏千遍萬遍，有何益焉。

推手（五） 初習此術，最好選身體大小相等之人，靜心細想而琢磨之。或有不對處，不

能言語，請師詳細指導之。勿怕苦勞，勿稍忽怠，而專心一貫研究，自有水到渠成之一日。

推手（六） 今將學論上之黏、化、拿、發、四工夫，分註如下：王宗岳先師論曰：「人剛我柔謂之走，我順人背謂之黏。」此二語，即言我與敵接觸時，敵以剛硬來攻，我以柔化之，是爲化勁。借其勁，使陷於背勢，而我處順勢，仍不與敵脫離，是爲拿勁。上句是敵勁中帶化勁；下句是化勁中帶黏勁；能使敵陷於背，我處於順，向其背處，稍一發勁，則敵必如摧枯拉朽而傾跌之，能得此機會，謂之拿。又曰：「曲中求直，蓄而後發，蓄勁如開弓，發勁如放箭；發勁須沉着鬆淨，專注一方，」是爲發勁。但以上黏、化、拿、發、四步工夫，須從粘字中練出來。又曰：「動急則急應，動緩則緩隨，」即謂敵來步快，快隨之，來得緩，緩隨之。但我總不與敵脫開，是爲黏勁。若手臂不黏連，腳步不跟隨，如何能隨，能化？更不能拿，不能發矣。其行功心解曰：「往復須有摺疊，進退須有轉換，」此言與敵緊近時之變換身法也。又曰：「極柔軟而後極堅剛。能呼吸然後能靈活，」係指示內部運化工夫。再曰：「邁步如貓行，運勁如抽絲，」形容其邁步如貓行之輕靈矯捷，運勁如抽絲之不斷不猛，係指外表工夫。要言之以上所云，皆離不了論中所謂：「由着熟而漸悟懂勁，由懂勁而階及神明。」換言之欲懂勁，非由着熟爲歸不可。且如階級的一層一級，而達到神明之地位也。但學者，從何而懂勁？從何而着熟？從何而熟練？只有從推手做起。

推手（七） 凡學習推手者，身體切不可前傾後仰。若前傾， 重心偏於前方，對方用後

勁，易於向前跌倒。如後仰，重心偏於後方，對方用捌勁，亦必向後跌倒，此其一也。彼此一交手，他方必有攻擊方法，我方必須保留轉換變化之餘地。倘身體中正，則有餘地可以左右騰挪變化也，此其二也。在推手時，遇對方手腕沉重，或來勢猛烈，一不可兩手鬆緊，二不可使用蠻勁，三不可胸中進氣，四不可身向後退。如兩手鬆緊，長度必定被短，不能敷衍對方。倘用蠻力。全身必定僵硬，猶如笨伯，其原理是與太極相反，所學方法無可使用矣。氣於胸中進氣，血液停滯，面色必漸變青，實爲有礙生理。身向後退，被人隨勢追攻，無有不敗。學者於此四端，切宜注意！

推手（八） 凡初學者，無論練拳、練推手、大攦散手等技，一：要聽人講習，凡有身法等，手法純，步法鬆，可爲學範式者，皆須一一留意而深記之。二：要聽人講解，如遇前輩，及同學中有心得之談，經驗之論，均宜虛心靜聽而領會之。三：要實地鍛鍊，此爲實際工夫，而總須能實行地位。若只知鍛鍊而不知觀與聽，古人所謂閉門修路，小則勞而無功，大則有害身心，結果所得，與目的相反也。

推手（九） 推手與練拳，既已如上述。惟關於本身者，即以虛實二字。四肢百骸，均要存虛實之分，剛柔之別，如隨遇處無虛實，必定笨滯，不能輕靈也。兩足固宜分虛實，一足亦須有虛實，非但兩手有虛實，一手亦須有虛實。論中云：「虛實宜分清楚，一處有一處虛實，處處總有一虛一實。」王宗岳先師曰：「每見數年純功，不能運化者，皆自爲人制，卒不能制

人，則雙重之病未悟耳」。所謂雙重者，即虛實不分。先師又曰：「雙重則滯」。滯者，蓋用不得靈便，便爲人制。又曰：「偏沉則隨」。若偏重一手，或偏重一足，而不寓有虛實者，必爲人受制。又曰：「欲避此病，須知陰陽，陰不離陽，陽不離陰，陰陽相濟，方爲懂勁，懂勁後，愈練愈精」。所謂陰陽者，包含虛實也，剛柔也，收放也，開合也，進退也，起落也，閃轉也，騰挪也，皆在其中矣。

所謂剛柔者。與人推手時， 兩手相接，須外鬆內緊，以內隱硬。須發慣大， 發勁能由中心者：是人練被多而練拳少，其勁偏於剛也。兩手相接，動作綿而細，步法身法輕靈，接着如有力，打法隨緣應者：是人練推少而練拳多，其勁偏於柔也。若能神氣安舒，身穩如山，上下相隨，發勁沉長，而貫勁全身者：是人剛柔共濟，其勁陰陽相濟矣。學者須知柔勁與剛柔，並非如物理化學之專科，吾人練拳練習，有時偏於剛勁，有時偏於柔勁，倘剛柔相濟，爲最少耳。練[illegible]學拳者，發勁大半偏於剛勁，練八卦太極者，往往偏於柔勁。其實無論何門何拳，均須剛柔兼備，陰陽相濟，方爲拳藝之正宗也。

推手（十） 推手動作，表面上雖在手腕，而實際上全在腰中，亦可以說手是三分，肩是一分，胸是一分，腰是五分。若肩不能鬆，胸不能涵，腰不能活，全仗手腕，決不能化人，亦不能發人，此事在練拳架時，即須注意。此外步之穩不穩，係在樁勁。細言之：即跨、膝、腳、三部分，連系動作。換言之：能粘能否？是在上身，即手、肩、胸、是也。能跟隨否穩定否？

之事。懂勁一事，不但太極拳所宜識，如形意八卦，均極注重，即少林門亦無不注意之也。以上所言，係形質之簡。至於內部，氣之一字，先從意字起，意之所到，雖未必是氣之所達，氣之所達，未必即血之所充。但非由此無從入手，故先以意導氣，以氣行血，久之意與氣，自能合一，氣與血，自能相隨。其行功心解曰，以心行氣，務令沉着，以氣運身，務令順遂。心者，意也。身者，血肉也。但運行之間，於沉着順遂兩語，切宜重視。否則非流入漂浮，即陷於別拙。至於沉着之法，即氣沉丹田。順遂之法，即活用腰腿。內外一致，方合其義。須用默識揣摩工夫，而后能從心所欲，其精微原理，俟筆者稍暇，再詳言之。一般練拳與推手者，大半注重在上部，手法如何如何？身法如何如何？前已言之。但不知下部之關係，實比上部為重要，其變化與進步，須從實地試驗出來。教拳人，初期高低大小不能自然，動作不能穩定。繼則動作整勻，步法漸穩，再進則舉止輕靈，隨心所欲。至於推手經過，初期腰腿硬直，搖擺不定。再則旋轉進退，逐漸靈活。再進則心手相應，腰腿一致。

大握　太極推手工夫分作三步：其初則原地搡搡為第一步。繼則活步推手。（即此進彼退彼進此退之法）為第二步。其次為原地練習大握，而後行動中練習握法，但此不過直線之行動而已。此法練熟，繼而練四斜角行動方法，大握者，即練習四斜角之方法也，為第三步。練大握之法者，前進必須三步，方對面者成正直角。若用兩步必斜，至於退者，必退兩步，若用

一步，不能避對方之攻擊。此方握，彼方靠，彼方握，此方靠，往復循環而演之。無論何方，在發在架時，其架式要低，腰胯要正，方合其要領也。

推手中九節勁使用法

掌　雙按掌、單分掌、雙分掌、高探馬掌。

拳　搬攔捶、雙峰貫耳捶、栽捶、折疊捶。

肘　單肘、雙分肘、挾腕肘。

腕　單分腕、雙分腕。

肩　單採靠、雙分靠。

胯　正胯（大握）側胯（換手）

膝　雙採膝、（獨立金雞）

腳　左右分腳、獨立蹬腳、穿梭蹬腳，轉身擺腳、等。

散手　第四步為散手，計分兩種：

（一）利用太極拳中之各式，兩人對打，例如甲用雙風貫耳打乙，乙用雙按破之；甲用摟打乙，乙用單鞭破之…二人聯絡對打，如花拳中之對子，惟其變發勁不同耳。若不習之，則太極拳各式之應用不知，致終於學單人操練矣。

（二）上列散手對打，皆係預定方式，雙方練熟成套。第二種則不然，雙方均無預定，亦無式

樣，各方一招增偏姿勢，即開始攻擊。或緩或急；或高或低；或方或圓；用拳用腿；各隨自由。大致歷來相鬪方式，一為圓形方式，如甲在中心，乙游旋四週。其次綫形方式，直來直往，二人中你來我往。我退你追，成一綫形決鬪式，與比試，大牢不外此二式，二人一交手，謂之一合。決鬪合數之多少，全在平日練架式分之長短，拳足之準否，發勁之大小，全在推手大握之精粗。此段工夫，完全實用功夫，亦可謂最後一步功夫，習此者，非常綫苦練不可，初期與師傅對打，為師者，當要讓生徒撲擊。此道中人，所謂喂腿喂拳是也。為師者，若不喂之，生徒無從得其三昧，是為師者，最為最苦之教授。一則碍得機會，既要精神充足，又要無人偷窺，且須身受撲擊，不免痛苦。二則防生徒學成，而有欺師叛道行為，或者忌其優勝於師，而師自失其地位與生計。故為師者，往往不肯教授，實有不得已之苦衷存焉。學拳如是，學器械亦如是，其困難更甚於學拳。

太極拳散手對打名稱：

（一）上手　上步捶　（二）下手　提手上勢
（三）上手　上步攔捶　（四）下手　撥捶
（五）上手　上步左靠　（六）下手　右打虎
（七）上手　打左肘　（八）下手　右推
（九）上手　左劈身捶　（一〇）下手　右靠

（一一）上手　撤步左打虎　（一二）下手　右劈身捶
（一三）上手　提手上勢　（一四）下手　轉身按
（一五）上手　摺疊劈身捶　（一六）下手　殺捶（開勢）
（一七）上手　橫挒手　（一八）下手　左（換步）野馬分鬃
（一九）上手　右打虎（下勢）　（二〇）下手　換步握
（二一）上手　上步左靠　（二二）下手　轉身按
（二三）上手　雙分蹬腳（退步跨虎）　（二四）下手　指襠捶
（二五）上手　上步採挒　（二六）下手　換步右穿梭
（二七）上手　左但右劈捶　（二八）下手　白鶴亮翅（蹬腳）
（二九）上手　左靠　（三〇）下手　撤步搬臂
（三一）上手　轉身按（攔勢）　（三二）下手　雙風貫耳
（三三）上手　雙按　（三四）下手　下勢撩捶
（三五）上手　單推（右臂）　（三六）下手　右右臂
（三七）上手　順勢按　（三八）下手　化打右掌
（三九）上手　化推　（四〇）下手　化打右肘
（四一）上手　採挒　（四二）下手　換步握

(四三)上手 右打虎　(四四)下手 轉身撇步捶
(四五)上手 上步左靠　(四六)下手 回擠
(四七)上手 雙分靠(換步)　(四八)下手 轉身左靠(換步)
(四九)上手 打右肘　(五〇)下手 轉身左獨立
(五一)上手 退步化　(五二)下手 蹬脚
(五三)上手 轉身(上步)靠　(五四)下手 撅左臂
(五五)上手 轉身(換步)右分脚　(五六)下手 雙分右擺蓮
(五七)上手 轉身(換步)左分脚　(五八)下手 雙方左擺蓮
(五九)上手 換手右靠　(六〇)下手 回右靠
(六一)上手 撤步捶　(六二)下手 順勢靠
(六三)上手 回擠　(六四)下手 轉身按

以右列上下六十四手，僅利用太極拳套發之手，以備容暇時習記。

簡易擒拿術

裏轉法。外轉法。擦搞法。爪肩法。隨移法。反錯法。扭腕法。打滾法。別肘法。搯窩法。擄腕法。往迴法。

上列十二種拿法，簡單易學，習練拳術者，一經習之，便可使用，實為臨場防備不可少之要

術也。

拿手捨法

懷中抱月。猴子簪盤。壯士背虎。童子別肘。倚礎錯盤。貼身靠臂。

上列六種拿法，有正面使用，與背面使用兩法，習學稍有根底，曾習擒拿者，方能得心應手，其要領是在心氣沉着，動作敏捷也。

練勁、無論練拳與練器械，總須將內勁練到四肢。如練器械。不論刀槍劍戟，則須將內勁達到器械之尖。劍則劍尖，槍則槍尖。至於勁之大小，因先天稟賦之不同，不能苛論。能到器械之尖，武藝功夫可算到家矣。但練習程序，不可躐等，先在徒手時，將身軀之勁貫到肩、臂、腿、脚、四部，面后到手尖足尖。要此步功夫做到，亦須三四年，然後再用短器械，練到長器械，要使內勁貫到器械上，甚難，非徒手工夫可比。個中人謂為三關，第一關將勁貫到械上，第二關由械柄通過械中心，第三關達到械尖。此三關功夫，不在本身力之大小，而在平日水磨功夫如何？由科班出身者，(從徒弟出來)下過苦功，大半能達三關，一般票友中，所能者無幾矣。

練勁之經過既如上述。今將「太極拳勁」之種類分述如下：

一、「柔勁」，又名「粘勁」。此太極門最初之練勁法。拳譜上所謂：「一舉動，週身俱要輕靈，尤要貫串，毋使有缺陷處，毋使有凹凸處，毋使有斷續處」。初練拳架時全用「柔

勁」。否則不能貫串，必有缺陷，與凹凸斷續之病。王宗岳先師論曰：「人剛我柔謂之走。我順人背謂之粘」。「不偏不倚，忽隱忽現，左重則左虛，右重則右杳」。(此係與人交手之柔勁功夫，推手時便可用之)。十三勢行功心解云：「極柔軟而後極堅剛」。又曰：「邁步如貓行。運勁如抽絲」。楊澄甫先生約言曰：「似鬆非鬆，將展未展，勁斷意不斷」。等語：即說柔勁之理，說得極其明顯，其效用在黏粘化敵，與敵粘住，纏不脫離，使其為我制。初學者，均須從此入手，若初學之人，不注意於此，便難入太極門徑，決無成就。

二、「剛勁」，又名：「滑勁」，有稱「冷勁」，有稱「脆勁」。其名不同，其法則一，其性激烈，發時如炮彈爆炸。譜上云：「動勁如百煉鋼，無堅不摧，靜如山岳，動如江河。蓄勁如開弓，發勁如放箭，曲中求直，蓄而後發」。「發勁須沉着鬆靜，專注一方」。等語：皆指示剛勁之法，其效用，是對敵人擇害猛擊。練此勁時，注意在猛而長。若發勁短促，雖剛烈，亦無多效用也。

三、「浚勁」又名「借勁」，其勁中包含「纏勁」「化勁」「剛勁」「柔勁」諸法。此勁是鍊粽，是為最後功夫，敵勁猶，我勁亦猶。譜上云：「彼微動我先動」，換言之：敵勁之將我身，我即化其勁而襲之，有時敵猶未動，我已先發而發之。總之我接敵之勁，借敵之勁而發之，其方法是在十個圈。練勁時，如一個小圈接而發之，此圈即弗理力辭

能見，非初學所能知，非到做妙程度不能領會。譜云：可以意會，不可以言傳也。譜云：「得機得勢」又云：「將物掀起，加以挫之，其根自斷」。又曰：「引進落空合即出」。「牽動四兩撥千斤」。「妙處全憑能借力，無窮變化洵非誇」等。皆言接勁要訣，此中方法，全須面受，又須熟練，非筆墨所能盡也。

比試　即由散手中學習而來。學習散手，有經驗，有進步，再下苦功，到比試時，定有幾分把握，雖然遇到強敵，不能取勝，總不至意外吃虧。故散手一步功夫，實為練武者最後功夫，亦為練武者最後目的。若練武人不會散手，便不能比試，便何能與人決鬥，在倉卒中何能獲到效益，此西人所以譏我中國武藝為草人跳舞也。今將關於比試之管見，試述如左：

比試在教練中謂之散手，在角逐中謂之比試，在衝突中謂之決鬥。其名目雖異，其效用則一，是爭勝敗於俄頃也。吾人五官四肢皆同，雖稟賦間異，而性靈則一。我能見，彼亦能見，我能打，彼亦能打，所以能取勝者是在方法，是在熟練，有方法而不熟練，雖有等於無，單熟練而無方法，所謂盲修瞎練，亦徒勞也。方法與熟練之要素有三：一、要狠；二、要快；三、要準。一：狠者，能取攻勢，出手時能到家，能費力，能克敵，若心一柔，便無用矣。二：要快，是在同時並發，彼欲我先發，彼發短。我發長，彼發軟，我發硬，彼發柔，我發狠，最我勝矣。三：要準，準字為最重要，若出腿出手，皆不準，心雖狠，手雖快，皆無用也。

點打五攻法

武當五攻法說明　同門山左韓慶堂記

本法乃一點穴散手，其目的至變成拳者，手眼身法步心之統一運用，對敵時不致手忙眼花，身滯法澀，步亂心慌而能沉著應付以達敗敵方也。

五攻法名稱圖譜（對打時用指尖如指未練成用拳亦可練指法附後）

（一）（甲）單風貫耳　（二）（乙）順風掃葉　（三）（甲）摘星補斗

（四）（乙）雙鳳展翅　（五）（甲）孤雁出群　（六）（乙）迎風搖旗

（七）（甲）肋板掏脂　（八）（乙）地猴拗柱　（九）（乙）撩陰彈襠

（十）（甲）餓虎撲食

圖歸

甲乙對練預備式

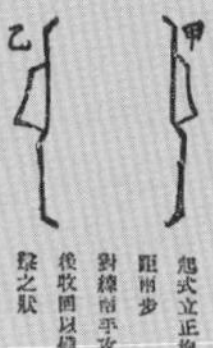

起式立正抱肘距兩步對練兩手攻將後收回以備還擊之狀

（一）（甲）單風貫耳

上右步右拳打其腮

（乙）用順風掃葉架左步以右手小掌邊開式（甲）腦背順式在右腮

（乙）順風掃葉（一式）

身略右轉左手心向外迎接其手用手掌貼其手背二三四五指握其手心下壓左開右手虎上提打其右乳下

摘星補斗

（二式）

（乙）用雙鳳展翅身略右轉避其拳以左手指向上提其拳（掌）下壓左開使其不能旋轉為度

雙鳳展翅

（甲）用孤雁出群左手鬆開用左掌砍擋其左手右手猛打其太陽穴

孤雁出群

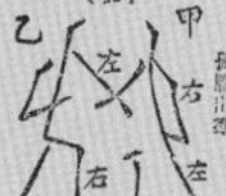

（乙）用迎風搖旗右拳向左上方擋開其拳（掌）

（甲）迎風搖旗

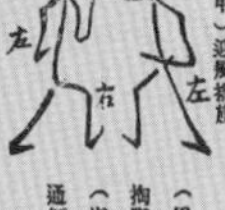

（甲）用肋板掏脂以左拳（指）心向下通打其右脅下

肋板掏脂

（乙）用抽樑換柱右肘抽回肘尖揭開其拳（指）

撩陰彈襠

（乙）用撩陰彈襠用左腳尖踢其陰子或高骨

撩陰彈襠餓虎撲食

（甲）用餓虎撲食右腿後退一步兩手（拳）按其足背（乙）左足落地（甲）左足後退一步（乙）右足上一步如下式同

下段

至此式為上段是甲打乙下段是乙打甲

循環練習熟能生巧一巧破千斤練成習慣習慣成自然就可隨意運用不致被人所制也

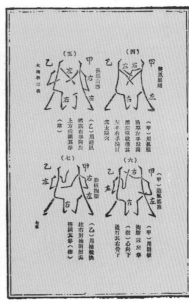

古籍原貌

點穴受傷藥方

三稜五錢　赤藥一錢五分　骨碎補一錢五分　當歸一錢　莪朮一錢　胡索一錢　桃仁一錢
木香一錢　烏藥一錢　青皮一錢　蘇木一錢
共十一味同煎
若大便不通加大黃四錢　血凝氣滯加砂仁三錢

練指點穴法用油煎熱，滴二指上，速急擦之使冷，如是三次，指生厚皮，再用砂插之，三年成功。另有煎藥練指法，錄於別篇。

武當對劍名稱

第一套　上下出劍式：對平刺。（陽手）對翻崩。上點腕，下抽腕刺。對提。對走。下翻格帶腰。上翻格帶腰。重二遍。下壓劍貼耳。（滾耳）上帶腕。（崩勢）對提對劈。下刺喉。上帶劍刺喉。陽劍圈。上橫提。下擊頭。上擊腿。下截腕。上帶腕。（保門勢）下左截腕。上抽腕刺胸。下截腕。上帶腕。（保門勢）下翻格。上抽腕。各保門完。

第二套　下上步擊。上擊腕對提。上刺嗓。（箭步）下壓劍帶腰。（箭步）對翻崩。上點腕。下斜刺崩。上抽。下刺腹。上左截腕對劈。下反擊斗。上反擊腕。下抽腿。互刺腕抽腰走。重二次。下擊頭。上帶腕回擊。對提。各保門完。

第三套　下劈頭。上格劍帶腰。下格腕帶腰。上格腕帶腰。下格腕帶腰。上格腕帶腰。下壓

劍。翻劈耳。（滾耳）上臨帶。（崩勢）。下提。上步扣腕擊。下上步扣腕壓。對走。對反抽。下刺腹。上格腕。對繞腕。各保門完。

第四套　上洗。下陽劍圈起手。對陽劍圈。下陰劍圈起手。對陰劍圈。下進步提。對提。下抽。上下進退帶抽。重三遍。下崩。上抽。下上步刺。互扭劍。上擊腿。下反擊耳。下直帶。對提。各保門完。

第五套　對伏式。上刺。（中陰手）下截腕。上格劍平帶。對截腕。對提。對走。上正崩。（中陰手）下帶腕。（保門勢）上跳步反格。（中陰手）。下抽身截腕。上上步截腕。下反撩腕。上抽手截腕。下抽手截腕。上帶腿換步刺腰。下換步刺腰。上平抽。下轉胸。（獨立金雞式）上平帶。對提。各保門。各伏式。下刺胸。上平擊。對提。對劈。對刺。上格腕。下扣刺腕。上扣腕刺。對轉身劈劍各保門。上下收劍完。

劍法十三勢　武當劍法，大別為十三勢，以十三字名之：即抽、帶、提、格、擊、刺、點、崩、攪、壓、劈、截、洗、亦似太極拳之掤、握、擠、按、採、挒、肘、靠、前進、後退、左顧、右盼、中定也。此外另有練劍，未有定式。非到劍術純妙不能學習，非口授面傳，不能領會。

以上所錄套子，即劍學秦斗李師芳宸以十三勢編練而成。對練時，審來度往，按法練習，初習時，宜慢不宜快，宜穩不宜疾。　式式應到家，劍劍須着實，有時須注意用法，與練法不同處，此其大概也。

武當劍法筆記　（浙江溫嶺胡子謨記）

第一路　預備式（上手稱甲下手稱乙）

甲乙各執劍就位——左手執劍反貼左臂外方，右手垂直貼右胯傍，兩足平立，離開之距約與肩等，身體正直，目平視前方。

出劍式

甲乙各交劍與右手——右手鉤指掌心向上，屈右腕與腿平，伸右臂向右與肩水平，頭向右轉目視右手，轉左足向左方，轉身上右足，左足微屈，右足着地，同時右手鉤指向前一指，目視敵方。退右足同時轉身，兩手自左上向右後方畫一大圈，左右各收至胸前，右掌向上，左掌向下，將劍交與右手，斯時身體作勢下挫，重心寄於右足，目仍視敵方。甲乙各伸劍平刺——斯時左足在前，右足在後，成弓箭步，左手執指在左額前方，右手極力伸劍平刺，太陽劍。甲乙對反撩——右足進一步立定左足作探步，蹲身向下，左手執指微屈臂向左，右手以中陽劍反撩，頭向右，轉目注對方之腕。甲點腕——突然起立轉身收左足，向左斜後方，半步着地，即出右足，作預備姿勢，足尖點地，右手以中陰劍尖點敵腕，左手執指微扶劍柄，目注敵腕。乙抽腕——乙亦突然起立，轉身立定左足，換出右

足，向右後方退一步，右手以老陰劍從下方抽甲之腕，同時體重移於左足，成弓步，目視敵腕。對刺——甲乙各將右足後退，右手提劍前刺，（老陰劍）同時上體竭力向前探，左手執指，置左額前方，手掌向外，目注敵方。對繞走（換位）——兩劍仍相交，甲乙各起右足，邁步向左方繞走，對換位置，仍取前勢停止。乙反格——乙以中陽劍反格甲腕。甲帶——甲將劍轉為太陽劍，同時將肘往下一沈，劍往左帶，身半向左轉，兩足在原位置，左實右虛，另注敵人劍尖。乙帶腰甲反格乙腕——甲見乙腕避去，已為我劍所不及，趁勢轉為太陽劍，帶乙之腰，乙即含胸轉腰，避過甲劍，同時將劍變為中陽劍，反格甲腕，如是往復三遍。乙壓劍貫耳——俟甲劍反格，正轉變帶腰時，突然將劍變為中陰劍，往下橫壓甲劍，隨即起身以太陽劍貫甲右耳，左手扶住劍柄。甲直帶腕掠棚——右手用中陰劍左手扶住劍柄。往後直帶復往下一沈，劍尖正對敵腕斜刺。對提——乙避甲之劍尖，提腕變為老陰劍，刺甲之腕，甲亦提腕，變為老陰劍以防之。對劈——甲乙各將劍尖自左下方向上繞一小圓圈，變為中陰劍，直往下劈攻敵之右腕。乙刺喉甲粘帶——乙右手變太陽劍左手扶住劍柄，由下往上正刺敵喉，斯時劍尖向敵喉，劍柄約當自己胸下，甲亦變為太陽劍，左手扶住劍柄，劍身粘住乙劍，同時身體微向右轉，帶去乙劍。甲刺喉乙粘帶——甲既帶去乙劍，趁勢伸劍刺乙之喉，乙亦轉身粘帶，復反刺甲，如是三遍（太陽劍圈）。甲橫撥乙跑之——甲俟乙劍刺來時，將劍粘住乙劍，向右向下橫撥之，同時舉右足交步向左

繞走乙隨之亦交步向左繞走，斯時兩劍相粘不離，鬬攪隨走，各俟機會，但攪時各伸出右手，左手劍指置於左方，平掌向外，頭向右轉，目視敵劍。乙擊頭——如前繞走，彼此互換位置時兩劍尖已第二次互撥至下方，乙劍正接至甲劍外方，甲劍正向上攪乙趁勢以少陽劍擊甲之頭。甲斜閃——身微向左後披重點寄於左足，成左實右虛弓步，避過乙劍，同時右手變太陰劍，斬擊乙之右腿。乙截腕——體重寄於左足，舉右足向左前方斜進半步，避去甲劍，同時右手變爲太陰劍斜截甲腕。甲帶腕——右手變爲太陽，往左肩前帶避，劍尖向敵方劍把，較肩略低，目注敵人。乙上步截腕——右足向右斜方趁上一步，右手用中陰劍，截敵右腕，重心移於右足，成右實左虛弓步。甲抽手——將腕往下一沈，避去乙劍，同時右手變爲老陰劍，從左向右抽乙握劍之手。乙抽避甲刺腹——趁乙抽劍避開之時，用中陰劍直刺乙腹，斯時體重移於右足。乙寝腕——身微側讓去敵劍，右手用中陰劍橫截敵腕，斯時體重寄於右足。甲帶乙反格——甲用太陽劍姿勢，將右腕往左前方一帶避開，同時收回右足移向左斜方半步，身半向左，目視敵方，乙劍跟隨敵腕由下往上反格，中陽。甲抽腕保門——將右腕往上一翻，變爲太陰劍，同時劍尖向下由左往右抽乙之腕，退步（右足往後退一步）轉身，斯時右手微屈高舉在右額前，成中陽劍，劍尖向敵，左手戟指扶住右腕，身體向右，體重寄於右足，左足蛩於右足左前方半步，足尖點地，目注敵方。乙帶腕保門——乙劍變爲太陽，往左帶敵之腕，同時收右足至左足前方半步，然後變

爲中陽劍，右足往右後方退一步立定，成保門姿勢。（完）

第二路

乙上步擊頂——右足前進一步，同時右手以少陽劍擊甲之左頂，左手分開置於左後方。甲上步擇腕——右足前進一步，同時右手用太陽劍擇乙之腕，左手分開置於左後方。甲乙對攪——乙先攪，甲隨之式如前。甲乙對刺撩——各將右足微起用左足着力一躍，備步前進，刺敵之喉，但兩劍相拒，各刺不中（此時另有動作須面授）。甲乙各上步反攔——當刺不中，彼此換身而過時，各將劍變爲中陰，竭力使用劍身粘住敵鍔，（防其趁勢而入帶腰或劈腿也）斯時雙方各將左足前進一步，拔身下掩，同時以中陽劍反纏敵腕。甲轉身點腕——以左足着地迅速轉身起立，收回右足，成預備步，同時以中陰劍點敵之腕。乙轉身擠步攔腕——迅速轉身起立，以右足着地，左足隨卸向左側方移進一步，收回右足，成預備步，身向下沈左手扶住劍柄，同時劍尖向上斜纏敵腕。甲抽——將腕往右外避去乙劍，右腕下沉抽乙握劍手，同時右足向右前斜方跨出半步，重心在右足。乙刺腹——趁甲抽劍避開之時，用中陰劍直刺甲腹，同時右足向右前斜移半步，重心寄于右足。甲左截腕——俟乙劍刺腹時，將身略偏避去乙劍，同時右手以中陰劍向前截乙執劍之手，重心仍在右足。乙劈甲亦劈——如前對劈之式。乙上步貫耳——右手變爲太陽劍，左手扶住劍柄，上右足探身伸劍貫敵右耳。甲平帶——右手用太陽劍，屈肘轉腰，同時將劍往右後方平帶乙

腕，格開乙劍。乙抽擊——趁勢將劍一翻，變爲太陰，轉身抽甲之腰。甲截腕——向左前方舉起右腿，避去乙劍，同時右手將劍尖撩敵右腕而去。乙退步繞避，甲追步追刺——乙向右退步繞避，甲向左進步繞追，雙方各循半圓形之弧線進退。甲抽腹乙含胸轉腰截腕——甲趨至中圓形弧線將終點時，將劍轉爲太陰，抽乙之腹，乙卽含胸轉腰避去甲劍，同時將已劍轉爲太陽，截甲之腕。甲退步繞避乙進步追刺——甲亦向右循半圓形弧線退步繞避，乙進步繞追，如是三遍。乙壓劍上步擊頂——乙繞退將至終點時，突然止步將劍變爲太陽，微抬其腕，讓甲劍從腕下刺過，趁勢將甲劍壓格於外方，隨卽上步擊甲之左頂。甲退步帶腕上步回擊——退步避過乙劍，同時將劍往右外方平帶，復趁勢上步回擊乙之左頂。乙退步抽腕保門——俟甲伸劍進擊，轉爲中陽劍，從下方抽甲之腕，同時右足退一步保門。甲退步保門。（完）共十九式不同者十式

第三路

乙上步劈頂——右足上步，右手用中陰劍，正劈甲頂。甲格劍進步翻身帶腰——上右足，用中陽劍格，隨卽向左前方進左足，復交步上右足，右手將劍轉爲太陽，帶乙之腰。乙格腕帶腰——一面含胸轉身，退右足避爲敵劍，一面將劍尖下指，右腕上提，從左往右外方格甲之腕，甲旣翻身避去，乙迅速向左前方進左足，復交步上右足，亦將劍變爲太陽帶甲之腰。甲格腕帶腰——亦如乙之動作，如是互換繞走數遍。乙壓劍貫耳——俟甲劍轉爲太

陽，向來進步帶腰之際，用中陰劍往下壓，隨卽起身上步，用太陽劍貫甲右耳。甲直帶擦——將身微向後掩，用中陰劍直帶敵擦敵之腕。乙提——如以前式，提劍刺敵之腕。甲反撩腕——右足向左方交進一步，身向下蹲，同時將劍從左下方繞一圓圈，側面反撩敵之右腕，左手扶住劍柄，頭向右轉，目注敵右腕。乙反撩腕——亦照甲同樣動作姿勢反撩。對換走——甲乙兩劍尖各指敵腕，轉身繞走，從左方向右繞走，至互換位置時停止。乙抽劍刺——突然抽劍向後變爲中陰劍直刺，同時右足開一步向右。甲反格腕——抽劍向後，同時右足開一步向右，用中陰劍，從敵腕下反格之。乙直帶腕——微抬其腕，劍尖向下交敵之腕，隨卽將腕往下一沈，向後抽帶。甲反手帶腕——甲將肘往下往左避去敵劍，同時反腕，成中陽劍，抽帶敵腕。各退步保門。（完）共計十五式不同者六式

第四路

甲上步洗——右足前進一大步，右手執劍從右下方往上洗，變爲中陽劍，伸直右臂左手劍指，置於左後方，兩足成右實左虛弓步，目視敵方。乙上步帶腕（陽劍圈起手式）——右足向左前方側進一步，身體微蹲，右手執劍，從右上方經右下方向左前方復轉右前方，畫一螺旋形反帶甲之右腕，斯時變成太陽劍，伸直右臂，左手同時扶住劍柄，頭半向右轉，目注敵腕，兩足成交步。甲上步帶腕（陽劍圈起手式）——亦如乙之動作姿勢，反帶乙腕。對陽劍圈——甲乙各先進左足，同時將劍往自己領中帶回，次進右足，同時將劍由左往右

平走一圓圈，反帶敵腕，如是繞走三遍。對陰劍閣——甲乙各將劍變為大巻，同時開右足向右側方探步，一面繞走，一面抽敵腕與敵腕，如是繞走三遍。乙進步攪——如前繞走幾終圈時，突然將劍往胸前收回，變為太陽劍，劍尖從右往左（在敵腕上）復從左往右（在敵腕下）繞攪敵腕，一面逐步前進，左手扶住劍柄，此動作全在壓腿手腕一致敏活，否則難以得勁勢矣。甲退步攪——甲亦如乙之動作，但隨乙之進逼，逐步後退，（進退之步法須四平步摔腰）。乙退步抽帶——用太陰太陽劍，從敵腕下方抽帶，一面逐步後退，（此式如太極劍中之獅子搖頭）。甲進步抽帶——亦用太陽太陰劍，從敵腕上方抽帶，但甲用抽，則乙用帶，適與相反，一面逐步前進。乙掤腕——退回原位置時，突然用中陰劍上掤甲腕。甲抽劍避之。兩手相左右分開。乙上步刺頭——斯時見敵方正面無備，上步用中陰劍直刺其面。甲壓劍——將頭向左側一偏，避過敵劍，同時右手將劍壓住敵劍，向右下方，兩足須左實右虛。乙反壓——將敵劍反壓於左下方，兩足須左實右虛。甲帶腿——趁我劍被壓時，追劍帶敵之右腿，隨即起身，將劍反擊敵之右耳，伸直右手，兩足右實左虛弓步。乙直帶變攔。——身體微向後傾，同時用中陰劍，由前向後直帶敵腕，終仍變為攔式。甲乙各提劍保門——甲先變為提，乙隨之。（完）共計十七式不同者十式

第五路上

甲乙各作伏勢——身向右後方下披，重點寄於右足，伸直左腿，近貼地面，右手變為太陽

劍，横於胸前，劍尖向敵，左手戟指扶右手之腕，目視敵方。甲上步直刺——變身向前。右足前進一步，右手用中陰劍直刺敵胸。乙上步帚腕——變身向前，右足前進一步，右手用太陽劍，平擊敵腕。甲掐腕平擊腕——掐高手腕避過敵劍，同時以太陽劍，平擊敵腕。乙側身截腕——左足向左側閃進一步，成左實右虛弓步，體重寄於左足，同時右手用中陰劍，從敵之右前方，側截其腕。甲側身截腕——亦如乙之動作姿勢。對提對繞走——此需動作已見前第一路中。甲近攔腕——繞走至互換位置時，突然變為中陰劍，攔敵之腕，乙帶腕避——向左帶腕，避去敵劍，身體同時平向左轉，體重寄於右足，成左實右虛弓步。甲進步反格腕——左足速進一步，同時以中陰劍，劍尖斜向下方如提劍式，左手扶住右腕，用力自下向上反格敵腕。乙截腕——將右腕抬高，避去甲劍，從甲腕上繞過，用中陰劍截其腕，斯時體重移於右足，成右實左虛弓步。甲上步截腕——盡隨將足手，將右腕往右一移避過乙劍，同時右足前進一步，成右實左虛步，截敵之腕。乙摘身截腕——略移右腕，同時揹腕，劍尖向下擊敵右腕外方，兩足變左實右虛。甲壓腕（或作截腕）——將腕往左避閃，同時將劍從敵腕上繞過，下壓敵腕，（用太陰劍若截則用中陰劍）斯時步法變為左實右虛。乙摘手截腕——仍如前式。甲帶腿——斯時右腕既被敵劍壓住，僅有趁勢從下往左帶敵之腿，同時將重心移於左足，收回右足，移至左足前方平步，復趁勢刺敵之腰。乙側跌——繞起右足，避過敵劍，迅速起立，將右足移至左足前方半步，身平向左，右手

以中陰劍刺敵之右腰。甲抽腕——抬高其腕，一面避去敵劍，一面以太陰劍抽敵之腕，同時收回右足，向右前方移一步。乙金雞獨立刺胸——右手往左一帶，避去敵劍，隨即以中陰劍，直刺敵胸，並提起左足，全身重點，寄於右足，作金雞獨立式。甲撥手——用太陽劍平撥敵之手腕。甲乙各提劍保門，甲先提，乙隨之。（上半完）。甲乙各作伏勢——見前。乙上步刺胸——上右足，用中陰劍，直刺敵胸。甲上步平撥。對撥——見前各式中。對劈——用中陰劍直劈，取敵之左方，與以前各式中取敵之右方者不同。對刺腹——中陰劍直刺。甲反格腕——中陰劍從敵腕下方反格。乙反帶腕——開左足，向左斜方上，全體向左傾，右手從敵腕上以中陽劍往左一帶。甲反腕帶——與第三路末式乙之動作同。各得身劈——雙手捧劍，劍尖向下，轉身向右，上左足，復轉身退右足，當轉身退右足時，趁勢將劍舉起劈下。各保門。（完）共計三十式不同者十二式。

武當劍法五路共百一十劍，其中不同者有六十劍，李芳宸先生所傳也。武林黃文叔（元秀）先生入室弟子，余從文叔遊，因得師私淑焉。憶曩年寓杭垣湧金門時，距文叔之西湖蔣宅不數里，晨夕過從，時當酒闌耳熱，輒相與起舞，意氣甚豪。顧此卒衰病侵尋，從不復習，強半遺忘，甚矣余之惰懶荒也。今番遇文叔於滬上，彼方以劍法授潘子時甫，傅子爲德，徐子梅岐，且與余談國為證緯之爭，於是向之遺忘者隱躍然復印諸心目，爰筆記之備他日覆習之用，且以記此一段因緣云。

民國二十八年歲次己卯三月一日　易儀齋主人子嘉識

摔角之大概　中國角術於踢打之外，有摔角與擒拿二種。摔角爲近身摟抱時必要之技術，頗着似全仗角力，而不知方法之外，實有巧妙存焉。初學者，先以一人單練，如前進後退，轉身擺臉，勾腳，挑腿，挺腰，坐馬等方式。但不行打，不行踢，如犯之即違章，爲衆所不許。初與師對練，與同學對比如大別子，挑勾子，抹脖兒等等，全仗實練工夫。最奇者，變臉一事，如對人埂上把，或下把時，雖轉身而不變臉，仍不能倒敵，一變臉敵必墳跌矣。此藝現在江南者，楊方五、修忠義、王子陰、諸君優爲之。習練工具，用專門摔練衣一襲，腰帶一根，其行規，服此衣摔死不償命，其優劣以跌倒多次者爲負，比賽時相約摔三十交或五十交爲率。當此者，約定三十交，可將對方摔倒三十交，或可將人摔之上樓，或摔斷腿，甚至死者。故有人認此爲危險之技術者，其實在教者與學者之性情耳。

摔角方式甚多，另有專書，非片言所能盡，本篇略述大概，爲學太極者一斑之助耳。

東瀛所謂柔道者，實係吾國古代所流傳，考其功力，確有譜宗之成就，考其方法，尚不及吾國摔角之什一。惜吾國上下不能一致提倡，祇爲江湖末技，不足當大雅之欣賞也。

擒拿之大要　擒拿術，不行打，不行踢，亦不行摔，專以特種手術，將敵扼住。換言之：將敵之四肢之一部，用一方法，使其不能動，不能掙強，無可脫逃。敵如反抗，則其四肢之一部，必致苦楚難堪，或有折筋斷骨之虞，彼只得聽從我之使命，此之謂擒住。今將各部擒法名目，

開列如下：

第一頭部法　搬頭法，抓髮法，抓耳法，提喉法。

第二肘部法　纏肘法，向上搬肘法，向上推肘法，靠身沉肘法，橫斷肘法，向下壓肘法。

第三拳部法　拘拳捲身法，捲拳法，扣拳肘拐法，扣拳壓肘法。

第四腕部法　單纏腕法，雙纏腕法，大纏腕法。

第五掌部法　反掌擒肘法，翻掌跨肘法，柔手法，扣掌按肘法，扣手拐肘法，扣手背穴法。

第六腿部法　倒坐腿法，撥腿法，牽陰破法。

關打之部位　八可打，八應打，八不打三法。所謂八可打者，比演時可打而無害。八應打者，爲兇惡之輩。八不打者，打着便有危險。以上三種：亦是學技者，不可不知也。今開列如下：

八可打　兩眉窩，兩上肘，兩背胛，（背之上部）兩大腿，以上八處，可爲師徒間練習技打之用，尚無妨礙。

八應打　一打眉頭雙睛，二打口上人中，三打耳下頰腮，四打背後脊縫，五打兩肘骨節，六打鵪膝虎脛，七打腿下頰骨，八打腳背指掘。如遇暴客凶徒，舉動猥褻時，應打以上八處，而懲之，使其疼痛昏迷，不致作惡也。

八不打　一不打太陽頂門，二不打兩耳對門，三不打咽喉氣管，四不打胸間窩心，五不打乳下

肋骨，六不打海底撩陰，七不打腰心兩腎，八不打尾閭中正。以上八處，誤打中者，必有性命之虞，故不打也。

自然門　此門之拳術，從人身本來自然行動中練習之。其初步煅煉，手足、腰腿、目光各部，而於手尖腳尖；尤爲注重。其練法，詳載於萬籟聲出版之武術匯宗（商務印書館出出）木茲不贅。萬氏於中央擧國比試，曾佔優勝，其師卽余盟兄杜心五也。杜氏年屆七旬，身懷絕技，目光如電。惜其學道心切，已入羽士之流，比聞遷入山林矣。

巖命門　此門之拳，可謂少林宗，殷細全之技術。其初步，先學五種樣子，又名縱横工，卽基本工夫。而後學各種單式打法，其八種腿法，尤爲他派所無。鍛鍊時，有靜動兩法，極繁細，極深奧。非普通人所能學習。余兄劉百川，精研此藝，清季曾此走鏢北方，常從軍與，隨從蔣總司令北伐歸來，以年老告休，現聘爲浙江國術館教務長。

（六）勁與力之分　吾人四肢運動之效用，體育家名之謂「力」，武術家稱之曰「勁」。考『勁』與『力』之分甚微，所謂力者，天然煉成，其效用隨年齡疾病而增減。換言之：年齡少壯，其力強，年齡老大，其力衰，身體康健，其力充，身患疾病，其力弱。所謂勁者，則不然。由多年苦練而成，其效用，不因年歲疾病而退減。憶昔八卦先師董海川壽老公，享壽九十餘歲，于臨命終時，有一壯士爲其更衣，董不欲，一舉手將壯士擲出門外，至今八卦門傳爲美談。是見內勁之不因疾病而衰弱，可知矣。今將全身之力，可練而成內勁者，列如下：

攝力（拿勁）　合力（擠勁）　射力（捌勁）　推力（按勁）　拉力（採勁）

拋力（擬勁）　托力（肘勁　靠勁）　舉力（擺勁）　提力（提勁）　招力（擬勁）

鬆力（沉勁）　抖力（鬨勁）

以上諸分爲十二種，其發勁之源，皆起于脚，由動於腰，而達於四肢也。

（七）師生間之關係　歷來教拳者，雖口頭上一說發授，毫無分別，而實際確有三種情形。第一種：受業者爲徒弟，教授者爲師傅。授者誠心苦練，教者盡心教授。但學業之外，師家大小雜務，皆須服役，待有技藝程度，初隨師爲幫教，繼則代教，三年五載之薪水，完全供養師傅，其後須師傅之度量，與夫業徒之資格若何？如業徒漸漸老練，則師情亦漸漸客氣，此後場面，皆歸自己維持矣。然對於輩分，仍極尊重，門戶亦極重視。

江湖惡規，大半相同。如唱戲者，科班中例規，藝徒僅享大名，倘掛頭牌，能叫座價博彩，而其包銀一千二千，全歸業師收去，待到賞格已老，經過滿師手續，方得自由營業。各師皆如此，各徒皆如此，以上情形，雖爲江湖俗例，亦屬人情之常。否則爲師者，既無利益可圖，何苦而爲竭盡心力之指教。在學者方面，對於師之本有技藝尚不可得，欲求青出於藍，更爲難矣。

第二種：受業者爲門生，社會中所稱拜門者。教授者爲老師，師弟之間，羽羽客氣，除

學業外，不服役私事。其教練亦有相當指授，學業亦有成就者。其門生有爲師傅奔競賽者，有不盡者，一門之中，個個不同。

第三種：教授者稱爲先生。如學校學生，軍營士兵，以及時恐機關職員，幾期一次二次，教者既不能精確指導，學者亦無非時應而已，事實上難以成就也。

從來拜師禮者，須具大紅全帖。第一頁寫生徒姓名某某頓首拜。第二頁寫生徒三代父母，本人年齡，籍貫，住址。有於第三頁附寫介紹人姓名籍貫住址者，有不寫介紹人者，最後寫當時年月日，另設香案，中供本門祖師，邀請師伯叔，及師兄弟等觀禮。先由業師拜其祖，（少林門爲達摩，武當門爲張三丰）其徒繼拜之，跪奉其帖後，向師再拜，然對各師伯叔師兄弟行禮，即舉行宴會。有欵贊見儀者，其數不定，視其師生感情，與贈者經濟耳。

少林門（山東滄洲一帶拳廠）習拳之經過

一：拜師。（經二人以上之介紹，具帖請酒，及各種儀式）。

二：習彈腿。（彈腿。爲少林門各路拳術之基礎，故先習此）。

三：拉架子。（拉架子者，卽習各種拳術之架子，待所習之拳架子，手足純熟，身法自然，將本身之勁，能作用到四梢，（卽手尖足尖），爲期約二三年，然後再學短兵器，者隔時而學便有害，其師亦不許也。

四：學刀劍。（鞭鐧等短器），練大槍。

黃元秀

太極要義

五：折拳法。（將拳架各式，折開說明用法），折器械：其方法與上同。
六：練拳對子。（各種拳架對手方法）。
七：拿手法。（各種爪拿法）。
八：折器械。（各種器械對打法）。
九：散手。（散手對打，分文武兩種。所謂文者，動手不用腿。所謂武者，動腿不用手，腿手並用，謂之文武並用）。
十：春典。（春典者，江湖上綠林中之黑話，又名江湖術語。此事歷來頗爲重要，故有「借錢千殺藝，莫教一口春」之說。因懂得此類術語，即是個中人，既是一家，便有照顧，即占便宜矣。

（附）「下場不溜腿，到老沒藥救」，此言練拳後，不可停止而坐，須走數圈，而溜其腿，即平其氣和其血脈也。

（八）國術界中之習慣　練國術者，須略約知一般之規例，亦入國問禁，入鄉問俗之意。凡見人練拳，或練器械，必須起立，不可坐視，否則必遭厭惡，或受人揶揄，如爲座師，或直屬長官，及長輩父執師伯叔等，則可以不拘，見其練畢，必須致贊美之辭。若自己表演時，應除帽脫長衣，但不可赤膊赤脚，最小限度，帽子與馬褂必須除去，而後向衆致歉辭。否則此爲欺師蔑祖，目空一切。暗中已受人歧視，或竟當場發生比試等事，因此而生永

久之惡感矣。

凡向人索閱刀劍器械等件，不可徑爭開鞘。必須先得其允可，接到手後，應將鋒口方向轉之，其快口尖鋒須對己，不可對人，否則爲失敬，且防傷人。後還者，勿以手指口氣擦其刀劍，犯之，尤爲一般習俗所厭惡。在宴會席上，有同道人來邀茶，或掛個，皆係表示尊重敬佩之禮節，受者當站立而回敬其禮，排怒視之。平常習論，當忌許人工夫之長短，藉以一時間談，並斟成見與其他作用。但對方之名譽及生計，或使因此而受重大之打擊，故必以全力衞圖報復，是不可不知也。

以上各條，略舉大概，一知半解，在所不免。至所述太極之妙用，余在十餘年前，初聞此言，以爲禁此者宜傳之辭。今以各師之講授，自身之體驗，以及同學朋友之試驗，到爐火純青時，確有神妙莫測之作用。余非小說家，何必過炫其說，要在得學者，自得之耳。

中國自古以來，武器甚多，形式各異，名稱不一，而一般所稱之十八般武器，名式如下：長槍、大刀、戈、矛、戟、鉞、斧、鉤、爪、鏈、鎚、叉、棍、鐗、劍、刀、鞭、弓、鐵由鉞而成，劈由弓而成，鏜由矛而成，七由鋼而成，故不列。

附言

歸見國術字樣，宜改爲武術二字，較爲適當。因國術之稱，範圍過於廣泛，凡屬中國之學

術、醫術、琴棋、百工六藝，皆可稱爲國術，豈獨偏指乎武術哉？或曰稱爲武術，恐與軍事相混合。實則不然，行陣作戰之學，皆冠以軍字，如軍事計劃，軍事訓練，陸海空軍，陸軍大學，軍官學校，或簡稱爲軍人，軍官，軍佐，軍械等，世界各國皆同，決不與武字相混淆。或曰：此係中國之技術，須加以國字。試問中國一切學術，一切機關，皆冠以國字可乎？東西洋各國，其本國之學術，並不皆冠以國字，其重在本質與性質，明矣。還來中央國術館，衆研究西洋拳擊，日本柔術劍術，不如易以武術二字爲當，質之海內賢達，以爲如何？

武當治傷驗病方 同門山左韓慶堂錄

武當門治驗傷病方目錄

(32)無名腫毒方　(33)牙痛方　(34)黃水瘡方
(35)胃痛悶脹不消化方　(36)寒熱病方　(37)黃病方
(38)痔瘡方　(39)小便發熱方　(40)生肌拔毒散
(41)紅白痢疾方　(42)八脚蟲方　(43)中暑氣方
(44)脚氣病方　(45)瘋犬咬方　(46)久年腹痛方
(47)久年眼痛方　(48)羊角瘋方　(49)破傷風方
(50)小腹屈墜方　(51)治痔方　(52)治痢疾方
(53)脚痔痛方　(54)治多年惡瘡痔方　(55)治黃膽方
(56)治脾寒方

共五十六方

(1)跌打損傷總方(共三十六味研細末每服二錢用開水黃酒沖服病重者每天服三次輕者一次或兩次皆可)此方能強壯筋骨袪血合氣常用力大無窮

木香五錢　蘇木一兩酒炒　白朮二錢　厚朴六錢薑汁炒　骨碎補一兩童便炒　三稜五錢麥炒　紅花三錢
杜仲二錢炒　歸尾一兩酒炒　自然銅五錢　乳香三錢去油　白芷一兩　地必虫卅個　元胡索一兩

兩頭尖三錢卽鼠糞　蒼朮六錢米汁炒　五靈子一兩酒炒　青皮一兩童便炒　川芎一兩　黃芩六錢　枳實六錢炒
香附五錢童便炒，　小茴三錢酒炒　紅花七錢酒炒　炙甘草一兩　茯苓四兩　草果五錢去殼　蓬莪朮三錢　半夏三錢冬五錢
赤芍一兩酒炒　肉桂二錢　半夏五錢　三棱一兩酒炒　落得打三錢　沒藥五錢去油　丁香五錢去皮　沉香二錢
佛手片三錢

藥名九一丹治脚氣　紅升五錢用土埋之　製石膏九錢用童便浸過　冰片少許

(2)打傷年久未愈方(共四味)
升麻七錢　黑丑六兩　莪朮七兩　肉桂五錢　(共研爲末另用火硝爽一兩煎水爲丸服之)

(3)皮破止血補傷丹　治服傷馬踢刀傷跌打等傷
諸傷凡管子壓出者可治，並能止血止風，不忌風，若傷重血不止，用玉樹神油擦患處，立止痛
止血，二藥並用有起死囘生之效。

白附子十二兩　白芷一兩　防風一兩　生南星一兩　天麻一兩　羌活一兩　共六味晒乾研爲細
末，就破處敷上，若傷重用陳黃酒沖服三錢，多飲則麻倒，少刻卽愈亦無害也，青腫水酒調敷
之立愈。預製備用以濟急需，此方估急傷及食管，肚腸已出，用此藥得活也。若腸破斷者，用
桑白皮線縫好，再用藥敷上，保險全愈。

(4)打傷時節論治法十二時與打通十二經，如有某時在某經，倘未打傷，切忌忌之。
(子)時血行至膽經　(丑)肝　(寅)肺　(卯)大腸　(辰)脾　(巳)胃　(午)心
(未)小腸　(申)膀胱　(酉)腎　(戌)胞絡　(亥)三焦
春打傷肝三年囟亡，夏打傷心三年囟亡，秋打傷肺卽刻囟亡，冬打傷腎三年囟亡，四季三十六
大穴，七十二小穴，是人身穴部，信者不可打。
百會穴。咽喉穴。兩太極穴。對口喉穴。太陽穴。太陰穴。尾閭穴。陰穴。

附打傷十二時藥方(觀形察色便知何處受傷)

(子)時傷在膽方
地別(卽地鱉虫)八錢　蘇木八錢　五加皮二錢　班蝥七錢　甘草二錢　砂仁二錢　只殼七錢
柴胡二錢　以上八味　用水壹飯碗，煎四分服之。

(丑)時肝方
香附八錢　桃仁一錢　地別一錢　生地四錢　靈仙二錢　紅花一錢　天香片二錢　甘草二錢
水一碗煎六分服之。

(寅)時肺方
鬱花二錢　黃芩一錢　桔梗六錢　玄胡二錢　加皮八錢　款冬花八錢　天花粉八錢　甘草二錢

(卯)時大腸方
木通二錢　黑丑八錢　續斷八錢　牛膝二錢　大黃三錢　紅花七錢　澤蘭七錢　玄胡一錢
服法同前

(辰)時脾方
木香六錢　甘草二錢五分　服法同前
木通五錢　蘇木三錢四分　青皮五錢　砂仁二兩　紅花二錢　白糖四兩　虫草合煉爲丸，用白
茯苓湯送下。

（巳）時胃方
白芥子二錢　台烏藥二錢　茴香二錢五分　乳香一錢　沒藥一錢　紅花五錢　歸尾二錢
香附二錢　砂仁二錢　大腹皮二錢　甘草二錢　水一碗煎七分服之，其藥渣再煎服。
（午）時心方
川連二錢　棗仁二錢　黃芩二錢　鬱金二錢　茵陳二錢　梔子二錢　夜明砂二錢　甘草二錢
水一碗煎八分服之
（未）時小腸方
木通二錢　車前子二錢　生地二錢　川連二錢　蘇木一錢　紅花八錢　貝母二錢　歸尾一錢
澤瀉三錢　甘草二錢　水一碗煎七分服
（申）時膀胱方
與巳時胃方相同
（酉）時腎方

檳榔二錢　澤瀉二錢　蘇木六錢　紅花七錢　麥冬二錢　杜仲二錢　牛膝二錢　歸尾二錢
甘草二錢　冰片五錢　水一碗煎八分服
（戌）時胞絡方
川連五錢　澤瀉二錢　檳榔二錢　紅花六錢　斑節二錢　枳殼八錢　水一碗煎七分服之
（亥）時三焦方
枝子一錢　黃柏八錢　千烏二錢　蘇木二錢　生地一錢　知母二錢　桔梗二錢　大黃七錢
水一碗煎六分服之

傷在心經　南方丙丁火其色赤
傷在腎經　北方壬癸水其色黑
傷在脾經　中央戊己土其色黃　五臟受傷某現之色
傷在肺經　西方庚辛金其色白
傷在肝經　東方甲乙木其色青

（5）玉珍散方及用法（普通損傷服此方必效）
生白附子一兩　生南星一兩　生半夏一兩　川羌活一兩　廣三七一兩　生天麻一兩
生防風一兩　香白芷一兩　赤芍五錢
共為細末磁瓶裝好待用。此藥專治鐵打刀箭諸傷，其用法與金花散同，惟藥力較為和緩耳。
（止血用）玉珍散專治跌打損傷，外敷傷處，以雞蛋清調塗亦可，內服每服五厘，陳酒沖服。
（6）吐血方（共十二味）
柴胡一錢　白當三錢　廣三七三錢　柳炭一錢半　荷葉一張　當歸二錢　梔子二錢　寸冬三錢
艾葉灰六錢　藕節二錢　甘草三錢　東參三錢　草紙灰為引水沖服
（7）內傷不見血方（共十二味）
當歸一錢　水花二錢　梔子五錢　柴胡二錢　白芍三錢　川芎一錢　乳香一錢　沒藥一錢

防風八錢　木瓜三錢　甘草一錢　白蓮一錢　水煎服
（8）傷筋動骨輕傷方共五味
鳳尾草一束　生薑根四五枝　花椒五錢　生蔥一塊　陳蘿蔔籽子二錢
用法：（一）將藥備好，用水煮開洗之。（二）不便於洗，將藥切碎，用鍋炒半熟，一熱為度。分為兩包，一包不熱，再換一包，此包再炒，如此各七次後，此藥不用。病重者。每日兩次。輕者一次。
注意——不要用力洗擦，破皮切忌。
（9）手足破爛方　用樸衣草白水調之患處
（10）年久跌打藥酒方
紅血藤三錢　虎骨三錢　大獨活三錢　羌活三錢　加皮四錢　桑寄生三錢　白細辛一錢
川烏二錢　土別三錢　白芥子三錢　當歸二錢　三稜二錢　莪朮二錢　川牛膝二錢　桑枝二錢
松節三錢　乳香二錢　伸筋草三錢　粉甘草二錢　南星二錢　赤芍二錢　自然銅二錢火煅

由七四錢　西紅草一錢　用好燒酒五斤泡好，每日早午晚三次，每次服一小茶杯，不能飲者，可少飲之，完即念淨效

（11）跌打骨斷洗方

荊芥　防風　透骨草　羌活　獨活　芥梗　郁金　川紋　赤芍　枝蔻各二錢水煎洗一二日即愈

破皮肉者忌之。

（12）接骨館使五虎接骨丹

貴州雷公山五加皮四錢　小公雞一隻，去毛連骨剁，不用沾水，搗極爛，敷斷骨處，骨即接響，則骨已接好，即將藥剔去，免生多骨切記。

（13）山羚鮮接骨方

此方治手足折斷者最妙，將無骨雞，即用大雞，或取五個，剁碎，取炮研末，用雞蛋調三個，和陳酒溫熱服飲，用開水送服之，即睡片時，日日作灸，忌口，勿食發物。

（14）金花內服治傷神妙散　此方篇洪不可常服

生白芍三兩　生川烏一兩　由七一兩　生半夏四兩　生南星一兩　生大黃一兩　生羌活一兩

防風一兩　香白芷一兩　烏豹子二兩　去皮火煨存性

以上共研細末，用小罐瓶裝好備用。此藥專治跌打損傷，未破皮肉者，為力最大。不可多服，成人可服一錢五分。老年小孩可服八分為止。以陳酒沖服，不能飲酒者，以溫開水服之，若服過多，則周身發麻難受，可服甘草水解之，服後漱口，以免麻嘴。

（15）骨折筋斷久傷諸痛洗藥方

如意黃連四錢　五加皮一兩　川烏八錢　製乳香八錢　草烏八錢　虎骨七錢

共六味以鹽醋蒸之，乘熱用布包上，每日早晚蒸洗兩次，洗後，即同時敷下藥方。　桔梗　桐皮六錢

曬乾成細末，以好白醋調勻，以繃紮之，敷於傷處，取起敷在傷處，每日蒸洗兩次後，即敷此藥膏，三日即愈，切忌勞動。

（16）傷損血流不止神效藥

滑石三錢　白芍三錢　共為細末，黃酒送下。

（17）打傷方

地膽草十兩　黃柏五錢　五皮半五錢　赤芍五錢　敷傷處

（18）內治接骨方

生半夏　大黃　梔子　黃土　五靈脂　胸骨頭　鳳仙花葉　續斷　桑枝　川芎　靈肉　紅蘿

煎湯用黃酒兌服

（19）刀斧損傷內服藥方

當歸　三七　虎杖　蒲黃　沒藥　丹皮　澤蘭　鹿角　研細末，黃酒沖服。

（20）外治接骨方

三七　牛膝　鬱金　紅花　秦歸　川芎　甘草　續斷　白芍　花蕊石　（右藥共合研炒，包傷處。）

（21）打傷丸丹方

當歸二兩　川芎二錢　枳殼二錢　杜仲三錢　川膝二錢　丹參二錢　羌活三錢　青皮一錢

玄胡二錢　鬱金二錢　香附二錢　天台一錢　碎補二錢　木瓜一錢　木香二錢　石乳三錢

桐皮二錢　靈仙二錢　升麻二錢　附片二錢　銀猪一錢六分　加皮二錢　金鵝一錢六分

麝香二錢　沉香二錢六分　丁香二錢六分　虎骨五錢　雞骨五錢　土鱉一對（雄雌各）

大海馬一對　硃砂四錢　砂仁三錢　川漆二錢　沒藥二錢　小茴二錢　田七五錢　青木香一錢

乳香二錢　肽元二錢　上桂元錢　元寸三錢　廣皮二錢　紅花二錢　續斷二錢　桃仁二錢

然銅二錢　豬尾二錢　細辛一錢　大力二錢　甘草二錢　以上共五十味

（22）練鐵砂手藥方及練法

川烏　草烏　生南星　蛇床子　半夏　地骨皮　花椒　力隆　百部草　鷹爪　海浮石　柴胡

龍骨　龍爪（乃蒼蛇之蓋根）　木通　虎爪（乃扒山虎）　透骨草　紫苑　地丁　硫黃　以上各一兩

鷹爪一枝（有無俱可）　青鹽一兩　三斤米醋（頂好的）　水三斤煎完時，可將藥渣取出。

（若到藥房可按三次去取）

練法：一小瓷缸一口，鐵砂約百四五十斤，若練時將藥水在沙鍋內溫熱，將手洗過，多洗無礙，可將指甲剪去，雙手將鐵砂一抄一插，一抓一打為一把，初練時每次七八把，以後四五日，可添一把。

（23）練鐵沙掌藥方及練法

古籍原貌

透骨草四錢　乳香三錢　沒藥二錢　獨帶一錢半　川山甲二錢　皮硝一錢　青鹽四兩
熊掌五錢　雞爪一個　黃酒一斤半　老醋一斤半　將各藥同煎於沙鍋中，俟水剩五分之一即成，再將陳黃酒加入搗開，洗之，俟再次洗時，僅須水熱即可。注意（水為五茶杯如日久可再加酒醋。）

（24）柔骨神力方

虎骨　全秦歸　懷牛膝　枸杞子　螃蟹黃　虎脛骨　煉蜜爲丸，黃酒沖下。（各藥等分）

（25）強壯藥方

野蒺藜　熟地黃　白芍藥　鹽黨參　全秦歸　撫川芎等分　煉蜜爲丸

（26）大力丸方

補骨脂　魚膠　川續斷　虎骨　菟絲餅　牛膝等分　煉蜜爲丸，黃酒沖下，忌色慾。

（27）開弓大力丸

虎脛骨　肉蓯蓉　螃蟹黃　野蒺藜　全秦歸　甘枸杞　撫川芎　白塊苓　煉蜜爲丸（各藥等分）

（28）金搶藥方

花乳石二分　學薛薬用童便浸七日，陰乾，共研細末，合口生肌。

（29）治喉癰紅腫方

以竹截斷兩頭留節，留青皮，（切不可刮去）鹽石投入童便中，時愈久愈好，用時將管取出，鑽一洞，內有汁流出，即金汁也，治喉紅腫作痛，極驗。

（30）治眼花方

用黑芝蔴九蒸九曬，隨時可食，至老眼不花。

（31）嚥蛾仙方（即白喉）共六味

竹瀝一錢　桔梗一錢　連翹一錢　金銀花一錢　烏元參一錢半　甘草一錢半　水煎服，病重者三付即愈。

（32）無名腫毒方（共五味）

柏樹枝葉　蟬皮草　白礬　生蔥去葉留根　雞蛋青白

用法——合搗碎，粘患處，酌之多少，看患之大小輕重，酌量調製。

（33）牙痛方共四樣

片松枝葉　雞蛋青白　白礬　蔥根　搗爛攤於布上貼之

（34）黃水瘡方

銅綠　宮粉　松香　枯礬　共四味用蔴油調和敷之

（35）胃痛，悶，漲，不消化方

牛角三錢　陳蘿蔔種子四錢　陳石灰三錢　用瓦片烘焦研末，開黃酒沖服。

（36）寒熱病方

千金一錢　甘草一錢　研細末，少許放於肚臍眼，用膏藥貼之，先一時前用之。（取藥時分次去取，否則不行。）

（37）黃病方

用車前子草泡茶吃，每日三次。（此方使身內濕熱從小便洩出）

（38）痰術方

豬小腸二只　紅棗一斤　冰糖六錢　生地半斤　茯苓四兩　煮爛吃下

（39）小便發熱方　淡竹葉泡茶吃

（40）生肌拔毒散

先研熟石膏一兩　後入冰片三分　後入麝香一分　先研珠沙五錢飛淨研末　先研爐甘石三錢

先研牛丹八分　先研雄黃三錢飛淨研末（共七味研成末粉，和合備用，不使受潮濕走氣等。）

（41）紅白痢疾方（共九味）

酒白芍二兩　當歸二兩　枳殼一錢　檳榔二錢　粉甘草三錢　滑石三錢　青木香三錢

萊菔子四錢　罌粟殼二錢　此方頭劑加大黃三錢，二劑取銷，三劑全愈，或服香連丸三次亦愈，每次一錢。

（42）八脚蟲方

即陰毛生蟲，西醫治之，極感困難，用百部一兩，合燒酒一兩，用碗蒸之，擦洗數次，蟲即脹裂自落。

（43）中痧氣方

以蠶砂素（即蠶矢）曬乾成粉，將五錢放稀粥中，約一大酒盃，吃後即將痧氣打下，極驗，丹飯行酌食等者，不可不備。
(44)腳氣痛方
蒼耳子　地骨皮各二兩　煎吃四五次即愈。
(45)瘋犬咬方
取盆栽之萬年青，連根葉搗爛，絞汁灌之，腹內有血塊，自大便中出矣，亦可以搽洗患處，并用杏仁泥敷之，神效。
(46)久年腹痛方
白芥子三粒成末，不可多，(恐皮痛)白胡椒粉三分生薑一塊(大拇大)去皮共搗成小餅貼臍上，外用油紙貼之，每日早晚換兩次，三日即愈，老年亦可斷根。
(47)久年頭痛方
取黑牛陰陽蛋以陰陽瓦片焙乾研粉，再用三伏天晒熱之土研粉，混和後，用溫黃酒調敷於頭上，兩三次斷根。
(48)羊角瘋方
用烏鳥一頭，(即貓頭鷹)白水煮爛，不要油鹽等物，連肉帶湯食之，兩次即愈。
(49)破傷風方

急陽五錢　黃楊五錢　荊芥五錢　艾葉三片　黃酒煎服，見汗可愈。
(50)小腹扁墜方
小茴香　廣木香　全蝎　當歸各三錢　共為細末，分早中晚三次溫黃酒沖服。
(51)治痔方
硫黃　銅青　羽茶　三仙丹　大黃子　明礬各等分　研為細末以新白布浸茶油中，加熱，後油成黑色，然後取出以該藥包，擦患處口，三數日即愈，但內服清腸劑，用豬大腸(要近肛門一段)長六七寸或一尺灌以綠豆(不可滿)煮食之。
(52)治痢疾方
用犀牛皮三寸方，切成薄片和瘦肉煮食之即愈。
(53)膿痔病方
用浮水石研粉，腳擦時傅之即愈。
(54)治多年惡瘡方
用尿口銀(似牛糞患)用角牛糞碎貼患處，用多少看患處大小敷之。
(55)治黃膽方

虎脚草　合白糖研碎貼左手腕脈跡處，外用小盅扣之，以綢縛住，見有黃水泡，即將盅取下，上將水泡挑破，七日即愈。
(56)治脾寒方
非毛生薑碎用膏藥貼肚臍中二小時後去之。
附言：上列各種藥方係就一般普通身體者言之，若患者如有宿疾，或體性不同，如熱體涼體之分，須酌斟增減之。

穴竅說圖
生理圖(一)
正面

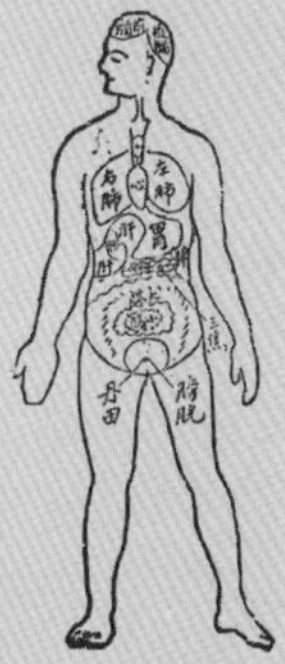

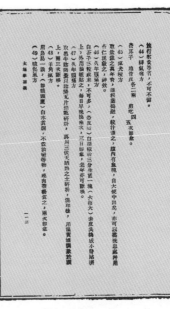

生理圖（二）

背面

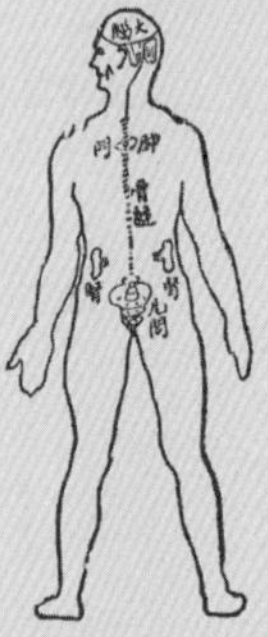

醫藥百穴部位圖（一）

正面

跌打損傷　瘋牢風象　患處

九種胃氣中脘

三陰諸疾　臍門

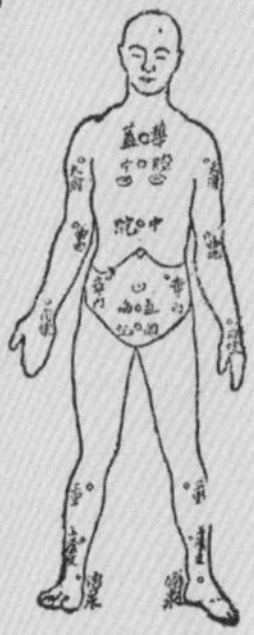

吐血瀉血　肺穴百勞

白血羽狹　丹田海底

醫藥百穴部位圖（二另有醫治藥方）

反面

咳嗽肺勞　膻中華蓋

小腸疝氣　丹田膀胱

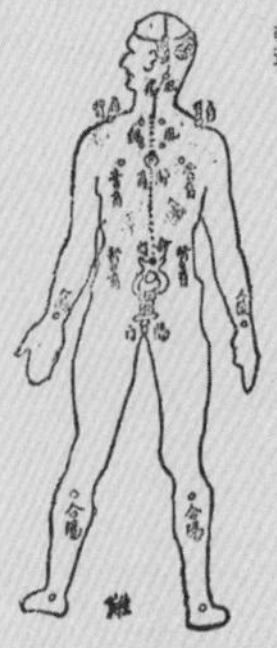

人身穴道正面圖（一前後十六穴附說）

正面

（死亡穴）

一，太陽爲首。二，對面鎖口。三，撞風扇耳。四，中心兩壁。五，兩脅太極。六，兩腎對心。七，尾閭對臍。八，海底撩陰。

（昏迷穴）

一，川尖碰睛。二，昏上人中。三，穿腮耳門。四，背後骨縫。五，脅內肺臟。六，撩陰高骨。七，鶴膝虎脛。八，破骨千斤。

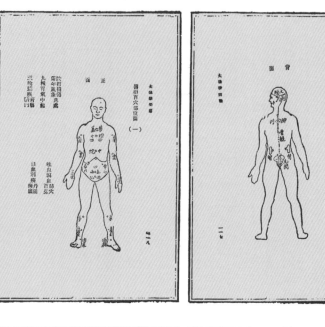

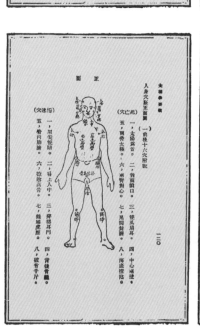

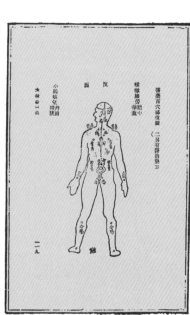

穴點背面圖（二）　破骨千斤即是分筋錯骨也就是擒拿術

反面

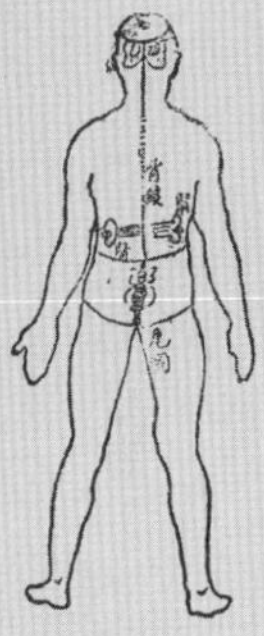

全身八部點穴法說明

八打與八不點　八點者，應手面即倒，使其痛痛難忍，昏迷不醒，而不至於死。

八不打者，應手面即斃命，其人罪不該死，不必取其性命，故用八打點

點穴關節名稱圖（一）

點穴法之修行

昔日學習武術者，皆以勝負爲目的，故除學習武術鍛練外，並習一種點穴法，爲防身之要術，惟吾國古時多保守秘密，不易傳人，時至今日，世界戰爭劇烈，不但無秘密之必要，且須廣傳國人，自衛衛國。

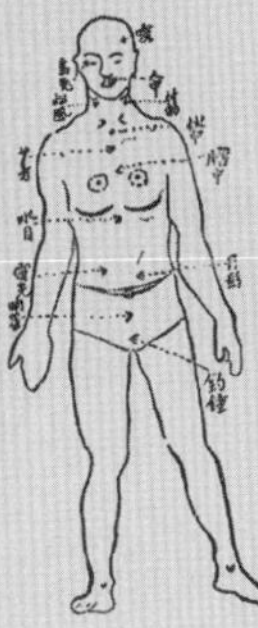

此法經靜以日本講道館八段橫山作次郎四段大島英助共著此術並參考多種其他拳術歸法而完成之。此法之術語因吾國[illegible]之名詞替代，故[illegible]仍其[illegible]法以存其真。此法與他法[illegible]無充分之練習，決無應用自如之功效，惟此法[illegible]之程序也。[illegible]

點穴關節名稱圖（二）（正面穴道總圖）

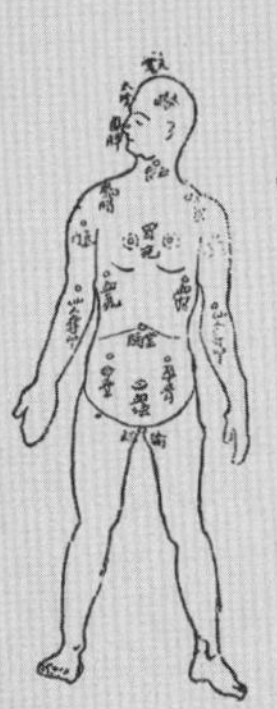

大宋太祖英文神武聖帝，御製序，朕乃官宦之子，幼好拳棍，嘗觀憩于少林禪院，有長老諸僕曰，觀爾氣宇，有經天緯地之才，請予未得眞傳，汝于靜夜，至吾方丈，可授以神拳玉函經，問汝拳容，則天下可致而定矣，朕自勤學以來，屢賜諸鎮，以及各武臣，可作防身之寶藏耳。

大宋開寶六年元月御製於[illegible]

點穴關節名稱圖（三）（反面穴道總圖）

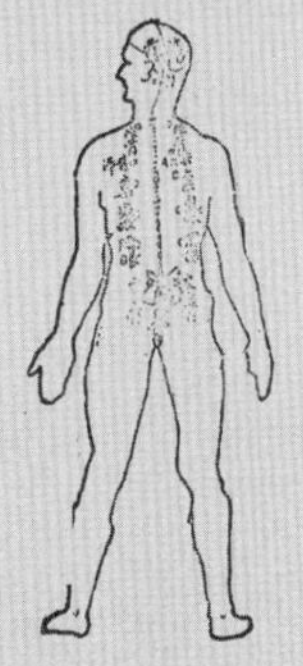

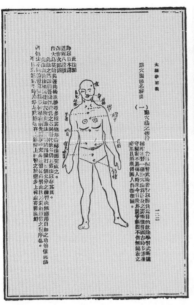

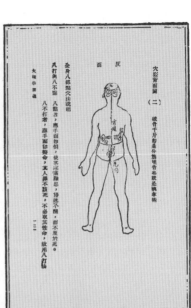

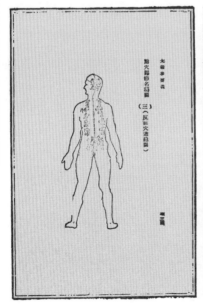

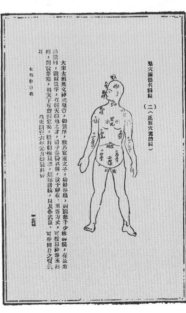

人神所在圖（一）（人神所在之處俱係男左女右）

正面

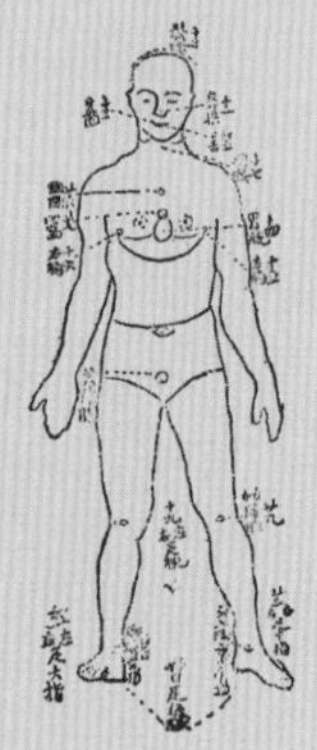

人神所在圖（二）

背面

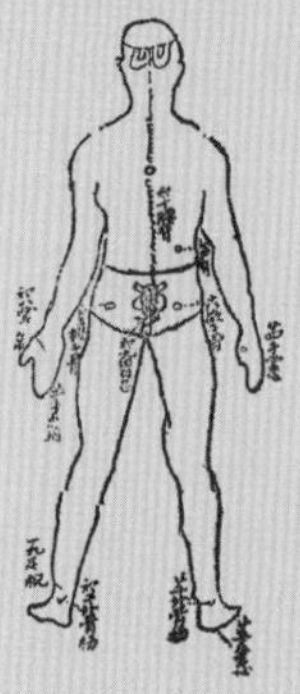

點穴十二部位圖（一）

子	胆
丑	肝
寅	肺
卯	大腸
辰	脾
巳	胃
午	心
未	小腸
申	膀胱
酉	腎
戌	胞絡
亥	三焦

正面

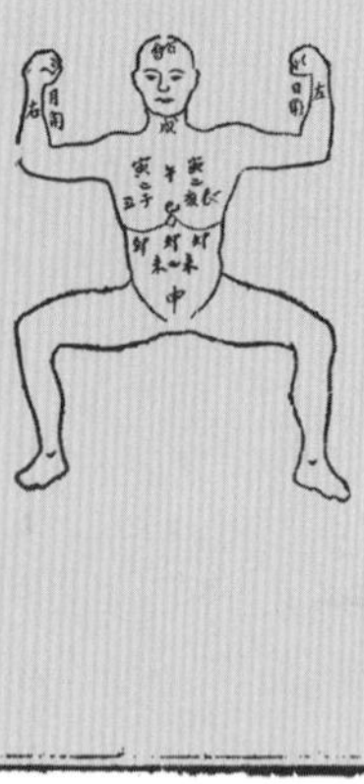

點穴十二部位圖（二）

背面

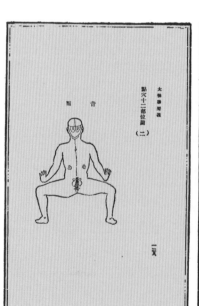

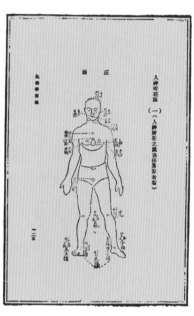

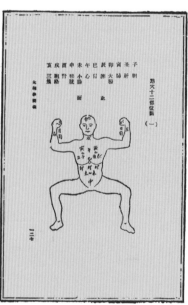

乾坤三十六宮圖（一）

三三鬼井 三三觜參 三三畢昴胃 三三婁奎 三三璧室

遁二陰生 否三陰生 觀四陰生 剝五陰生 坤六陰生

分金點時

正面

天根月窟三十六宮之圖

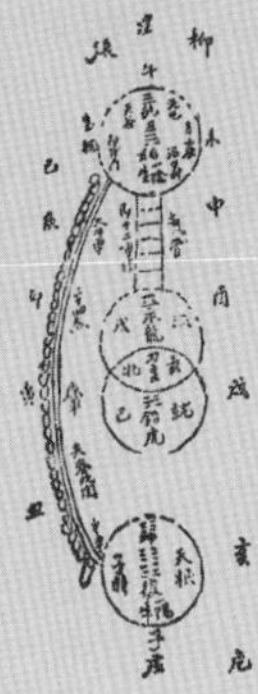

乾六陽生 夬五陽生 壯四陽生 泰三陽生 臨二陽生

三三翼軫 三三角亢 三三氐房心 三三尾箕 三三斗牛

女

織脈氣海

乾坤三十六宮圖（二）

姤 二陰生在未 三陰生在申 四陰生在酉 五陰生在戌 六陰生在亥

乾天坤地

分子午泥

九宮中明

天谷陰陽

交會前後

博天腰玉

枕氣風府

反面

六陽生在巳 五陽生在辰 四陽生在卯 三陽生在寅 二陽生在丑

反陽術說明及圖解

此術乃少林之密訣，久秘而不傳，幾至湮沒無聞，今特提出公開研究，貢獻於各同志，實空前之珍本。

凡施回生反陽術時，第一要靜心，當與練習技術時有同樣之態度。凡拿死、吊死、絞死、水淹死、點打死、悶死、壓死，或由高處落下，及馬踢、觸電、氣閉等，跌倒人事不知，及生產前後，血虧而氣絕死者，皆可以此術救之。凡施術之前，觀形察色，運動三機，皆當注意。呼吸、血輪、體溫等，速加精密檢查，然後施術。氣絕者雖全身冰冷，惟脅下少有溫度，必能復活。人體有稱八結者。即八個穴竅也。謂兩眼、兩耳、鼻、口、肛門。今以反陽術，詳細說明之。此術凡醫家、武術家、軍警等，皆宜知之。醫生未來之先，不可延遲，當先以此術，使其復活。凡死者，身體冷却，則全身必堅硬。故使術者，宜以兩手摩擦其胸部，使其全身之骨，次第柔軟。以甲乙二人，乙至其背後，執其兩手向上，以死者之頭，置我兩股之間。如圖。甲令死者朝天仰臥，摩擦其全身，能速使身體柔軟為第一。急死者，骨必堅硬，故施術時，勿折其關節筋骨，勿跨於死者兩股處，甲乙皆跪下，二人各交替呼喊而行之。即甲口呼，而手自兩乳下向下，摩至臍下。乙俟甲摩擦之手曲縮時，亦噓氣繼續行之。如此數回後，必有復活之

象。如圖。

乙者伸手之狀

甲者自其臍下向上摩之兩乳下。掌中足踐處之

（圖一）

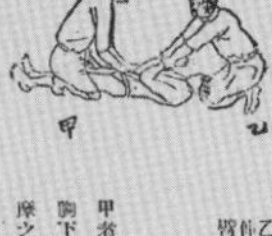

乙者伸其臂

甲者自兩胸下向下摩之臍下

（圖二）

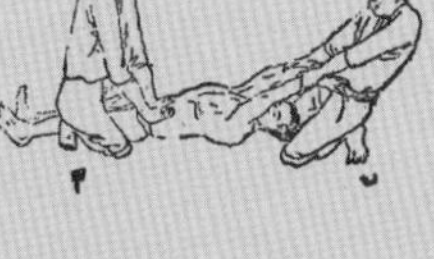

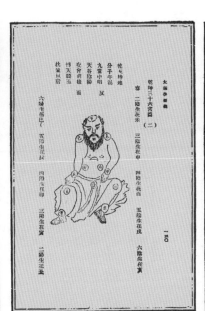

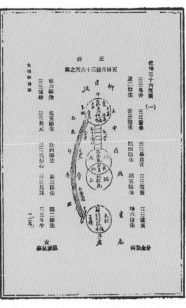

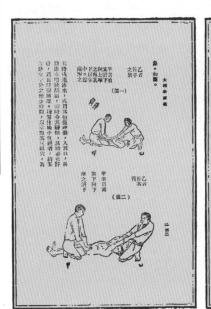

其時或用冰水，或用其他提神藥，入其口，再將冰水噴於顏面，同時令其靜臥，其時必須舒暢，為長時間昏厥。練習技術中氣絕者，約五六分至十分之短少時間，以拳點其反陽穴，再

用兩手揉兩脅，搖動致下，即反陽回生矣。

反陽穴部位圖

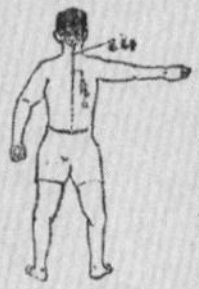

（三圖）

反陽穴，在背脊骨由最高一節骨，數至第六節以下，七節之上。兩節間。名雲肺門。即是反陽穴。如圖。

凡經過二十分鐘左右。施反陽術時，亦如前述，能作二十四小時間之絕縊。猶賸至一二時間，可呼其名而起之。食物用熱牛乳，否則薄粥亦可。施術者，必以精神集中於死者之身體，熱心從事，如圖一、二、三、四。

以反陽術令其復活，縊者因如前述之容易。但溺死之絞死等，施術者先伸死者之指，以甲乙二人，執其兩手足，管方呼喚。第一聲時，兩手足曲縮，二聲時引伸之。或交互伸曲其手足，如甲伸其手，乙曲其足，如拉鋸勢行之。此時視患者顏面而行回數之多寡。在其頭後者，以患者之頸置兩股間，勿觸其耳緊緊挾之，兩膝跪下，全身鼓氣，用力施行。又乙在患者足處，亦須

甲同一注意行之。縱死者病輕苟不鼓氣用力，即施術多次，亦難見效。且絞勒死者，及其他怪死者，不可驚駭。當施術之時，不可周章。此時可飲涼水以鎮其心。然後施術。蓋可以救活之人，因術之不注意，而致難以復活者，亦往往有之。反陽術十有八九必可救活。當盡力注意施行。但久病之人，及病中被絞及其他非發而死者。即用此術亦難有望。

術中之秘訣

救濟之術，大略如前，循是為之，見效者實居多數。又施此術時，須手法敏捷。（一）觀死者眼中之色，被絞勒者眼珠在上，自縊者眼珠在下，又將肛門觀之，已洩大便，十中八九不能復生。溺斃亦然，第一先令吐出所吞之水，然後施術。死者時間之久暫，與施救之難易，與前相同。

乙者曲縮兩足　甲者曲縮兩手

（四圖）

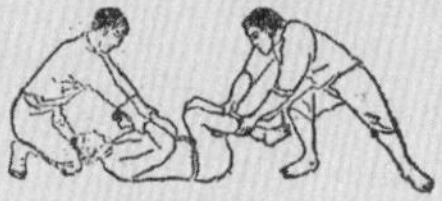

伸縮手足

乙者伸兩足　（五圖）　甲者曲縮兩手

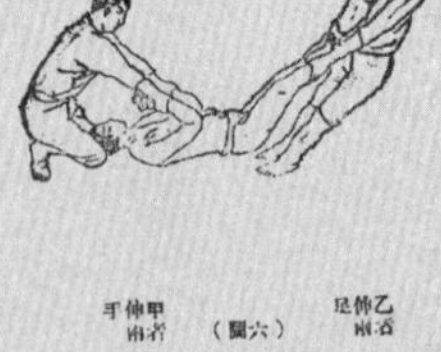

乙者伸兩足　（六圖）　甲者伸兩手

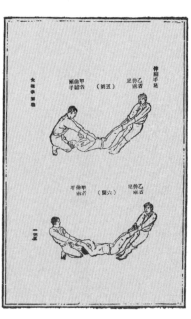

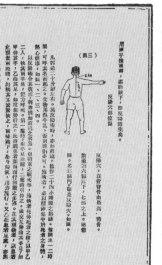

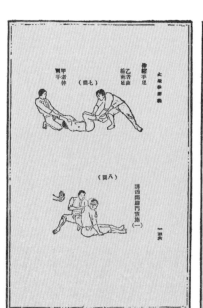

伸縮手足

乙者曲縮兩足　（七圖）　甲者伸兩手

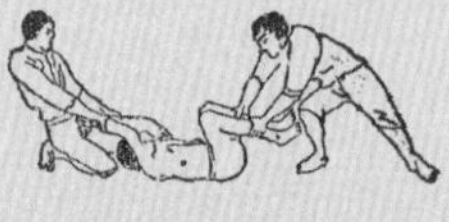

（八圖）

誘活開肺門實施（一）

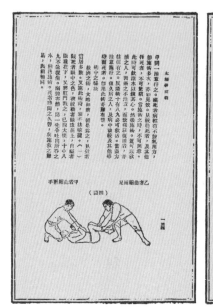

一　誘活法圖解（一）

此誘活法云者，各種氣絕，皆可使用。先令死者仰臥，施術者跨其身上，勿使觸及死者，抱其腰部，齊其四肢，徐徐抱起。以中指抵第一節高骨，以掌捺按其六七節骨之空間。即反陽穴。其時可放中指。施術者全身運氣。猶如以我之活氣。移於患者之身。下腹儘力運氣。口中呼喊。同時施術。其效如神。

（九圖）

（二）以兩掌於肋乳下先摩擦而後引起也

此法雖稱簡。然有奇驗。故此爲第一反陽法。

二　誘活法圖解（二）

此活法，以死者仰臥，兩足相並，徐徐起其平身，施術者至背後，以右膝抵反陽穴，（二三寸下）左足尖向左斜方踏出。準備如圖。以兩掌摩擦其胸部。與一法二同全。使死者稍倚。口中呼喊。並以右膝用力向上抵歸肋處。同時右足尖用力。術者兩手自兩脅下向上引起。稍使仰向。此術用途最多。當施術時先觀死者肛門。猶活者，當以此術救之。或以手及鵝管探其口。見腎有氣息時。急速施行之。一次不見效。則連續行之。凡蘇死者。皆速將死者放下。令其仰臥。摩擦其全身。調息之處。以水摩擦之。擦其八穴而施術。大便已出洩，則施救無效。

（十圖）

呼喊法圖

撈活反陽法圖解

此法未施術之前，先觀形容色。檢四八穴。摩擦全身。於是靜靜抱起。以左手扶持死者。右膝跪下。左足於死者横後屈膝立之。右手（中指與食指重疊）小指與無名指折轉。拇指與他二指十分用力。準備如圖。施術者，全身運氣閉口。以右手當丹田處。以我之生氣移於死者然。左手在前。先發喊聲。令死者坐起。用時自下突至臍處。儘力猛臂。自

下向觀死者而施術。上列誘活法，與此活法，可並用施救之。

睪丸反陽法

睪丸活法者，此法救自高處落下，睪丸縮入腹內，又練習時，亦有誤蹴入者。施救之時，以死者抱起準備，施術者立死者之背後，下腹用力，與其位如第二式略斜於死者兩脅下，將兩手插入，抱起落下，行六七回後，舉起死者之一手，（如圖）以右足之踵處，輕敲其後臀部，然後抱起如初，落下後施撈活法，則睪丸必能復出。於是乘機施活法。

此術非常穩妥，然施之甚難，故當平日牢記其法。一又搏鬥之時，睪丸往往易致損、碎、故武術家雖平時步行，亦常加將護（如十二圖），救回施術後，使死者靜靜而臥，如圖我乃跨於其兩股處，兩手指相組合，以兩肘抵死者胸部兩脅，右膝跪下，左足屈膝直立，下腹運氣，口發喊聲。兩同時以死者之頭向前抬起，施此活法，或施以撈活皆可。既施救後，若無效驗，則檢閱死者之狀。此圖施術前後應有之手續。然勿從聞，往往先施術，而後及此。觀患者狀態之

（十一圖）

此乃撈活法時以右手指當丹田之兩骨

（十二圖）

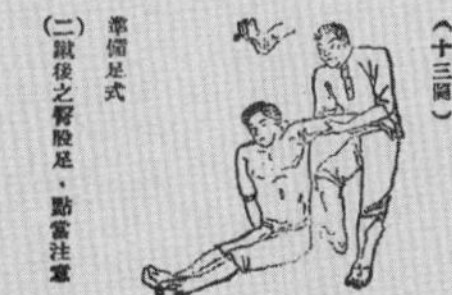

抱起如此六七次起落之如圖

（十三圖）

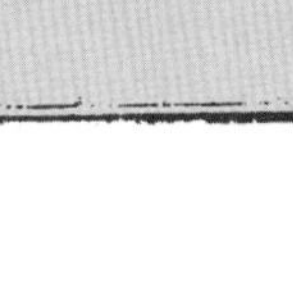

準備足式

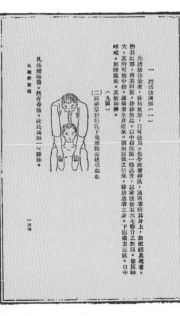

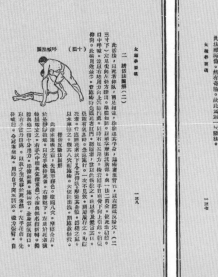

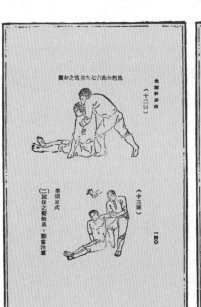

（二）蹴後之臀股足，點當注意

訟。第一開眼臉，觀眼中之瞳，如已變白色，則爲絕候。返回翻臉之，倘不能開合如常，亦無施救之法矣。

（十四圖）

胸部之兩旁以兩拇指按之使氣向下引出

背部反陽法圖解

施此術時，患者伏臥，術者跨於患者之兩膝邊。左膝跪下，屈右膝，勿觸死者。全身用力運氣。兩掌相齊。在患者背部上下，及肺臂部與腹部摩擦之。從兩乳之後背部，第六脊椎左右處，自下向上突起，開其肺門。即八節骨之間活動其肺臟，促發生呼吸運動，以蘇醒之。如圖。

太風反陽法圖解

此法宋太風所傳，係用一手行反陽之法也。著者雖未曾實驗，然其法自可得救。以左手抱患者，左手五指相並，當胃脘之下。右足之小指按膝脘，左掌按肺門。三者同時施行。並發喊

聲以助之。必能收起死回生之效。如圖。

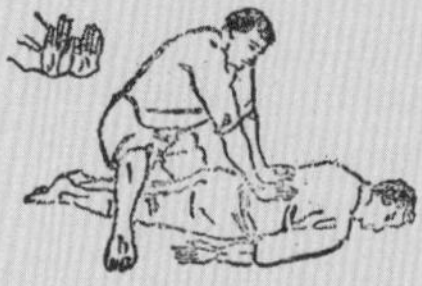

背部

（十五）圖

宋太風反活法圖

（十六）

中華民國三十三年十一月初版

太極要義　附武術叢談

實價國幣　元
（外埠酌加運匯費）

編著者　黃元秀
發行人　王君一
發行所　文信書局　重慶保安路
分發行所　聯營書店　重慶米亭路　成都祠堂街

No.1055 渝初/1——2

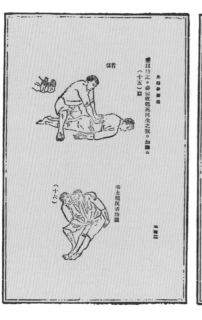

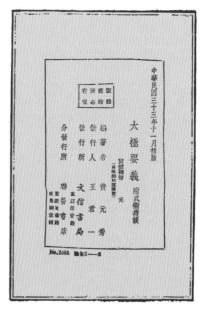

太極要義

壽雄誌

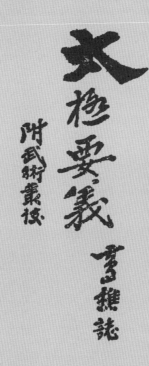

附武術叢技

黃元秀編著

太極要義

附武術叢談

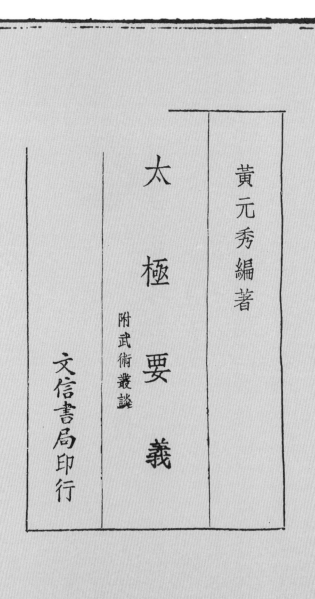

文信書局印行

目錄

譚 序(一)

民國二十三年春三月，余至南昌，謁委員長，遇行營黃處長文叔先生，出其《太極拳要義》一書，囑余題句，余因之有言矣。余聞諸楊夢祥先生曰，研究太極拳之要訣有三：

一、盤架子

初學者，宜勻、宜緩、宜正、宜展。所謂勻者，畫圈宜圓，兩圓須成切線。兩圓相交，須通過圓心，蓋求其整齊也。所謂緩者，使所儲之內勁，漸漸達於指梢，蓋求其血氣舒暢也。所謂正者，全身中正安舒，重心無傾斜之弊，蓋求其姿勢之優美也。所謂展者，使筋肉骨節自然展開，蓋求合符生理上之運動也。

二、推　手

架子盤熟，功夫稍進，則學推手，或曰搭手，又曰靠手。推手者，敵我二人，以一手或兩手靠搭，用沾、連、黏、隨四字功夫，畫陰陽兩圈。其法有二：

1. 甲畫圓圈，乙隨而走；或乙畫圓圈，甲隨之而走。

2. 甲乙兩人，各畫半圓圈，合成一整圓圈。

然無論一整圓圈，或兩半圓圈，均於此圓圈上，研究掤、捋、擠、按四字要訣。惟應注意者，甲乙兩人，各有一重心，甲乙兩人靠手時，又於靠手之交叉點，自成一重心。此三重心點，由甲乙兩人互相爭奪，得重心者勝，失重心者敗，此一定之理也。

三、發勁與化勁

推手練習純熟，然後練習發勁與化勁。初學者，可練手上發勁，所謂合掌，或曰補手是也。功夫較深者，練習腰勁或足跟之發勁，所謂發於足跟、形於手指是也。發勁宜直，化勁宜圓，化之不盡，發之不遠。初學化勁者，方向宜斜，上乘功夫，則向自身化之，所謂引進落空是也。或曰：以夫子之道，反制夫子。即借敵人之力，以打敵人；借敵人之勁，以制敵人也。

然發勁化勁，必須沾、連、黏、隨、掤、捋、擠、按、採、挒、肘、靠，合而運用，否則不克生效也。

余對於太極拳，好學而未專研，茲承黃先生囑，不敢推諉，謹錄師語，以留紀念，並非臆造也。

永新　譚夢賢　於南昌識

譚　序(二)

余友黃君元秀，字文叔，軍界之宿將也。性恬淡，廣交遊，公餘之暇，輒喜擊技之術。昔日曾與李芳宸、楊澄甫、杜心五諸先進遊，潛心研習，歷有年矣。著有《太極拳要義》一書，尋將付梓，供諸同好，問序於余，余因之有言矣。

夫古代拳術，不知創自何人，史冊難稽。近代拳術，其流派雖演為武當、少林兩宗，然其鍛鍊之結果，其成功則一也。夷考少林拳術，有龍拳練神，虎拳練骨，豹拳練力，鶴拳練精，蛇拳練氣之分。五拳鍛鍊純熟，則體魄雄厚，膽氣充足，手足靈活，眼光銳利。基礎既立，然後研求對敵致用之方，於是少林之拳法備矣。

武當拳術，創始於張三豐先師。此拳不重表面筋皮骨之形態，而重內體精氣神之充實。其致用之法，主張以靜制動，以柔克剛，以短勝長，以慢擊快，以無力打有力，即兵法所謂動於九天之上，藏於九地之下是也。初習三豐藝術者，先練十三式架子。盤此架子之期間，最短百日，最長三年。姿勢鍛鍊正確，手眼身腰步已趨一致，而動作、呼吸、用意三者，均能協調，然後再練著法。由著熟而練習懂勁，由懂勁而階及神明，一旦臨敵，則著勁合一，身意協調，吾人一舉手、一抬足之間，無不得機得勢，所向無敵矣。

練武當拳如是，練少林拳想亦大同而小異也。今之習技擊者，應以黃君之要義為法，幸勿存內外二家之謬見，而生分別之心，則習拳之要旨得矣。質諸文叔兄，未卜以余言為河漢否耳，是為序。

民國三十一年冬　譚夢賢　又序於桂林習是齋

姚序

黃君文叔，博學多能，崇尚武俠。少居鄉里，好與突鬢垂冠者縱談技擊，未嘗不心領神會。其時風氣未開，輒為父老所阻。長而奔走國事，職務鞅掌，無暇及此。中年以後，始與田紹先、楊澄甫諸國術名家先後相識，乃從學太極拳，暨各種武藝。旋又遊李芳宸將軍之門，習武當劍法。由是十餘年來聲應氣求，交遊益廣，學業亦日益精進。近出所著《太極拳要義》見示，都凡一萬四千餘言，詳論拳術功夫，並學者用功方法，而於調節體力，修養身心諸端，言之尤詳。至若師門派別，拳家慣例，亦略舉大概，足供參考。夫拳術諸書，不乏善本。惟斯編乃不僅拳法論理，並能切實指示學者以用功要旨。蓋本其經驗所得，加以悉心體會，故著眼有獨到之處，語似尋常，而體用賅備，願讀者勿以其近而忽之，斯可已。

民國紀元二十有三年甲戌仲春　弟姚憶華　謹跋

蔣　序

擊技總別為武當，為少林。少林宗達摩，武當宗張三豐。考武當之擊技，亦不一其途。就余所知者，如太極拳、八卦遊身連環掌、武當劍術，皆三豐祖師所傳留。

太極拳之登峰造極者，在唐代有許宣平夫子李，在元代有張三豐，在明代有張松溪。松溪乃三豐之高足，於浙之鄞縣傳授門徒，厥後名家輩出，要皆松溪一派。八卦遊身連環掌，則董海川太老師，在江南謝花山，受之道人避燈俠。武當劍術，則先師宋唯一，在醫巫閭山，受之道人避月俠，乃避燈俠之師兄也。二者之術，似同而不同，不同而同，其左旋右轉，右旋左轉，擰麻花則不同而同者也。其換勢一則自下，一則自上。自下者，乾用九，進陽火。其旋轉則如盤中滾珠，其變化則身如風中之柳，手如織布之梭。自上者，坤用六，退陰符。如滾圓石於萬仞之山，其法主於誘，即所謂善戰者不鬥，善爭者不怒，此同而不同者也。尤宜辨者，武當丹字派劍術，則張松溪在浙江鄞縣之四明山，受於張三豐，故又稱曰四明劍術。松溪本少林名家，遍歷南北無敵手，在四明為張三豐所折服，遂盡棄少林所學，而歸於武當。所存者僅少林之五行陰手棍，又名達摩過江棍。故凡松溪一派之劍客，均熟於少林陰手棍法。

甲子秋，余從先師宋唯一受教時，談及太極拳之意義，則不知有太極拳之名，質之演練太極拳者，則不知有武當劍術之名。太極拳之要義，為沾、連、黏、隨；武當丹字派劍術之要義，為背孤擊虛，完全用離，所謂往來無蹤影者也。以其時代地點考之，均松溪所傳留，固無疑意。

余友虎林黃文叔先生，既著《太極拳要義（附武術偶談）》，徵敘於余。余不敏，不能文，則就武當各派之源流，略述梗概。後之學者，攻擊之風，於以泯滅，斯則余之厚望焉。

甲戌秋　河北蔣馨山　敘於天津淨業庵國技研究社

鮑序

虎林黃文叔先生，學識通明，亦儒亦俠，而胸懷坦摯，肝膽照人。少即有志於技擊，顧其時斯道尚未大彰，武術名家亦不為當世所引重，先生方有志焉而未之逮。尋且投筆從戎，以軍界先進人物盡瘁國事，倥偬不遑者，彌歷年歲。而先生志願所結，卒以全國國術大會之機緣，與太級泰斗楊澄甫先生親炙，得精究嗥傳一世之楊無敵露禪先生拳術遺傳，因以廣交海內國術名家，不一其人，更從李芳宸將軍研習武當劍法，以與太極拳術相輔，由斯應求會合，廣益集思，益諳斯道之奧妙。邇者退食自公之暇，著《太極拳要義》一書，而附以經驗所得之《武術偶談》。其於拳術之宗法規約，與夫致力之方，稱名之義，體力之調節，身心之修養，均肫切致意，有志斯道者，洵堪奉為典要。回憶去夏，行營成立，先生奉召來贛，佛田亦附驥奔走於斯，旅社傾襟，備覺歡洽。自是公餘盍簪，觀摩漸漬，益承先生不棄，忘形爾我，始知先生固深嫻武術。佛田愧於斯道，素少研究，方思學步，而苦於靡所問津。今對先生之逸興遄飛，趨向之意，彌形堅決，顧以公務忙迫，人事拘牽，卒卒未果。直至今歲元月，始得償半載以來之結念，由是每夕追陪，於練拳練劍之餘，時飫聞先生名論。凡古今來端人賢哲之嘉懿言行，堪垂法鑒，與夫一切涉世應務之方，植品謹身之道，莫不勤勤懇懇，垂為雅言。其對於青年後進，允力勉其借練身體因履種種做人要義，更孜孜於皈依念佛，放生濟貧之事。蓋先生禔躬制訂，不僅以練習拳術強壯身體要其終，惟以練拳術強壯身體端其始。實以武術家而兼道德家、慈善家之所長，合涵冰品性，保持健康，利濟群生。諸要義，一以實之，此佛田從遊年餘，獲窺見先生蘊藏於萬一。且即以喻於心著於編，冀與讀是書者，共喻焉爾。

中華民國二十三年十月　京山鮑佛圖　序於南昌行營

林序

余習太極拳於田師紹先，得識黃文叔先生。其為人深沉果毅，勇往直前，每習一藝必至精熟而後已，故其進境之速，造詣之深，非余所能揣測也。

本年春，黃先生於效勞黨國之餘暇，出其多年苦心所得之經驗，筆之於書，匯為《太極拳要義》及《武術偶談》欲示初學者，以實練入手之法，其有益於世，詢非淺鮮。書成以余稍習醫學，命將拳術於生理上之益處，簡括言之，重違其請，謹為條例如下：

(1) 太極拳之為術也，一動無有不動，一靜無有不靜，其動其靜，莫不身心兼顧，內外並修，絕無偏重之弊。且其練習順序，由淺入深，按步以進，尚柔和不尚拙力，以努氣為大忌，絕無過勞之弊，故能發達全身臟器，使其肥大，則身體日益堅強矣。

（2）太極拳之實練也，聚精領神，以發號施令，一舉一動，皆有意志，為其主宰，非漫無統率者可比，故能意志集中，精神日以鞏固。

（3）呼吸為吾人生命所賴以維持，其為重要，不言可知。然在實際上，每被忽視。常見有摒其氣息，以求最大努力，致面色紫脹，脈絡怒張；或竟灰敗苦悶而倒地。此皆不知注意呼吸，無以應體內氧氣之需求故也。太極拳則不然，集中心意，以行呼吸，一呼一吸，皆應身體之動作，虛實轉換之間，皆以呼吸貫運之。即所請以心行氣，以氣運身，身心之間，介以呼吸，故能身體靈活，呼吸順遂，而肺活量日以增大矣。

凡上三端，僅其大概，聊舉以塞責，固不足以盡拳術於生理上之益也。

民國二十三年一月　南昌行營第八臨時醫院院長　林鏡平謹識

自序

余自幼喜弄拳棒，好聞古俠士行。從鄉人學，數年未成，壯求科學，旋即從軍，無暇及此。

民國八年，同學斯參謀鏡吾，聘北平田兆麟先生來浙，邀余加入。學才數月，江浙軍興，奔走勞瘁，遂至中輟。

民十八，張靜江先生主浙，開全國國術大會，國術名家，連袂蒞址。邇時見獵心喜，乃從廣平楊澄甫先生重習太極拳，並從老友孫祿堂、張兆東，如兄杜心五、劉百川研究各技，復承李芳宸先生傳授武當劍術。由來六易寒暑，愧無所得，而向慕之私，愛好之念，實未嘗一日去懷。

上年孟春，日寇關東，為友人邀往第八軍參贊戎幕，入夏南來，委座囑在行營工作。公餘之暇，拳劍自娛，同營中不乏同好。爰重錄此譜，以餉諸友，又有余習拳經驗談數則，當另附焉。

民國二十三年元月中澣　黃元秀　識於南昌百花洲行營

張三豐傳（錄北平太極拳研究社許先生序）

張三豐名通，字君寶，遼陽人，元季儒者。善書畫，工詩詞。中統元年，曾舉茂才異等，任中山博陵令。慕葛稚川之為人，遂絕意仕進。遊寶雞山中，有三山峰，挺秀蒼潤可喜，因號三豐子。世之傳三豐先生者，不下十數，均未言其善拳術。洪武初，召之入朝，路阻武當，夜夢玄武大帝授以拳法，且以破賊，故名其拳曰武當派，或曰內家拳。

內家者，儒家之意，所以別於方外也。又因八門五步，為此拳中之要訣，故名十三式，言十三法也。後世誤解以為姿勢之勢，則謬矣。傳張松溪、張翠山。先是宋遠橋，與俞蓮舟、俞岱岩、張松溪、張翠山、殷利亨、莫谷聲等七人為友，往來金陵之地，尋同往武當山，訪夫子李先生不遇，適經玉虛宮，晤三豐先生，七人共拜之，耳提面命者，月餘而歸，自後不絕往拜。由是而觀，七人均曾師事三豐，惟張松溪、張翠山，傳者名十三式耳。

或曰：三豐係宋徽宗時人，值金人入寇，彼以一人殺金兵五百餘，山陝人民慕其勇，從學者數十百人，因傳技於陝西。元世祖時，有西安人王宗岳者，得其真傳，名聞海內，著有《太極拳論》《太極拳解》《行功心解》《搭手歌》《總勢歌》等。溫州陳同曾多從之學，由是由山陝而傳於浙東。

又百餘年，有海鹽張松溪者，在派中最為著名。見《寧波府志》後傳其技於寧波葉繼美近泉。近泉傳王征南來咸，清順治中人。征南為人勇而有義，在明季可稱獨步。黃宗羲最重征南，其事蹟見《遊俠佚聞錄》。征南死時，曾為墓誌銘。黃百家主一，為傳內家拳法，有六路長拳、十段錦等歌訣。征南之後，又百年，始有甘鳳池，此皆為南派人士。

其北派所傳者，由王宗岳傳河南蔣發，蔣發傳河南懷慶府陳家溝陳長興，其人立身常中正不倚，形若木雞，人因稱之為牌位先生；子二人，曰耿信，曰紀信。時有楊露蟬先生福魁者，直隸廣平永年縣人，聞其名，因與同里李伯魁共往師焉。初至時，同學者，除二人外，皆陳姓，頗異視之，二人因互相結納，盡心研究，常徹夜不眠。牌位先生見楊之勤學，遂盡傳其秘。

楊歸傳其術遍鄉里，俗稱為軟拳，或曰化拳，因其能避制強硬之力也。嗣楊遊京師，客諸府邸，清親貴王公貝勒多從受業焉，旋為旗官武術教師。有三子，長名錡，早亡；次名鈺，字班侯；三名鑑，字健侯，亦曰鏡湖，皆獲盛名。余從鏡湖先生遊有年，諗其家世，有子三人，長曰兆熊，字夢祥；仲名兆元，早亡；叔名兆清，字澄甫。班侯子一，名兆鵬，務農於鄉里。當露蟬先生充旗營教師時，得其傳者蓋三人，萬春、凌山、全佑是也。一勁剛，一善發人，一善柔化。或謂三人各得先生之一體，有筋骨皮之分。旋從先生命，均拜班侯先生之門，稱弟子云。有宋書銘者，自云宋遠橋後，久客項城幕，精易理，善太極拳術，頗有發明。與余素善，日夕過從，獲益匪鮮。本社教員紀子修、吳鑒泉、劉恩綬、劉采臣、姜殿臣等，多受業焉。

太極拳要義

太極拳理詳解（富春陳智侯、杭州黃元秀述注）

太極拳術十要

（此十要，從拳譜拳論中，擇其要旨，分別詳釋之謂）。

一、虛靈頂勁

頂勁者，頭容正真，神貫於頂也。不可用力，用力則項強，氣血不能通流，須有虛靈自然之意。非有虛靈頂勁，則精神不能提起也。

二、含胸拔背

含胸者，胸量內涵，使氣沉於丹田也。胸忌挺出，挺出則氣擁胸際，上重下輕，腳跟易於浮起。拔背者，氣貼於背也。能含胸，則自能拔背；能拔背，則能力由脊發，所向無敵也。含胸，非彎胸曲背，僅含而已。

三、鬆腰

腰為一身主宰。能鬆腰然後兩足有力，下盤穩固。虛實變化，皆由腰轉動。故曰：「命意源頭在腰際」。有不得力處必於腰腿求之也。

腰固要鬆，而肩肘腿手皆要鬆。否則不能靈活不能沉，發勁不長。

四、分虛實

太極拳術以分虛實為第一義。如全身皆坐右腿，則右腿為實，左腿為虛。全身坐在左腿，則左腿為實，右腿為虛。虛實能分，而後轉動輕靈，毫不費力。如不能分，則邁步重滯，自立不穩，而易為人所牽動。

此節僅以足為例，如手之出動，亦有虛實，或一手中亦分虛實，腰中亦有虛實，此理非有純熟功夫，不能領悟。

五、沉肩墜肘

沉肩者，肩鬆開下垂也。若不能鬆垂，兩肩端起，則氣亦隨之而上，全身皆不得力矣。墜肘者，肘往下鬆墜之意。肘若懸起，則肩不能沉，放人不遠，近於外家之斷勁矣。

兩背沉下，兩肘亦向沉下，但不可僵硬，仍須鬆活兼備。

六、用意不用力

太極論云：此全身用意不用力。練太極拳，全身鬆開，不使有分毫之拙勁，以留滯於筋骨血脈之間，以自束縛。然後能輕靈變化，回轉自如。或疑不用力，何以能長力？蓋人身之有經絡，如地之有溝洫，溝洫不塞而水行，經絡不閉而氣通。如渾身僵勁，充滿經絡，氣血停滯，轉動不靈，牽一髮而全身動矣。

若不用力而用意，意之所至，氣即至焉，如是，氣血流注，日日貫輸，周流全身，無時停滯，久久練習，則得其正。內勁，即太極中所云：「極柔軟然後能極堅剛也。」太極功夫純熟之人，臂膊如棉裹鐵，分量極沉。練外家拳者，用力則顯有力，不用力時，則甚輕浮。可見其力乃外勁浮而之勁也。外家之力最易行動，故不尚也。

內家拳，不重外表之僵勁，而重內部之心意。意之所到，即精氣神所到之處，如是血脈方能運行。如法修煉，日久自得無窮妙用。譜中所謂「行氣如九曲珠，無微不到」，其行氣之法，全在意也。

七、上下相隨

上下相隨者，即太極論中所云：「其根在腳，發於腿，主宰於腰，形於手指。由腳而腿而腰，總須完整一氣也。」手動，腰動，足動，眼神亦隨之動。如是方可謂之「上下相隨」。有一不動，即散亂矣。

上下不相隨，即不能完整一氣。術語云：手到腳不到，必定瞎胡鬧。

八、內外相合

太極所練在神。故云：神為主帥，身為驅使，精神能提得起，自然舉動輕靈。架子不外虛實開合。所謂開者，不但手足開，心意亦與之俱開。所謂合者，不但手足合，心意亦與之俱合。能外內合為一氣，則渾然無間矣。

九、相連不斷

外家拳術，其勁乃後天之拙勁。故有起有止，有續有斷。舊力已盡，新力未生，此時最易為人所乘。太極用意不用力，自始至終，綿綿不斷，周而復始，循環無窮。原論所謂「如長江大河，滔滔不絕。」又曰「運勁如抽絲」，皆言其貫串一氣也。

太極拳，自第一動起，至結束，相運不斷。如一圓環無間斷處，無凹凸處。

十、動中求靜

外家拳術，以跳躑為能，用盡氣力。故練習之後，無不喘氣者。太極以靜禦動，雖動猶靜，故練架子愈慢愈好。慢則呼吸深長，氣沉丹田，自無血脈僨張之弊。學者細心體會，庶可得其意焉。

練此拳時，外面雖動，而內部沉靜。此靜字，心意中有冷靜之意。

太極拳論（張三豐祖師著）

未有天地以前，太空無窮之中，渾然一氣，乃為無極。無極之虛氣，即為太極之理氣。太極之理氣，即為天地之根荄。化生人物，始初皆屬化生。一生之後，化生者少，形生者多。

譬如木中生蟲、人之生蟲，皆是化生。若無身上的汗氣，木無朽氣，哪裏得這根荄。可見太極的理氣，就是天地根荄之領袖也。（此處疑有遺漏）

一舉動，周身俱要輕靈。

不用後天拙力，則周身自然輕靈。

尤須貫串。

貫串者，綿綿不斷之謂也。不貫串則斷，斷則人乘虛而入。此指氣血脈絡貫串全身。

氣宜鼓盪，神宜內斂。

氣鼓盪則無間，神內斂則不亂。

神宜內斂，即恬靜之謂，靜者令也。

無使有凸凹處，無使有斷續處。

有凹處有凸處，有斷時有續時，此皆未能圓滿也。凹凸之處，易為人所掣。斷續之時，易為人所乘。皆致敗之由也。

其根在腳，發於腿，主宰於腰，形於手指。由腳而腿而腰，總須完整一氣。向前退後，乃得機得勢。

莊子曰：「至人之息以踵。」太極拳術，呼吸深長，上可至頂，下可至踵。故變動，其根在腳。由腳而上至腿，由腿而上至腰，由腰而上至手指，完整一氣。故太極以手指放人而跌出者，並非盡手指之力，其力乃發於足跟，而人不知也。上手下足中腰，無處不相應，自然能得機得勢。

所云得機得勢，有二人接觸之機，相交之勢；有個人內外相合之機，前後轉動之勢。

有不得機得勢處，身便散亂，其病必於腰腿求之。不得機不得勢，必是手動而腰腿不動。腰腿不動，手愈有力，而身愈散亂。故有不得力處，必留心動腰腿也。

上下前後左右皆然，凡此皆是意，不在外面。有上即有下，有前即有後，有左即有右。

欲上欲下，欲前欲後，欲左欲右，皆須動腰腿，然後能如意。雖動腰腿，而內中有知己知彼，隨機應變之意在。若無意，雖動腰腿，亦亂動而已。如意要向上即寓下，意若將物掀起，而加以挫之之意。斯其根自斷，乃壞之速而無疑。

此言與人交手時之隨機應變，反覆無端，令人不測，使彼顧此而不能顧彼，自然散亂。散亂則吾可以發勁矣。

虛實宜分清楚。一處有一處虛實，處處總此一虛實。周身節節貫串，無令絲毫間斷耳。

練架子要分清虛實。與人交手，亦須分清虛實。此虛實雖要分清，然全視來者之意而定。彼實我虛，彼虛我實。實者忽變而為虛，虛者忽變而為實。彼不知我，我能知彼，則無不勝矣。周身節節貫串。節節二字，以言其能虛空粉碎，不相牽連，故彼不能使我牽動，而我穩如泰山矣。雖虛空粉碎，不能相連，而運用之時，又能節節貫串，非不相顧。如常山之蛇，擊首則尾應，擊尾則首應，擊其背而首尾俱應，夫然後可謂之輕靈矣。譬如以千斤之鐵棍，非不重也，然有巨力者可持之而起。以百斤之鐵鍊，雖有巨力者不能持之而起，以其分為若干節也。雖分為若干節，而仍是貫串，練太極拳亦猶此意耳。

虛者非無也，僅虛而已矣。實者非僵與硬也，實在而已。

以上係武當山張三豐祖師所著，願天下豪傑，延年益壽，不徒作技術之末也。

王宗岳先師拳論

太極者，無極而生，陰陽之母也。

陰陽生於太極，太極本無極。太極拳處處分虛實陰陽，故名曰太極也。

此論王宗岳先師所造。

動之則分，靜之則合。

我身不動，渾然一太極；如稍動，則陰陽分焉。

無過不及，隨屈就伸。

此言與人相接相黏之時，隨彼之動而動。彼屈則我伸，彼伸則我屈。與之密合，不丟不頂，不使有稍過及不及之弊。

彼剛我柔謂之走，我順人背謂之黏。

人剛我剛，則兩相抵抗。人剛我柔，則不相妨礙。不妨礙則走化矣。既走化，彼之力失其中則背矣，我之勢得其中則順矣。以順沾背，則彼雖有力而不得力矣。

剛與僵不同，柔與軟不同，黏與滯不同，鬆與散不同。

動急則急應，動緩則緩隨。雖變化萬端，而理性一貫。

我之緩急隨彼之緩急，不自為緩急，則自然能沾連不斷。然非兩臂鬆淨，不使有絲毫之拙力，不能相隨之如是巧合。若兩臂有力，則善自作主張，不能捨己從人矣。動之方向緩急不同，故曰：變化萬端雖不同，而令之黏隨，其理則一也。

由著熟而漸悟懂勁，由懂勁而階及神明。然非用力之久，不能豁然貫通焉。著熟者，習拳以練體，推手以應用。用力既久，自然懂勁而神明矣。

學者須注意「階及」二字，其功夫如升階然，須一級一階而升堂入室，久練功到自然成。

虛靈頂勁，氣沉丹田。不偏不倚，忽隱忽現。

無論練架子及推手，皆須有虛靈頂勁、氣沉丹田之意。不偏不倚者，立身中正，不偏不倚也。忽隱忽現者，虛實無形，變化不測也。

此節所云之頂勁，其頂中寓虛靈，非硬提也；若硬提則僵直矣。其沉，非硬壓丹田也；若硬壓，日久成病，切忌切忌。

左重則左虛，右重則右杳。

此兩句即解釋忽隱忽現之意。與彼黏手，覺左邊重則吾之左邊與彼相黏處即變為虛。右邊亦然。杳者，不可捉摸之意。與彼相黏，隨其意而化之，不可稍有抵抗使之處處落空，而無可如何。

仰之則彌高，俯之則彌深；進之則愈長，退之則愈促。

此節功夫，須與人推手時練習之。

彼仰則覺我彌高，如捫天而難攀。彼俯則覺我彌深，如臨淵而恐陷。彼進則覺我愈長而不可及，彼退則覺我愈逼而不可逃，皆言我之能黏隨不丟，使彼不得力也。

一羽不能加，蠅蟲不能落。人不知我，我獨知人。英雄所向無敵，蓋由此而及也。

羽不能加，蠅不能落，形容不頂之意。技之精者，方能如此。蓋其感覺靈敏，已到極處，稍觸即知。能功夫至此，舉動輕靈，自然人不知我，我獨知人。

此節完全是聽勁功夫，與人交手沾連不離，非熟練聽勁不可，否則易為人制。習聽勁，先從推手起。

斯技旁門甚多，雖勢有區別，概不外壯欺弱、慢讓快耳。有力打無力，手慢讓手快，是皆先天自然之能，非關學力而有為也。

以上言外家拳術，派別甚多，不外以力、快勝人。以力以快勝人，若更遇力過我者，則敗矣。是皆充其自然之能，非有巧妙如太極拳術之不恃力不恃快而能勝人也。

此節所提旁門，常有以太極之名，而無太極拳陰陽虛實之分，徒取外表之形式，而無內部意氣脈絡之修煉，故視為旁門外道。

察四兩撥千斤之句，顯非力勝。觀耄耋能禦眾之形，快何能焉。

太極之巧妙，在以四兩撥千斤。彼雖有千斤之力，而我順彼背，則千斤亦無用矣。彼之快，乃自動也，若遇精於太極拳術者，以手黏之，彼欲動且不能，何能快乎。

能練到四兩撥千斤耄耋能禦眾之形，始得太極拳真功夫。

立如平準，活似車輪。

立能如平準者，有虛靈頂勁也。活似車輪者，以腰為主宰，無處不隨腰運動圓轉也。

立如平準，並非硬直僵立。活如車輪，並非亂動。

偏沉則隨，雙重則滯。

何謂偏沉則隨，雙重則滯？臂兩處與彼相黏，其力平均，彼此之力相遇，則相抵抗，是謂雙重。雙重則二人相持不下，仍力大者勝焉。兩處之力平均，若鬆一處，是為偏沉。我若能偏沉，則彼雖有力者亦不得力，而我可以走化矣。有彼我之雙重，有本身之雙重。彼我之雙重，必至於頂。本身之雙重，必至於笨滯。

每見數年純功，不能運化者，率自為人制，雙重之病未悟耳。有數年之純功，若尚有雙重之病，則不免有時為人所制，不能立時運化。試驗雙重，須在推手中求之。

若欲避此病，須知陰陽，黏即是走，走即是黏。陰不離陽，陽不離陰，陰陽相濟，方為懂勁。

若欲避雙重之病，須知陰陽，陰陽即虛實也。稍覺雙重，即速偏沉，虛處為陰，實處為陽，雖分陰陽，而仍沾連不脫，故能黏能走。陰不離陽，陽不離陰者，彼實我虛，彼虛我又變為實，故陰變為陽，陽變為陰。陰陽相濟，本無定形，皆視彼方之意而變耳。如能閱彼之意，而虛實應付，毫釐不爽，是真可懂勁矣。

此論中有稱陰陽，有稱虛實，足見陰陽與虛實有別。

懂勁後愈練愈精，默識揣摩，漸至從心所欲。

懂勁之後，可謂入門矣。然不可間斷，必須日日練習，處處揣摩，如有所悟，默識於心，心動則身隨，無不如意，技日精矣。懂勁者明白對方之勁如何與自己之勁如何入門而已。由此而升堂入室，漸至從心所欲。

本是捨己從人，多誤捨近就遠。

太極拳不自作主張，處處從人。彼之動作，必有一方向，則吾隨其方向而去，不稍抵抗，故彼落空或跌出，皆彼用力太過也。如有一定手法，不知隨彼，是謂捨近而就遠矣。

斯謂差之毫釐，謬以千里，學者不可不詳辨焉。

太極拳與人沾連，即在沾連密切之處而應付之，所謂不差毫釐也。稍離則遠，失其機矣。長拳者，如長江大海，滔滔不絕也。

太極拳亦名長拳。楊氏所傳，有太極拳，更有長拳，名目稍異，其意相同。

十三勢者，掤捋擠按採挒肘靠，此八卦也；進步、退步、右顧、左盼、中定，此五行也。掤捋擠按，即坎離震兌，四正方也。採挒肘靠，即乾坤艮巽，四斜角也。進退顧盼定，即金木水火土也。

此論句句切要，並無一字敷衍陪襯。非有夙慧，不能悟也。先師不肯妄傳，非獨擇人，亦恐枉費工夫耳。

太極拳之精微奧妙，皆不出此論。非有夙慧之人，不能領悟，可見此術不可以技藝視之也。

十三勢歌（王宗岳先師作）

十三總勢莫輕視，命意源頭在腰際。
變轉虛靈須留意，氣遍身軀不可滯。
靜中觸動動猶靜，因敵變化示神奇。
勢勢揆心須用意，得來不覺費工夫。
刻刻留心在腰間，腹內鬆淨氣騰然。
尾閭中正神貫頂，滿身輕利頂頭懸。
仔細留心向推求，屈伸開合聽自由。
入門引路須口授，工夫無息法自修。
若言體用何為準，意氣君來骨肉臣。

想推用意終何在，益壽延年不老春。
歌兮歌兮百四十，字字真切義無遺。
若不向此推求去，枉費工夫貽歎息。

十三勢歌之意義，前已申述，故不復注解。

十三勢行功心解

以心行氣，務令沉著，乃能收斂入骨。以氣運身，務令順遂，乃能便利從心。

以心行氣者，所謂意到氣亦到；意要沉著，則氣可收斂入骨，並非格外運氣也。氣收斂入骨，工夫既久，則骨日沉重，內勁長矣。

以氣運身者，所謂氣動身亦動，氣要順遂，則身能便利從心。故變動往來，無不從心所欲，毫無阻滯之處矣。

行功心解四字，即道家煉氣修心之法。行功是外，心解是內，即內外兼修，即是動靜雙修，便是性命雙修。前人稱為太極手法，今人改稱太極拳。

精神能提得起，則無遲重之虞，所謂頂頭懸也。

有虛靈頂勁，則精神自然提得起。精神提起，則身體自然輕靈。觀此，可知捨精神而用拙力者，身體必為力所驅使，不能轉動如意矣。

意氣須得靈，乃有圓活之妙，所謂變轉虛實也。

與敵相沾，須隨機換意。仍不外虛實分得清楚，則自然有圓活之妙。

發勁須沉著鬆淨，專注一方。

發勁之時，必須全身鬆淨，不鬆淨則不能沉著。沉著鬆淨，自然能放得遠。專注一方者，隨彼動之方向，而直去也。隨敵之勢，如欲打高，眼神上望。如欲打低，眼神下望。如欲打遠，眼神遠望。神至則氣到，全不在用力也。

立身須中正安舒，撐支八面。

頂頭懸則自然中正。鬆淨則自然安舒。穩如泰山則自然能撐支八面。

行氣如九曲珠，無微不到。

九曲珠，言其圓活也。四肢百體，無處不有圓活珠，無處不是太極圈子，故力未有不能化也。

運動如百煉鋼，無堅不摧。

太極雖不用力，而其增長內勁，可無窮盡。其勁如百煉之鋼，無堅不摧。

形如搏鳥之鶚，神如捕鼠之貓。

搏鳥之鶚，盤旋不定。捕鼠之貓，待機而動。

靜如山岳，動若江河。

靜如山岳，言其沉重不浮。動若江河，言其周流不息。

蓄勁如張弓，發勁如放箭。

蓄勁如張弓，以言其滿。發勁如放箭，以言其速。

曲中求直，蓄而後發。

曲是化人之勁。勁已化去，必向彼身求一直線，勁可發矣。

力由脊發，步隨身換。

含胸拔背，以蓄其勢。發勁之時，力由背脊而出，非徒兩手之勁也。身動步隨，轉換無定。

收即是放，放即是收，斷而復連。

黏化打雖是三意，而不能分開。收即黏，化放是打。放人之時，勁似稍斷，而意仍不斷。

往復須有折疊，進退須有轉換。

折疊者，亦變虛實也。其所變之虛實，最為細微。太極截勁，往往用折疊。外面看似未動，而其內已有折疊。進退必變換步法，雖退仍是進也。

極柔軟然後極堅剛，能呼吸然後能靈活。

老子曰：「天下之至柔，馳騁天下之至堅。」其至柔者，乃至剛也。吸為提為收，呼為沉為放。此呼吸乃先天之呼吸與後天之呼吸相反，故能提得人起，放得人出。

氣以直養而無害。勁以曲蓄而有餘。

孟子曰：「吾善養吾浩然之氣。至大至剛。以直養而無害。則塞乎天地之間。」太極拳蓋養先天之氣，非運後天之氣也。運氣之功，流弊甚大，養氣則順乎自然，日習之養而不覺。

數十年後積虛成實，至大至剛。致用之時，則曲蓄其勁以待發，既發則沛然莫能禦也。

心為令，氣為旗，腰為纛。

心為主帥以發令，氣則為表示其令之旗。以腰為纛（ㄉㄠˋ，以雉尾爲裝飾的大旗）則旗中正不偏，無致敗之道也。

先求開展，後求緊湊，乃可臻於縝密矣。

無論練架子及推手，皆須先求開展。開展則腰腿皆動，無微不到。至功夫純熟，再求緊湊。由大圈而歸於小圈，由小圈而歸於無圈。所謂「放之則彌六合，養之則退藏於密」也。

又曰：先在心，後在身，腹鬆淨。氣斂入骨，神舒體靜，刻刻在心。

太極以心為本，身體為末，所謂「意氣君來骨肉臣」也。腹鬆淨，不在絲毫後天之拙力，則氣自斂入骨。氣斂入骨，其剛可知，神要安舒，體要靜逸。能安舒靜逸，則應變整暇，決不慌亂。

切記：一動無有不動。一靜無有不靜。

內外相合，上下相連，故能如此。

練到節節貫串，上下相隨，即有此功夫。

牽動往來，氣貼於背，斂入脊骨。內固精神，外示安逸。

此人與人比手之時，牽動往來，須涵胸拔背，使氣貼之於背，斂於脊骨，以待機會至則發。能氣貼於背，斂於脊骨，則能力由脊發，不然仍手足之勁耳。神固體逸，則不散亂。外示安逸，便是冷靜態度。

邁步如貓行，運動如抽絲。

此仍形容綿綿不斷，待機而發之意。

步履，如貓行之輕靈、沉著、穩固。

全身意在精神，不在氣，在氣則滯。有氣者無力，無氣者純剛。

太極純以神行，不尚氣力。此氣，言後天之氣也。蓋養氣之氣，乃先天之氣。運氣之氣，為後天之氣。後天之氣有盡，先天之氣無窮。

氣如車輪，腰似車軸。

氣為旗，腰為纛，此言其靜也。氣如車輪，腰似車軸，此言其動也。腰為一身之樞紐，動則先天之氣如車輪之旋轉，所謂氣遍身軀，不滯也。

推手歌（按推手即打手，又稱搭手，又有稱柔手者）

掤捋擠按須認真，上下相隨人難進。
任他巨力來打我，牽動四兩撥千斤。
引進落空合即出，沾連黏隨不丟頂。

認真者，掤捋擠按四字，皆須照師傳規矩，絲毫不錯。日日打手，功夫自然能上下相隨。

一動無有不動，雖巨力來打，稍稍牽動，則我之四兩可撥彼之千斤。彼力既巨，力必長而直，當其用力之時，不能變動方向，我隨彼之方向而引進，則彼落空矣。然必須沾連黏隨，不丟不頂，方能引進落空，四兩撥千斤也。

平常通稱推手，如原地推手、活步推手。

又曰：彼不動己不動，彼微動己先動。

似鬆非鬆，將展未展，勁斷意不斷。

打手之時，彼不動則我亦不動，以靜待之。彼若微動，其動必有一方向，我意在彼之先，隨調方向而先動，則彼必跌出矣。

似鬆非鬆，將展未展，皆言聽彼之勁，蓄勢待機。機到則放，放時勁似斷而意仍不斷也。

練拳架時，自始至終，其動作式式不同；似有斷續之處，而其內部之意與氣，實一貫不斷，此所謂勁斷意連也。

推手法之原理說明（譚孟賢著）

十三勢根據五行八卦之理而成，由練架子之十三勢，而發生推手之十三勢。

所謂五行，又分為「內」「外」二種。

1. 形於外者為進、退、顧、盼、定。

2. 發於內者為沾、連、黏、隨，不丟頂。

至於八卦亦分「內」「外」二種。

1. 形於「外」者為四正、四隅，即東南西北四正方及四隅角是也。

2. 蘊於「內」者為掤、捋、擠、按、採、挒、肘、靠。

但形於「外」者為「勢」，蘊於「內」者為「勁」，用勁之時其根在腳，發於腿，主宰於腰，而形於手指。故太極拳練架子時，蓋所以練「勁」；練推手時，蓋所以求懂「勁」也。

●沾

「沾」，如兩物互交，沾之使起。在太極拳術語，謂之沾勁，然非直接沾起之謂，實間接沾起之謂，而含有「勁」「意」雙兼之兩義。譬如敵我兩人推手或交手時，敵人體質強壯，氣力充實，馬步穩固，則勢難向敵人掀動，或移其重心，則用「沾」勁，即能使敵人自動失其重心。

其法先用「意」探之，使敵人氣騰，精神向上注，則敵體上重而腳輕，其根自斷。此即敵人之自動力所致，我則順其勢撒手以不乏頂之「勁」，引敵懸空，是謂沾「勁」。

●連

「連」，貫串之謂。手法毋中斷毋脫離，接續綿綿，無停無止，無休無息，是謂連勁。

●黏

「黏」，即黏貼之謂。彼進我退，彼退我進；彼浮我隨，彼沉我鬆，丟之不開，投之不脫，如黏似貼，是謂黏勁。

●隨

「隨」，隨者從也。緩急相隨，進退相依，不即不離，不後不先，捨己從人，量敵而進，是謂隨勁。

●不丟頂

「不丟頂」，丟者離開也，頂者抵抗也。即不脫離、不攘先、不落後之謂也。

●掤

掤勁義何解，如水負舟行。先實丹田氣，次緊頂頭懸。周身彈簧力，開合一定間。任爾千斤力，飄浮亦不難。

●捋

捋勁義何解，引導使之前。順其來勢力，引之使長延。輕靈不丟頂，力盡自然空。重心自維持，莫被他人乘。

●擠

擠勁義何解，用時有兩方。直接單純意，迎合一動中。間接反應力，如球撞壁還。又如錢投鼓，躍躍聲鏗然。

●按

按勁義何解，運用如水行。柔中已寓剛，急流勢難當。遇高則澎滿，逢窪向下潛。波浪有起伏，有孔必竄入。

●採

採勁義何解，如權之引衡。任爾力巨細，權後知重輕。轉移只四兩，千斤亦可秤。若問理何在，棍桿作用存。

●挒

挒勁義何解，旋轉如飛輪。投物於其上，脫然擲尋丈。急流成漩渦，捲浪若螺紋。落葉墜其上，倏爾便沉淪。

●肘

肘勁義何解，方法計五行。陰陽分上下，虛實宜辨清。連環勢莫當，開花捶更凶。六勁融通後，用途始無窮。

●靠

靠勁義何解，其法分肩背。斜飛勢用肩，肩中還有背。一旦機可乘，轟然如倒碓。仔細維重心，失中徒無功。

大搙約言　楊鏡湖先生約言

大搙約言

我搙他肘，他上步擠。我單手扇，他轉身搙。我上步擠，他逃體。我一搙，他上步擠。

楊鏡湖先生約言

曰：輕則靈，靈則動，動則變，變則化。

太極拳表解

原則

心法

- 以心行氣—行氣如九曲珠無微不到
- 以氣運身—務使順遂則能便利從心
- 氣要鼓盪—不可凝集一處硬壓丹田
- 心為令—氣為旗—腰為纛—表示如令使旗如纛揮舞
- 神宜內斂—內固精神外示安逸
- 意氣君來骨肉臣—先在心後在身
- 氣如車輪腰如車軸
- 氣以直實而無害—此係先天正氣無有窮盡

以心行氣，以氣運身，自能從心所欲，毫無阻滯，俟從天之僵勁化盡，先天之內勁自然增長，由習慣而成自然，同一切意思力，自然支配生理作用。故曰：「勢勢存心揆用意，得來全不費功夫。」又云：「默識揣摩漸至從心所欲。」初學練架子宜慢，方能時時皆用意識導動作以俱進，且慢弱呼吸□長，氣沉丹田，方不致有氣脈僨張之弊。心為主帥，心開則手足與之俱開，心合則手足俱合內外一氣，其動猶靜，靈妙自然。腰為樞纖，腰□則全身旋轉，其氣自能揮發元滿。

動作

總

- 根於腳發於腿主宰於腰行於手指
- 由腳而腿而腰完整一氣
- 周身宜輕靈

無使有缺陷處，無使有斷續，有一不合，則必至散亂，如手動而腰不連貫，則不得機不得勢必致散亂，蓋虛實變化，皆由腰轉動而起，故曰：「命意源頭在腰胯，」初學者，先求開展，使腰腿皆動，無微不至，然皆先意，所謂：「內外相合，上下相連」又謂：「一動無有不動，一靜無有不靜」，如是則於肢體，任何部分，皆無偏重之處。須知奮力已盡，新力未生之際，易為人乘，攻人之道亦在此際，防禦之道，是在綿綿不斷，完整一氣。

別

步法

- 含折疊—即往復所變之虛實外看雖似未動其中已有折疊
- 虛步—非空也無也虛而已矣含有可實之意能隨意起落為度
- 實步—雖實不呆滯含有可虛之意即腿變曲而能隨意起落為度
- 有轉換—屈伸開合聽自由進退必須換變步法故雖退仍是進

如全身皆坐在右腿則右腿為實左腿為虛坐左亦然如是方能轉換輕靈毫不費力否則進步重滯自立不穩又須作川字步即當兩足前後立時足尖俱宜向前

姿態

- 含胸—胸略內涵使氣沉丹田否則氣擁胸際上重下輕腳跟易浮
- 拔背—腹內鬆靜騰然—神舒體靜刻刻在心使氣貼於背有蓄機待勢之功
- 虛靈頂功—頭容正直神貫於頂謂之頂功須有虛靈自然之意不可用力一名「頂頭懸」
  - 謂頂處如懸空中同時宜閉口抵上齶牙宜咬不可努齒
- 尾閭中正—尾閭宜中正否則脊柱先受影響精神亦雖於上達但不可板滯硬挺

進步如貓行動如抽絲

形如搏鳥之鶻

神如捕鼠之貓

身法

- **立身**
  - 中正—由於中樞姿勢之正確
  - 安舒—由於周身懸靜（詳前）
  - → 靜如山岳
- **兩臂**
  - 沉肩—使兩臂鬆開下垂以為沉氣之助否則兩肩端起氣必上升全身皆不得力
  - 墜肘—全身悉任自然之旨手與掌表示前推時手心微有突意為引伸內勁之助但務用力
  - 使兩肘有往下鬆之意否則肩不能沉近於外家之斷勁手指亦宜舒展握拳須鬆空符
- **腰胯全身**
  - 命意源頭在腰胯
  - 其病於腰腿求之
    - 腰鬆則氣白下沉能使兩足有力下盤穩固上下肢
    - 之虛實變化有不得力處全恃腰部轉動合宜以資
    - 補救助感覺靈敏轉動便利蹲身時注意臀忌外突
  - ——全身鬆開方能沉著因是不致有分毫拙勁留滞以自束縛自能輕靈變化圓轉自如

→ 周身無庭不鬆動，即在用意，而不用力，意之所至，身即動焉。如是則氣血流注全身，略無停滯，所謂「意氣須換得⧄，乃有圓活之趣」。且欲沉著，必須鬆靜，故曰「沉重不浮，靜如山岳，周臨不息，動若江河，滔滔不絕。

應用

- **聽勁（輕則靈）**
  - 一人不知⧄我兩知人—「⧄之⧄⧄分靜之則合無過不及隨曲就伸」「動急則急應動緩則緩隨」「彼不動我不動彼微動我先動似鬆非鬆將展未展勁斷意不斷」「沾連跟隨不丟頂」
  - → 沾連跟隨四字最關重要，聽勁，須從沾連中練出，但不跟不□，不□沾連，其中必幾分捧勁，否則不能滿足沾連，即不能聽敵之勁，上列皆是聽勁功夫。
- **化勁（靈則動）**
  - 「人剛我柔謂之走」「捨己從人」「左重則左虛右重則右渺」「近之則愈長退之責愈促」「不偏不倚忽隨忽現」「羽不能加蠅蟲不能落」
  - → 化勁從聽字功夫來，不明聽勁，無從化起，能聽，即能知敵，能柔，而能化敵，利用伸縮，利用虛實，彼虛我實，避實擊虛。
- **拿勁（動則安）**
  - 「我順人背謂之粘」「引進落空合即出」「形如搏鳥之鶻神如捕鼠之貓」「收即是放，放即是收斷而復連」
  - → 拿勁似屬中定之法，澄甫先生曰：「定住，即拿住，一定住便發」，但須不丟不頂，利用沾連之法，化其剛逼之勁，順其來勢而定之，其一剎那間，即謂之拿。
- **發勁（安則化）**
  - 「力由脊發」「曲中求直蓄而後法」「蓄勁如開弓發勁如放箭」牽動四兩撥千斤發勁須沉著鬆淨專注一方運勁如百煉鋼無堅不摧
  - → 發勁要領，貌如上述。此外應注意者：㈠彼我之位⧄，彼處於逆，我處於順，我勝。彼處於浮，我處於沉，我勝。㈡發時不可偏重。偏重則陷。㈢發勁猶如炸彈爆發。㈣用意須達，其勁自長。㈤目光須注視發勁方向。㈥發時全身鬆開。

→ 以上四項工夫本無段落可分亦無先後之別應從著熟而漸懂勁由懂勁而階及神明

太極拳名稱

太極出勢
攬雀尾
掤捋擠按
單鞭
提手上勢
白鶴展翅
左摟膝拗步
手揮琵琶勢
左摟膝拗步
右摟膝拗步
左摟膝拗步
手揮琵琶勢
左摟膝拗步
進步搬攔捶
如封似閉
十字手
抱虎歸山
攬雀尾
掤捋擠按
斜單鞭
肘底捶
左右倒攆猴
斜飛勢
提手上勢
白鶴展翅
左摟膝
海底針

蟾通背　　轉身搬身捶　　上步搬攔捶
上勢攬雀尾　　掤捋擠按　　單鞭
左右雲手　　單鞭　　高探馬
右分腳　　左分腳　　轉身蹬腳
左右摟膝拗步　　進步栽捶　　轉身搬身捶
進步搬攔捶　　右蹬腳　　左右打虎勢
右蹬腳　　雙風貫耳　　左蹬腳
轉身右蹬腳　　上步搬攔捶　　如封似閉
十字手　　抱虎歸山　　攬雀尾
掤捋擠按　　斜單鞭　　左野馬分鬃
右野馬分鬃　　左野馬分鬃　　上步攬雀尾
掤捋擠按　　單鞭　　左右玉女穿梭
上步攬雀尾　　掤捋擠按　　單鞭

左右雲手
單鞭
斜身下勢
左右獨立金雞
左右倒攆猴
斜飛勢
提手上勢
白鶴展翅
左摟膝拗步
海底針
蟾通背
轉身撇身掌
白蛇吐信
進步搬攔捶
上步攬雀尾
掤捋擠按
單鞭
左右雲手
單鞭
高探馬
轉身右蹬腳
左摟膝指襠捶
上勢攬雀尾
掤捋擠按
單鞭
斜身下勢
上步七星
退步跨虎
轉身雙擺蓮
彎弓射虎
上步搬攔捶
如封似閉
十字手
合太極

太極拳運動部位圖

太極出勢
攬雀尾
掤捋擠按
單鞭
提手上勢
白鶴展翅

手揮琵琶勢 → 左摟膝拗步 → 右摟膝拗步
左摟膝拗步

左揮琵琶勢
左摟膝拗步

進步搬攔捶
如封似閉

抱虎歸山／攬雀尾／掤捋擠按 → 十字手
斜單鞭

斜飛勢
倒攆猴三 → 倒攆猴二 → 倒攆猴一 → 肘底捶

攬雀尾
掤捋擠按
單鞭

上步搬攔捶
雲手一 → 雲手二 → 雲手三

高探馬／單鞭 → 右分腳

提手上勢
白鶴展翅

左摟膝拗步
海底針

白蛇吐信／轉身搬身捶／蟾通背

左分腳

進步栽捶 → 右摟膝拗步 → 左摟膝拗步 → 轉身蹬腳

左打虎勢
右打虎勢
右蹬腳
進步搬攔捶

轉身搬攔捶
白蛇吐信

右蹬腳／雙風貫耳 → 左蹬腳 → 轉身右蹬腳 → 上步搬攔捶／如封似閉

抱虎歸山／攬雀尾／掤捋擠按 → 十字手
斜單鞭

玉女穿梭三
玉女穿梭一
玉女穿梭二
玉女穿梭四

單鞭
掤捋擠按
上步攬雀尾

攬雀尾
掤捋擠按

野馬分鬃三 → 野馬分鬃二 → 野馬分鬃一

單鞭 → 雲手一 → 雲手二 → 雲手三

單鞭
斜身下勢 → 右金雞獨立
左金雞獨立

斜飛勢
倒攆猴三 → 倒攆猴二 → 倒攆猴一

掤捋擠按
攬雀尾
單鞭

進步搬攔捶

提手上勢
白鶴展翅

雲手一 → 雲手二 → 雲手三 → 單鞭／高探馬

白蛇吐信
轉身撇身掌
蟾通背

摟膝拗步
海底針

轉身右蹬腳

上勢攬雀尾 ← 左摟膝指襠捶
掤捋擠按
單鞭
斜身下勢

上步七星
退步跨虎
轉身雙擺連
彎弓射虎

上步搬攔捶
如封似閉
十字手
合太極

東

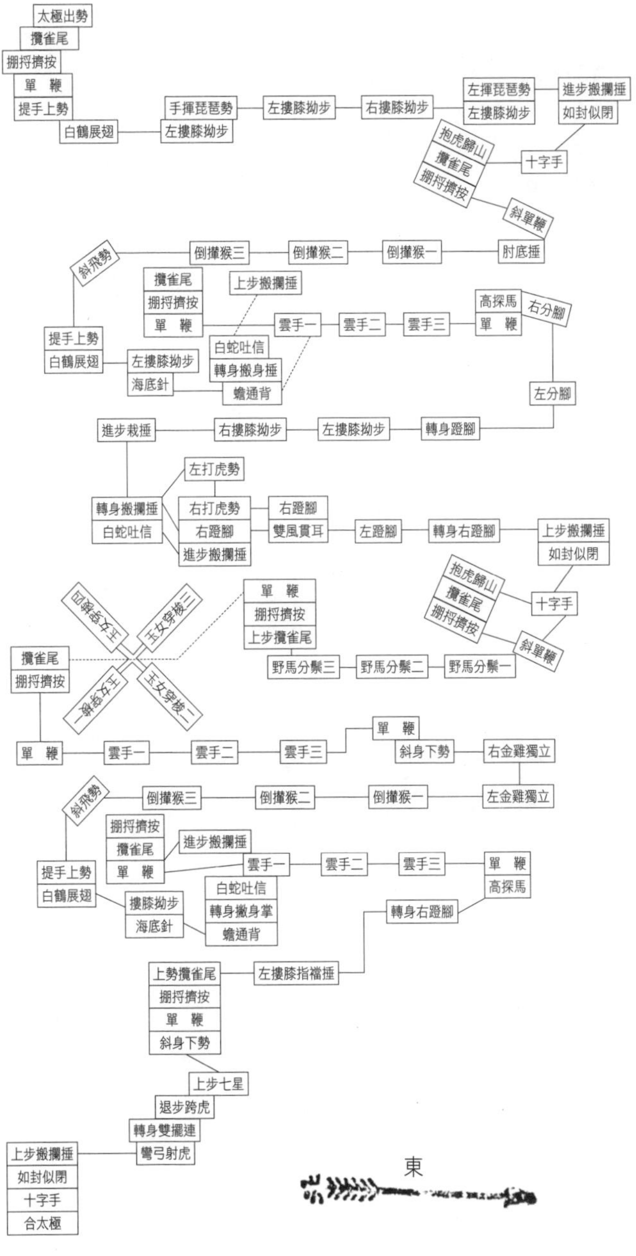

太極長拳名稱

四正四隅
魚尾單鞭
手揮琵琶
琵琶勢
抱虎歸山
提手上勢
摟膝指襠捶
斜飛勢(三)
轉身撇身捶

掤捋擠按
鳳凰展翅
雀尾勢
上步搬攔捶
掤捋擠按
肘底捶
轉身蹬腳
攬雀尾
上步玉女穿梭

左右雲手
摟膝拗步
彎弓射雁
簸箕勢(即如封似閉十字手)
斜單鞭
倒攆猴頭
上步栽捶
魚尾單鞭
兩掌兩拳左掌右拳

攬雀尾	左右野馬分鬃	斜身下勢
左右金雞獨立	左右倒攆猴	斜飛勢
提手上勢	白鶴展翅	摟膝拗步
海底珍珠	蟾通背	轉身白蛇吐信
上步搬攔捶	上步攬雀尾	單鞭
左右雲手(三)	單鞭	高探馬
左右分腳	轉身蹬腳	左右摟膝拗步
左右雙風貫耳	飛腳	左打虎勢
右雙風貫耳	左蹬腳	轉身蹬腳
上步撇身捶	白蛇吐信拳	進步搬攔捶
上步攬雀尾	掤捋擠按	單鞭
左右雲手(三)	單鞭	高探馬
轉身單擺連	上步指襠捶	上步攬雀尾

轉身單鞭　下勢　七星跨虎

轉身雙擺連　彎弓射虎　搬攔捶

如封似閉　十字手　合太極

太極長拳歌

太極長拳獨一家，無窮變化洵非誇。

妙處全憑能借力，當場著急莫輕拿。

掌、拳、肘、合、腕，肩、腰、胯、膝、腳。

上下九節勁，節節腰中發。

約言：順人能得勢，借力不須拿。

太極劍名稱

三環套月　魁星勢　燕子抄水
左右邊攔掃　小魁星　燕去入巢
靈貓捕鼠　鳳凰點頭　黃蜂入洞
鳳凰右展翅　小魁星　鳳凰左展翅
釣魚勢　左右龍行勢　宿鳥投林
烏龍擺尾　青龍出水　風捲荷葉
左右獅子搖頭　虎抱頭　野馬跳澗
勒馬勢　指南針　左右迎風打塵
順手推舟　流星趕水　天鳥飛瀑
挑簾勢　左右車輪　燕子銜泥

大鵬展翅　海底撈月　懷中抱月

哪吒探海　犀牛望月　射雁勢

青龍現爪　鳳凰雙展翅　左右餐鹽

射雁勢　白猴獻果　左右落花勢

玉女穿梭　白虎攪尾　魚跳龍門

左右烏龍絞柱　仙人指路　朝天一炷香

風掃梅花　牙笏勢　抱劍歸原

太極劍歌

劍法從來不易傳，直來直去是幽玄。

若仍欺我如刀割，笑死三豐老劍仙。

太極刀名稱歌

七星跨虎交刀勢，騰挪內展意氣揚。
左顧右盼兩分張，白鶴展翅五行掌。
風捲荷花葉裏藏，玉女穿梭八方勢。
三星開合自主張，二起腳來打虎勢。
披身斜掛鴛鴦腳，順手推舟鞭作篙。
下勢三合自由招，左右分水龍門跳。
卞和攜石鳳回巢，吾師留下四方贊。
口傳心授不能忘，
教斫剁鏟、截刮、撩腕。

太極黏連槍

頭一槍進一步刺心。二槍進一步刺腋。三槍進一步刺膀。四槍上一步刺咽喉。（此進步由退即進，因他之進而後進也。）

退一步採一槍。進一步挒一槍。進一步□一槍。上一步攛一槍。（此四槍，在前四槍之內也。）

武術偶談（黃元秀　文叔　著述）

自光復以還，凡百學術，無不鵲起，即銷聲匿跡已久之國術，亦乘時而興。邇來各省備設專館，市間出版風行，但僅屬於槍、刀、拳、棒之方法，所謂教也。而於育字方面，未嘗加以研究。至於鍛鍊之目的，收效於何處，皆未明白了悟。故練而強者有之，練而致疾者亦有之。余以為對於功夫，固屬重要，對於身體，尤宜注意。故須先知調養之方法，效用之目的，然後加以練習之功，乃至國術界中一切習慣，亦須知所謹守。茲將經驗所得，分述於左。

一、練武術之目的

吾輩提倡吾國武術之目的，非直接致用於戰鬥，係間接收效於事業也。邇來機械化學之戰爭，不能以血肉之軀相抗，有常識者，類能知之。但研究科學，使用火炮，駕駛飛機，非有強壯之體力，不能運用自如；非有雄偉之氣概，不能指揮若定；非有充足之精神，不能深刻研究。即通常社會之事業，亦莫不然。倘學者對於武術，果能按照程式，依法養練，既不過分，又不中輟，循序漸進，則其精力定能增長。

以之從事教育，必能發揮其義理；從事實業，必能滿足其事業；從事軍政，必能達成其任務；從事科學，必能輔助其研究。此即直接保持健康，間接助長事業，能使全國民眾，增加自衛之奮鬥力也。

此種教練，既不必如球場之鋪張，又不必有多人之集合。寒暑晴雨，舞劍月下，論藝燈前。深山窮谷，代有傳人，實吾國數千年來，強身健體之絕藝也。

吾人所謂快樂者，舉止有爽快之感覺，思慮有歡樂之興趣，探其原因，皆從精神充足而來。例如，兒童活潑跳躍，其心中懷有無限快樂，此即精神充足之故。嗜煙酒者，以煙酒提神，貪一時之快，雖知其害，而不能去。不知練國術者，精神飽滿，身體爽適，其快樂之感，迥非煙酒之提神於一時者可比。一則日久成疾，形成癱廢；一則練成絕藝，卻病延年，其利害相較，不可以道里計也。

二、調　養

邇來練拳術者，皆因身體孱弱而學習。是初學之時，對於調理身體，最宜注意。如四季中，春季應服清補之劑，夏季應服卻暑等品，秋宜滋潤，冬可峻補。凡屬補品，為習武之人，長年所不可少。

吾鄉有言：窮文富武是也。曩時讀書者，一部四子書，可以終其身，為價不過數百文而已。然習武舉者，長年培補，所費不貲，即器械用具，亦非一部四子書所可等量齊觀也。至於應進何種補品，則因個人身體不同，不能固定。

總之藥補不如食補，通常以魚肝油、牛乳、雞蛋、蹄筋、肝腰、脊髓等物為宜。其他奇異怪誕之物，如虎筋鹿脯，以及龜、鱉、鱔、鰻等類，肥濃厚膩，久食恐生疽毒，宜屏除之。

以上所列，如肝則補肝，腰則補腰，魚油補肺，脊髓補髓，蹄筋補筋。此外如豆科植物，亦極滋補，勿以園蔬而忽之。總之食品不尚名貴，食量不在多貪，要宜平均使之消化。所謂平均者，不可過多過少。所謂消化者，務使咀嚼爛熟。

如國術名家孫祿堂先生，太極、形意、八卦，各種拳法皆負盛譽，年逾古稀無疾而終。其平日食品，皆極清淡。又廣平楊澄甫先生，太極泰斗，名滿南北，身極魁梧，而食量並不過巨。杜心五、劉百川諸少林派名家，飲食皆如常人。同學曹晏海兄，身體偉岸，武藝精深，於浙江全國比試會名列第四，上海全國比武會名列第一，殊不知其係長齋茹素者。

上列諸君，並皆點酒不聞，考其經驗，或保鏢塞北，或久歷戎行，足跡遍江湖，大名盛南北，而平時眠食起居，皆極珍攝。可見在於調養，並不在過分之飲食，古稱斗酒十肉者，無非形容其豪邁之行耳。

調節時間，即鍛鍊時間與休息時間，互相調節。其平日所辦事務，切宜節約，騰出光陰，以養其身心，此為最要之言。余見數友人，因鍛鍊之後，精神旺盛，對於業務，盡力使用，一年之後，衰象突呈。有友人以此精神供冶遊，不及二載，遽致殞命。故練不得其道無益，練得其道而不知養，更有害也。願熱心此道者，三復斯言。

三、戒　忌

凡人一習拳棒，豪氣自生，輒忘其平日怯弱之態，每有縱酒浪遊，或好勇鬥狠之行。故曩年風氣未開之時，一般家長，皆禁其子弟弄拳藝槍棒等事。一則防其損身，二則慮其肇事。余嘗見國術館附近街肆中，有以拳架式與人鬥毆者，此為往年所無。年輕子弟，最易犯此。狂酒則傷身，浪遊則廢業，若好勇鬥狠，必致惹禍招殃。其招致之由，實誤認血氣之勇，為任俠之舉，結果以愛之心反而害之，是不可也，深宜戒之。

練習國術者，忌在飽食，忌在過饑，忌在酒後，忌在風前。遺精之後，病癒之後，房事之後，業務疲勞之後，皆宜休養一日，或二三日，自覺精神無異，則繼續之，否則必致疾病。

練習後，因汗脫衣，或遽飲冷汁，或即安坐盹眠，俱大不可；輕則感冒風寒，重則勞傷氣痛，於練習功夫，反有妨礙。

練武人，遠離女色為要義，手淫尤為禁忌。即自然之遺精，亦有礙氣體，況斷傷乎？若犯之自促其壽命矣。凡屬淫書淫畫，以及聲色之場，切勿沾染。即有室家之人，房事亦宜節制，年在卅以後，一月一度；四十以後，一季一度；五十以後，一年一度，或且不可矣。習武修道之士，其所以為資糧者即精氣神三實而已，若無資糧，實無可練也。此個中人云：「練武身，貴如金，周身毫髮值千金。」足見古來武士之重視保養矣。

四、運動與鍛鍊

古德云：煉精化氣，煉氣化神，煉神還虛，由虛成道，實千古不易之名言。

試觀近日國術比試場，及表演會場，往往有皤然長鬚，鶴髮童顏之壯士。而歐美運動名家，未必盡享大年。即最近日本運動著名之人見娟枝，自得盛名之翌年，即日長眠地下。此何故耶？是不知精氣神三者之修養也。

先哲有言：「眼珠光澤，舌底津津者，其精必盈。發音洪亮，言語清明者，其氣必盛。眼皮紅滿，指甲赤潤者，其血充行。」又曰：「精足不思淫，氣足不呻吟，神足不昏沉。」

凡人每日三餐飲食，入胃化為胃養汁，至腸化為腸養汁，經各部吸收後溶而成精（此即所謂精非精蟲之精，係精液之精，是營養之精華生活之要素）。修煉之士，以命門火蒸騰，化而為氣為血，升而為神，張而生肌，動而為力，變化自然，神奇莫測，其經過大致如此。若冶遊之徒，則易他道而入腎臟，故其氣衰，其血貧，其力弱。或再戕之以酒，加之以勞，則營養不敷，必耗其本原。本原既虧，百病自生，促其壽命也。

天地之間，以氣為本，曰氣象，曰氣運，曰氣數。凡百盛衰，皆視氣之盛衰為轉移，人亦何獨不然。歷來養人氣之上者，如氣衝霄漢，氣化長虹。其次若氣概雄偉，氣度非凡，力大聲洪，叱吒風雲。其衰者，屍居餘氣，氣息奄奄，故強弱盛衰，全憑之氣，不知其氣實由精液而成。其所存之處在丹田，其所成之由在命火與精液，道家所謂水火既濟。所謂內丹者，即此也。

例如近世機器，凡有動力者，皆仗蒸汽而動，以火蒸水，水化為汽，以汽衝動而行百械。有電力云云者，仍仗蒸汽之力摩擦而生，若水涸油盡，非爆烈即崩潰矣。

氣血行於內者，謂之運。軀殼表於外者，謂之動。運動二字，係表裏運行之稱，所謂流水不腐，戶樞不蠹。推陳出新，借假煉真，是方外修煉之補助。故道家有五禽經，佛家有易筋經；道家有張三豐，佛家有達摩祖。考其運行之資源，捨精氣神無他道也。

鍛鍊者，寒暑不易，風雨無間之謂也。人身組織，除黃梅時節外，伏臘二季為最大變換。故歷來習此道者，於嚴寒盛暑，無不加意調攝，刻苦鍛鍊，以其能長功夫，且不易退轉也。所謂練者，每次演習至出汗，否則謂之裝腔作勢，膚淺無效。常人初汗始於頭部與兩腋，繼則腰腹或兩股，若至小腿有汗，則宜止矣。如吾輩馳馬，若見馬耳背有汗，則須停馳，不然有傷其生命。

通常拳廠中，每日未明前四點即起，練一小時後復臥。待天明早餐後，向野外散步，呼吸清新之氣，歸來午餐。下午中睡一小時，三四時起，復練一小時，或二小時，七時晚餐。夜間八時練至九時止，十時即睡，此為專門練習。吾輩有職務者，當以早晚二小時為度，或早晚合為一小時，或合為半小時皆可。總求其歲月之久，不求一日之長也。

五、太極拳各派談

太極拳，近年來風行南北，可謂國術界中最普遍之拳術，遍觀各處，各人所練，各不相同，可大別為三派：

1. 河北郝家派

此派不知始於何祖，聞係河北郝三爺所傳，逑者忘其名，世以郝三爺稱之。

三爺於清季走鏢秦晉間，身兼絕技，善畫戟，名震綠林，鏢局爭聘之，實為山陝道上之雄。余見天津蔣馨山、劉子善等，皆練此拳。南方習者不多，吾師李芳宸先生南來時，其家人及同來各員，皆善此。手法極複雜，其動作較楊陳二派增添一倍，約有二百餘式，表演一週，時間冗長。

據吾師云：「此於拳式之外，加入推手各法，故較他派手法齊備，因太繁細，頗不易記，諸君既習楊家派，其理一貫，毋須更習。」余☒願朋儕學習之，計費六十餘日，不能卒業，可見其繁細矣。孫祿堂先生云：「此拳之長，極盡柔順之至。」爾時余忘索其拳譜，不知與陳楊兩派之理論，有無異同也。

2. 河南陳家派

即河南溫縣陳家溝世傳之拳。余所稔者，如陳君伯瑗，及績甫叔侄，子明昆季等，皆陳氏之裔，而世其術者。

據子明、績甫二兄云：其先世以此報國保鄉，立功勳者累累，故合族皆習太極拳，略分新架子與老架子兩種，並有所謂太極炮拳者。余閱其動作及所示拳譜，完全與楊家所傳者不同。其手法剛，其步法重，運勁一切，卻有獨到之處。可異者，即陳氏各人表演，亦覺不盡相同。

近聞張之江館長，派人至陳家溝考察，攜帶其世傳拳譜付梓，與子明兄所刊行本亦有歧異。揣其緣由，想因歷次傳抄，不免魯魚亥豕（因文字形似而致傳寫或刊刻錯誤），或有心得者，從而修改增減之，轉輾變易，遂有出入矣。

3. 北平楊家派

即世稱楊無敵楊露禪先生所遺傳，如楊班侯、楊健侯、楊夢祥、楊澄甫、許禹生、吳鑒泉等，亦各不同，大致分為大架子與小架子兩種。余嘗以此事問之澄甫先生，先生答曰：「先求開展，後求緊湊。初習者，宜大架子，能使筋脈舒張，血氣充行，確定方位，表示工夫。到用時，要快要便，宜小架子也。家兄現在練的，都是打人法則。」

其意若曰：基本功夫尚未做到，欲越而學打人，等於小孩，平路尚不能走，先要學跳，其可得乎？例如學游泳，平穩靜水之中，尚不能浮泳，欲涉驚濤駭浪之江海可乎？又習騎馬，粗淺之慢步未有把握，而欲跳越障礙可乎？古人所謂登高必自卑，行遠必自邇，實為至理名言。總之打人之事，非日常所需，而康健實為須臾不可離。試問吾輩，何者為要，何者為惡？本篇所述，皆屬平庸之談，卑無高論，倘讀者能循此而進，日計不足，月計有餘，於康健上不無裨益。至於驚奇駭俗之論，好高騖遠之談，是非鄙人所知矣。

近日一般學者——非徒弟之列，指普通學者——往往求速求快，最好將太極拳五六步工夫，數十年學力，在三兩日內學成。故近年學太極拳者，由北而南，黃河流域，長江流域，浸至於珠江流域，不下數十萬人。即以浙省而論，十餘年來亦有數千人，至今能稍有成就者，幾寥若星辰。即以普通能在推手上將掤、捋、擠、按四字分得清楚者，亦不多見。其原因何在耶？一在求速，二在無恒，好高騖遠者，決無成就。總之吾人先從基礎上練起，決無錯誤。

第一求氣血充足，然後能精神飽滿，身體強健。務使架勢正確，舉動合法，使其有利而無弊，循序而漸進，不在思想之急迫，而在學力之勤惰，與方法穩妥否也。楊夢祥先生，拳架小而剛，動作快而沉；常使冷勁，偶一交手，肌膚輒痛，所指示者，類多應用方式。其功夫，確得乃祖真傳，惜非常人所能學，文弱者不堪承教，無根底者無從領悟，且性情剛烈，頗有其伯楊班侯之遺風。同志中，每興難學之慨，故其名雖盛，其徒不多。

澄甫先生即夢祥先生之胞弟，架子開展而柔順，手法綿軟而沉重，所謂綵棉裹鐵彈，柔中有剛。好太極拳者，均歡迎之。但仍有不願與其推手者，每一發勁，輒被撲跌尋丈以外，為弟子者，仍難領受其內勁滋味。余嘗問澄甫先生，教人何必如此。先生曰：非如此，無以示其勁，若隨隨便便模模糊糊，君等何必來，豈不徒耗光陰，虛糜金錢耶？十八年秋，楊為浙江國術館教務長，余常與推手，某次比演雙按，楊順勢一撲，其手指並未沾著余之衣襟，而余胸間隱隱作痛多時。照常理論，手臂既未接著，何來疼痛之感？殆所謂拳風者耶？余詢之楊，楊曰：內勁耳，氣耳。余至今仍不解其所以然也。

據田紹先先生云：當年學習時，以拳盡力擊楊健侯老先生之腹，老先生腹一鼓，紹先跌出庭外，而老先生仍安坐椅上，手持煙筒呼吸如常，若不知有所舉動者。後與澄甫比試，被擊於右脅，而痛於左脅者月餘。凡此種種，皆為技術上不可思議之事。然考紹先之功夫，其手法之妙，出勁之沉，實非普通太極拳家所能望其項背。余非為其宣傳，凡有太極拳有歷史者，莫不知田紹先為太極拳名家也。他如武匯川、褚桂亭、陳微明、董英傑諸君，同為澄甫先生入室弟子，行道於南北者亦有年，聲譽籍籍，頗為社會人士所欽仰。而手法仍各有不同，理論亦各有其是，其他私淑者可知矣。

以上三派拳法，各有特長，各盡其妙，不能從同，亦不能強同，其中並無軒輊可分。在學者，更不得是此而非彼。要之一種藝術，能歷千餘年而不廢，博得一般人士之信仰，其中確有不可磨滅之精義，令人莫測之妙用存焉。

據以上情形，無論係何派何師，一家所傳，一人所傳，其動作多少，皆不能同，亦不必盡同。不僅太極拳如此，即彈腿一門，有練十路者，有練十二路者，有此為回教一門之藝，尚且有兩種之分。又若少林門各拳，有宋太祖拳，有岳家手法，此傳彼授，各是其是，各非其非，惟情理論總須一致。設或理論不同，則其宗派顯然有別，不得謂為同門矣。以此質之海內專家，以為如何？

練拳（一）

練太極拳全套架式，每日學一二式，繼續不斷，以常人資質，約一月可以學全。須經兩月之改正，再加一月之苦練，共計四個月，其式樣姿勢，即離開師傅一年，可以不致變換。若僅一月光陰，粗知大略，不經改正，則不得謂之學會。因稍有間斷，其方向與動作，早已走變矣。但每日仍須復習，不可間斷。若每日兩遍，能使純熟；每日三遍，能增功夫；每日一遍，不過不忘而已。

練拳（二）

學習拳架，自第一動起至末尾止，謂之一套。其中名目百餘，式式皆要綿密周到，而且要輕靈沉著，無有一式可以隨便，無有一式可以丟頂——丟者離也，頂者僵也。四肢百骸，從輕，從綿，從柔；輕而不可忽，綿而不可斷，柔而不可疏。若注意而起僵勁，此所謂頂，便離太極門徑矣。學者切宜注意之。

練拳（三）

練太極拳一遍，其經過時間，是急長愈妙，有練一遍，需一小時以外者。練慢之後，亦須練快，有以數分鐘內練五六遍者。無論慢快，總以均勻為貴。譜曰：「毋使有缺陷處，毋使有凹凸處，毋使有斷續處。」初學之人練一遍，最少八分至十分鐘；如經五六年後，功夫已深，則可練快，惟須式式到家，不可因快而草率。

至於架式分三種：初練以高架子，繼則四平架子（眼平，手平，腿平，襠平），再則功夫日深，逐漸而進於低架子矣。山高而平而低，皆從功夫上來，不可強求，否則弊病百出，無益於學者。

練拳（四）

練架式，外面注意動作，務使勻靜。譜曰：「由腳而腿而腰，總須完整一氣。」內部氣分呼吸，亦要勻靜，若無事然，萬勿迸氣。心意不可呆滯。譜曰：「精神能提得起，則無滯重之慮，所謂頂頭懸也。意氣須換得靈，乃有圓活之趣，所謂變化虛實也。」

此外各變勁功夫，例如本係提手上勢之勁，一變而為白鶴亮翅之勁，再變而為摟膝拗步之勁。各式各氣，各氣各勁，由此式而變彼式。交接之間，換式換法，換法換意，由換意而換氣，由換氣而換勁。此中變換轉動之間，與學者內部之意氣運用，外部之四肢伸轉開合，有極大關係，務須依照譜中各論，而適合之。

練拳(五)

所謂增功夫者，即學者之氣日漸增長——不致氣喘身搖——手足日漸輕靈，腰腿日漸柔順，手掌足底日漸增厚，頭部與兩太陽穴日漸充滿。精神充足，思慮周到，發聲洪亮，耐肌耐寒。能鎮定，能任勞，飲食充分，睡眠酣適等事，可以證到。

練拳(六)

學拳法雖皆有益，而學者身體，確有相宜不相宜，乃有博學與選學之分別。

如年富力強，環境許可者，不妨由博而約，各家門徑，均可涉獵，結果則專修一門。若年事已長，且有業務關係者，則選其與己相宜者習練之易於得益也。

練拳(七)

例如身軀肥大者，可學通背拳、摔角等技。如身材中等而強壯者，可學戳腳拳、八極拳、太祖拳、形意拳等技。如身輕靈小巧者，可學地躺拳、猴拳、醉八仙等技。如年事已長，身體柔弱者，可學八卦拳、太極拳、金剛十二法等技。中國拳技繁多，今余不過舉其大概而已。

練拳(八)

專練拳架，是為運動衛身之術，修己之事也。學推手與散手，為攻避方法及練勁之術，敵人之事也。若年事已長，身有宿疾者，專練拳架，亦可卻病延年。如年力富強，環境優裕者，盡可專聘名師，為升堂入室之研究。

練拳(九)

據友人云：太極拳中各式，實兼備各家拳式。

全套中有八種法：如掤、捋、擠、按、採、挒、肘、靠。又有八種勁：如退步跨虎為開勁，提手上勢為合勁；海底針為降勁，白鶴展翅為提勁，摟膝拗步為進勁，倒攆猴為退勁，抱虎歸山為右轉勁，肘底捶為左轉勁。

又有八種式：如十字手，少林門為平馬式；摟膝拗步，少林門為攻步式；下勢，少林門為撲腿式；金雞獨立，少林門為獨立式；手揮琵琶，少林門為太極式；搬攔捶，少林門為坐盤式；栽捶，少林門為麒麟式；跨虎，少林門為懸腳式，共為八式。

無論何種拳法，總不外此八式，故稱拳師為把勢者，即實八式之訛也。

八快歌

行如風，站如釘，
升如猿，降如鷹，
錘賽流星，眼如電，
腰如蛇行，腳賽鑽。

太極拳中八法八式之外，尚有八腿：如翅、蹬、起、擺、接、套、襯、採。清末時所練者僅四腳：如左右翅腳、轉身蹬腳、二起腳、擺連腳。現在竟致僅練翅蹬擺三腳，其他四法，更無所聞。

如接者，見敵腿來時，以我之腿接其腿而踢之，謂之接腳。套者，見敵腿來時，套出而踢之。若敵從左方踢來，我套在右方踢之；敵從右方踢來，我套在左方踢之，謂之套腳。襯者，以我之腳踢敵腳之內側方，如襯其內，謂之襯腳。採者，即以腳橫斜而採之，用在敵來我側方時踢之，謂之採腳。

此四腳極不易練，亦不易用，須有長久單練功夫為之補助，不然，不能應用自如。想後來一般教太極拳者，因不能使人人普遍學習，且年長身弱之人更難習練，故除去之。但其應用之巧妙，踢法之齊備，不可不表而出之也。

踢腿要領，有「直起風波」四字。直者，踢腿蹬腳，無論向前向側，總須要直，若不挺直，不能貫徹功夫。起者，高也。踢腿蹬腳，皆要高，能高可滿足企圖，最小限度亦得踢過腰。練時能高，用時可以如意。風者，踢出蹬出時，快而有風聲，此言其快。不快無風，即不能出勁。波者，踢出之腿，自腰際至腳尖，有波浪形狀，表示腿勁貫到腳尖之意。

有此四字，可以稱踢腳要領齊備。不僅太極拳如是，無論何門何拳，基本要領莫不如是也。

踢腳與踢腿不同，以腳尖腳邊腳掌打人者，謂之踢腳蹬腿；以腿之全部打人，或以腿之後跟打人者，謂之踢腿，其要領同。據此道中人云：「手如兩扇門，全靠腿打人。」「八式無真假，指上便打下。」足見用腿之重要矣。

練拳(十)

習練拳術，最要注意手、眼、身、法、步五大項。所謂手者，即掌拳肘合腕等動法。所謂眼者，即左顧右盼，或向上向下等看法。所謂身者，即肩腰胯等動法，如含胸拔背，轉換等事。所謂法者，即拳術各種名式，如太極拳中各名稱，紅拳中各名稱，花拳中各名稱。各拳各路，各套各法，不勝其述。要皆拳路中，打人之方法也。

所謂步者，是練拳人最易疏忽而最要之事。步為根基，快速在步，穩固亦在步。著與不著在步，巧與不巧亦在步。此道中人曰：「手到腳不到，自去尋苦惱，低頭與彎腰，傳授定不高。」此兩句話，五種方法皆說到矣。

武滙川先生名言：練太極拳之要旨，務須身盤中正圓滿。氣要鬆，手按時。要從肩肘□□□出。兩肩要鬆，兩肘要下沉，尾閭要收。腳落地時，先虛而後實，上下一致，式式均要圓滿。頭要提頂，氣沉丹田。練時要慢，快則氣即上浮。

田兆麟先生名言：

(一)「化勁」之最重要者，是順人之勢。尤其是快慢要相合，過快則疲勞易生中變，太慢仍未能化去。

(二)「發勁」先要化勁化得好，才有發勁的機會。機會既得，即宜速效，其勁要整，要沉著。

(三)「攻人」全在得機得勢，機會未到，不當攻人。「雙分」「擊分」時候要合得上。掤勁亦甚重要。靠勁先要化得合法，靠時要快，要有一定目標。凡此種種，苟非著實久練，不能得心應手。

推手（一）

習練拳架，係一人虛擬，其勁之如何？究屬渺茫。故進一步練推手，即實現其掤、捋、擠、按、採、挒、肘、靠之用法。換言之，以循環的攻避方法，來試用太極拳打人避人手段是也。其中最難者，即聽、化、拿、發此四字功夫。所謂聽者，即以我之手腕身軀，與對方接觸時，剎那間知其動作變化，謂之聽；同時避其攻擊，謂之化；同時定其作用，謂之拿；同時攻其弱點，謂之發。詳言之分此四段，而實在是一剎那間為之。故此四字功夫，甚難甚難，雖畢生研究，亦無止境。其總訣在一圓圈，其化也發也避也攻也，無不以圓圈為之。所謂太極者在此，所謂妙用者亦在此（採挒肘靠同）。

推手（二）

以余個人之揣擬，初練習推手者，於掤、捋、擠、按中，先以兩人合作五個大圓圈來試演之，名為基本方法。

一、平面圓圈；二、直立圓圈；三、斜形圓圈；四、前後圓圈；五、自轉圓圈。先將此法習演純熟，以後可以變化各種圓圈，而妙用之。但此五圈，非面授不可，筆墨之間，難以盡其動作。

初試圓圈大而笨；繼則小而活；再則其圈不在外而在內。有圈之意，無圈之形，一剎那間，而妙用發矣。到此地位，可以意會，不可以言傳，莫知其妙而妙自生，非有長久刻苦功夫不能到也。

推手(三)

推手為太極拳實驗之方法，已如前言之，此外須要注意者有三。

第一，不可存爭勝負之心。彼此既為同道，自有互相切磋之誼，動作稍有進退挫折，並無勝負榮辱之可言，何可在此計較而生嫉妒之念？

第二，不可存賭力之心。太極之妙是在巧，非在蠻力。譜上云：「察四兩撥千斤，顯非力勝。」若恃蠻力，是非研究太極拳之道矣。

第三，不可存作弄之心。凡屬同道，皆當互愛互助。彼高於我者，應謙恭而請教之；彼不如我者，當誠懇而指導之。語云：他山之石，可以攻錯。勿以其力弱可欺，而出我之風頭，似非同道者所可有也。

推手(四)

兩人一交手，即須研究手、眼、身、法、步五項，並練掌、拳、肘、合、腕，肩、腕、腰、胯、膝、腳各勁，及掤、捋、擠、按、採、挒、肘、靠，前進、後退、左顧、右盼、中定十三勢，方始為推手之目的，推手之本事。每見普通學者，不按上列諸法習練，俗語所謂磨豆腐者，雖千遍萬遍，有何益焉？

推手(五)

初習此者，最好選身體大小相等之人，靜心細想而琢磨之。或有不對處、不領會處，請師詳細指導之。勿憚繁勞，勿稱意氣，而專心一貫研究，自有水到渠成之一日。

推手(六)

今將拳論上之聽、化、拿、發等功夫，分注如下。

王宗岳先師論曰：「人剛我柔謂之走，我順人背謂之黏。」此二語，即言我與敵接著時，敵以剛硬來撲，我以柔化之，是為化勁。借其勁，使陷於背勢，而我處順勢，仍不與敵脫離，是為拿勁。上句是聽勁中帶化勁，下句是化勁中帶黏勁。能使敵陷於背，我處之順，向其背處稍一發勁，則敵必如摧枯拉朽而撲跌之，能得此機會，謂之拿。

又曰：「曲中求直，蓄而後發，蓄勁如開弓，發勁如放箭。發勁須沉著鬆淨，專注一方。」是為發勁。但以上聽、化、拿、發四步功夫，須從黏字中練出來。又曰：「動急則急應，動緩則緩應。」即謂敵來步快，快應之，來得緩，緩隨之。但我總不與敵脫開，是為黏勁。若手臂不沾連，腳步不跟隨，如何能聽，能化？更不能拿，不能發矣。

其「行功心解」曰：「往復須有折疊，進退須有轉換。」此言與敵靠近時之變換身法也。續曰：「極柔順而後極堅剛，能呼吸然後能靈活。」係指示內部運化功夫。再曰：「邁步如貓行，運勁如抽絲。」形容其舉步如貓行之輕靈穩固，運勁如抽絲之不斷不猛，係指外表功夫。

要實驗以上所云，皆離不了論中所謂：「由著熟而漸悟懂勁，由懂勁而階及神明。」換言之欲懂勁，非由接著與熟練不可，且如階級的一層一級，而達到神而明之之地位也。但學者，從何而懂勁？從何而接著？從何而熟練？只有從推手做起。

推手(七)

凡學習推手者，身體切不可前傾後仰。若前傾，重心偏於前方，對方用掤勁，易於向前跌倒。如後仰，重心偏於後方，對方用捌勁，亦必向後跌倒，此其一也。彼此一交手，他方必有攻誘方法，我方必須保留轉換變化之餘地。惟身軀中正，則有餘地可以左右前後過旋也，此其二也。

在推手時，遇對方手腕沉重，或來勢猛烈，一不可兩手縮緊，二不可使用蠻勁，三不可胸中迸氣，四不可身向後退。如兩手縮緊，長度必定減短，不能夠著對方。使用蠻力，全身必定僵硬，猶如笨伯，其原理是與太極相反，所學方法無可使用矣。至於胸中迸氣，血液停滯，面色逐漸變青，實屬有礙生理。身向後退，被人隨勢進攻，無有不敗。學者於此四弊，切宜注意！

推手（八）

凡初學者，無論練拳，練推手、大捋、散手等技，一要觀人練習，凡有身法好，手法純，步法靈，可為學範式者，皆須一一留意而深記之。二要聽人講解，如遇前輩，及同學中有心得之談，經驗之論，均宜虛心靜聽而領會之。三要實地鍛鍊，此為實際功夫而達到能實行地位。若只知鍛鍊而不知觀與聽，古人所謂盲修瞎練，小則勞而無功，大則有害身心，結果所得與目的相反也。

推手（九）

推手與練拳，既已如上述。其屬於本身者，即以「虛實」二字。四肢百骸，均要有虛實之分。剛柔之別，如進退起落無虛實，必定笨滯，不能輕靈也。兩足固宜分虛實，一足亦須有虛實。非但兩手有虛實，一手亦須有虛實。

論中云：「虛實宜分清楚，一處有一處虛實，處處總有一虛一實。」王宗岳先師曰：「每見數年純功，不能運化者，皆自為人制，卒不能制人，則雙重之病未悟耳。」所謂雙重者，即虛實不分。先師又曰：「雙重則滯。」滯者，運用不能輕鬆，便為人制。又曰：「偏重則隨。」若偏重一手，或偏重一足，而不寓有虛實者，必隨人受制。又曰：「欲避此病，須知陰陽，陰不離陽，陽不離陰，陰陽相濟，方為懂勁。懂勁後，愈練愈精。」所謂陰陽者，包含虛實也，剛柔也，收放也，開合也，進退也，起落也，閃轉也，騰拿也，皆在其中矣。

所謂剛柔者，與人推手時，兩手相接，神氣外揚，肌肉堅硬，轉變擴大。發勁能動中心者，是人練械多而練拳少，其勁屬於剛也。兩手相較，動作綿而細，步法身法輕靈，接著如有力，打去猶無物者，是人練械少而練拳多，其勁屬於柔也。若能神氣安舒，身穩如山，上下相隨，發勁沉長而震動全身者，是人剛柔具備，其勁陰陽相濟矣。

學者須知柔勁與剛柔，並非如物理化學之專科。吾人終年練習，有時屬於剛勁，有時屬於柔勁，惟剛柔相濟，為最少耳。練劈掛八極等拳者，發勁大半偏於剛勁。練八卦太極者，往往偏於柔勁。其實無論何門何拳，均須剛柔兼備，陰陽相濟，方為拳藝之正宗也。

推手(十)

推手動作，表面上雖在手腕，而實際上全在腰中。亦可以說手是三分，肩是一分，胸是一分，腰是五分。若肩不能鬆，胸不能涵，腰不能活，全仗手腕，決不能化人，亦不能發人。此事在練拳架時，即須注意。此外步之穩不穩，係在襠勁。細言之，即胯、腿、腳三部分連繫動作。換言之，能沾連否，是在上身，即手、肩、胸是也。能跟隨否、穩定否，是在下身，胯、腿、腳是也。但上下運動之樞紐完全在腰。譜上云：「其病必於腰腿間求之。」腰勁一事，不但太極拳所重視，如形意八卦，均極注重，即少林門亦無不注意之也。

以上所言，係形質之談。至於內部，氣之一字，先從意字起。意之所到，雖未必是氣之所達；氣之所達，未必即血之所充，但非由此無從入手。故先以意導氣，以氣行血，久之意與氣自能合一，氣與血自能相隨。

其《行功心解》曰：「以心行氣，務令沉著。以氣運身，務令順遂。」心者，察也。身者，血肉也。但運行之間，於「沉著」「順遂」兩語，切宜重視，否則非流入漂浮，即陷於彆扭。至於沉著之法，即氣沉丹田。順遂之法，即活用腰腿。內外一致，方合其義。須用默識揣摩功夫，而後能從心所欲，其細微原理，俟軍書稍暇，再詳言之。

一般練拳與推手者，大半注重在上部，手法如何如何，身法如何如何，前已言之。但不知下部之關係，實比上部為重要，其變化與進步，須從實地試練出來。教拳人，初則高低大小不能自然，動作不能穩定。繼則動作漸勻，步法漸穩。再進則舉止輕靈，隨心所欲。

至於推手經過，初則腰腿硬直，搖擺不定。再則旋轉進退，逐漸穩固。再進則心手相應，腰腿一致。

大捋

太極推手功夫分作三步：其初則原地推挽為第一步。繼則活步推手（即此進彼退、彼進此退之法）為第二步。其意為原地練習既熟，繼而練行動中掤捋等法，但此不過直線之行動而已。此法練熟，繼而練四斜角行動方法。大捋者，即練習四斜角之方法也，為第三步。練大捋之靠者，前進必須三步，方與捋者成正直角，若用兩步必斜。至於捋者，必退兩步，若用一步，不能避對方之攻擊。此方捋，彼方靠；彼方捋，此方靠，往復循環而演之。無論何方，在捋在靠時，其架式要低，腰胯要正，方合其要領也。

推手中九節勁使用法

掌：雙按掌、單分掌、雙分掌、高探馬掌。

拳：搬攔捶、雙風貫耳捶、栽捶、折疊捶。

肘：單肘、雙分肘、抉腕肘。

腕：單分腕、雙分腕。

肩：單採靠、雙分靠。

胯：正胯（大捋）、側胯（換手）。

膝：雙採膝（獨立金雞）。

腳：左右分腳、獨立蹬腳、穿梭套腳、穿梭襯腳等。

散手：第四步為散手，計分兩種：

(1)利用太極拳中之各式，兩人對打。例如甲用雙風貫耳打乙，乙用雙按破之。甲用捋打乙，乙用單靠破之。二人連續對打，如花拳中之對子，惟轉變發勁不同耳。若不習之，則太極拳各式之應用不知，直等於學單人跳舞矣。

(2)上列散手對打皆係預定方式，雙方編練成套。第二種則不然，雙方均無預定，亦無式樣，各方一做準備姿勢，即開始攻擊。或緩或急，或高或低，或方或圓，用拳用腿，各聽自由。

大致歷來相鬥方式，一為圓形方式，如甲在中心，乙游擊四周。其次縱形方式，直來直往，二人中你來我往，我退你進，成一縱形決鬥式。與彼比試，大半不外此二式。二人一交手，謂之一合。戰鬥合數之多少，全在平日練架。氣分之長短，拳足之準否，發勁之大小，全在推手大捋之精粗。此段功夫，完全實用功夫，亦可謂最後一步功夫。習此者，非常練、苦練不可。

初期與師傅對打，為師者常要讓生徒撲擊，此道中人所謂餵腿餵拳是也。為師者若不人餵之，生徒無從得其三昧，是為師者最難最苦之教授。一則難得機會，既要精神充足，又要無人偷視，且須身授撲擊，不免痛苦。二則防生徒學成，而有欺師叛道行為，或者忌其優勝於師，而師自失其地位與生計。故為師者往往不肯教授，實有不得已之苦衷存矣。學拳如是，學器械亦如是，其困難更甚於學拳。

太極拳散手對打名稱

⑴上手　上步捶
⑵下手　提手上勢
⑶上手　上步攔捶
⑷下手　搬捶
⑸上手　上步左靠
⑹下手　右打虎

(7)上手　打左肘
(8)下手　右推
(9)上手　左劈身捶
(10)下手　右靠
(11)上手　撤步左打虎
(12)下手　右劈身捶
(13)上手　提手上勢
(14)下手　轉身按
(15)上手　擢疊劈身捶
(16)下手　搬捶（開勢）
(17)上手　橫挒手
(18)下手　左（換步）野馬分鬃
(19)上手　右打虎（下勢）
(20)下手　撤步捋
(21)上手　上步左靠
(22)下手　轉身按
(23)上手　雙分蹬腳（退步跨虎）
(24)下手　指襠捶
(25)上手　上步採挒
(26)下手　換步右穿梭
(27)上手　左掤右劈捶
(28)下手　白鶴亮翅（蹬腳）
(29)上手　左靠
(30)下手　撤步搓臂
(31)上手　轉身按（捋勢）
(32)下手　雙風貫耳

(33) 上手 雙按
(34) 下手 下勢搬捶
(35) 上手 單推（右臂）
(36) 下手 右右臂
(37) 上手 順勢按
(38) 下手 化打右掌
(39) 上手 化推
(40) 下手 化打右肘
(41) 上手 採挒
(42) 下手 換步截
(43) 上手 右打虎
(44) 下手 轉身撤步捋
(45) 上手 上步左靠
(46) 下手 回擠
(47) 上手 雙分靠（換步）
(48) 下手 轉身左靠（換步）
(49) 上手 打右肘
(50) 下手 轉身左獨立
(51) 上手 退步化
(52) 下手 蹬腳
(53) 上手 轉身（上步）靠
(54) 下手 搓左臂
(55) 上手 轉身（換步）右分腳
(56) 下手 雙分右摟膝
(57) 上手 轉身（換步）左分腳
(58) 下手 雙方左摟膝

(59) 上手　換手右靠

(60) 下手　回右靠

(61) 上手　撤步捋

(62) 下手　順勢靠

(63) 上手　回擠

(64) 下手　轉身按

以右列上下六十四手，僅利用太極拳全套之半，其餘容暇時續記。

簡易擒拿術

裹轉法，外轉法，撐槁法，爪肩法，請客法，反請法，捲蹄法，打滾法。別翅法，捆豬法，撕翅法，杖逼法。

上列十二種拿法，簡單易學。稍練拳術者，一經指授便可使用，實為旅客防備宵小之要術也。

奪手槍法

懷中抱月，湘子挎籃，壯士背虎，童子別肘，倚碰擠靠，貼身靠臂。

上列六種奪法，有正面使用與背面使用兩法，須拳術有根底曾習擒拿者，方能得心應手，其要領是在心氣沉著，動作敏捷也。

練勁

無論練拳與練器械，總須將內勁練到四肢。如練器械，不論劍槍等藝，則須將內勁達到器械之尖。劍則劍尖，槍則槍尖。至於勁之大小，因先天稟賦之不同，不能苛論。能到器械之尖，武藝功夫可算到家矣。

但練習程式不可躐等，先在徒手時，將身軀之勁貫通肩、臂、腿、腳四部，而後到手尖足尖。要此步功夫做到，亦須三四年。然後再用短器械，練到長器械，要使內勁貫到器械上甚難，非徒手功夫可比。

個中人謂透三關：第一關將勁貫到械上；第二關由械柄通過械中心；第三關達到械尖。此三關功夫，不在本身力之大小，而在平日水磨功夫如何。由科班出身者（從徒弟出來）下過苦功，大半能透三關，一般票友中所能者無幾矣。

練勁之經過即如上述。今將「太極拳勁」之種類分述如下：

一、柔勁

又名「黏勁」，此太極門最初之練勁法。拳譜上所謂「一舉動，周身俱要輕靈，尤要貫串，無使有缺陷處，無使有凹凸處，無使有斷續處。」初練拳架時全用「柔勁」，否則不能貫串，必有缺陷與凹凸斷續之病。

王宗岳先師論曰：「人剛我柔謂之走，我順人背謂之黏」「不偏不倚，忽隱忽現，左重則左虛，右重則右渺。」（此係與人交手之柔勁功夫，推手時便可用之）《十三勢行功心解》云：「極柔軟而後極堅剛。」又曰：「邁步如貓行，運勁如抽絲。」

楊鏡湖先生約言曰：「似鬆非鬆，將展未展，勁斷意不斷」等語，即將柔勁之理，說得極其明顯。其效用在能黏能吸，與敵黏住，總不使其離；將其吸住，使其為我制。初學者，均須從此入手。若初學之人不注意於此，便離太極門徑，決難成就。

二、剛勁

又名「斷勁」，有稱「冷勁」，有稱「捌勁」。其名不同，其法則一。其性激烈，發時如炮彈爆炸。

譜上云：「動勁如百煉鋼，無堅不摧。靜如山岳，動如江河。蓄勁如開弓，發勁如放箭，曲中求直，蓄而後發」「發勁須沉著鬆靜，專注一方」等語，皆指示剛勁之法。其效用，是將敵人掃蕩無餘。

練此勁時，注意在猛而長。若發勁短促，雖剛烈，亦無多效用也。

三、接勁

又名「借勁」，其勁中包含「聽勁」「化勁」「剛勁」「柔勁」諸法。此勁最難練，是為最後功夫。敵勁到，我勁亦到。

譜上云：「彼微動，我先動。」換言之，敵勁之到我身，我即化其勁而發之。有時敵勁所到時，我已先敵而發之。總之我接敵之勁，借敵之勁而發之，其方向是在一個圓圈。敵勁觸身時，起一極小圓圈而發之，此圓圈非自力所能見，非初學所能知，非到微妙程度不能領會。語云：可以意會，不可以言傳也。

譜云：「得機得勢」。又云：「將物掀起，加以挫之，其根自斷。」歌曰「引進落空合即出」「牽動四兩撥千斤」「妙處全憑能借力，無窮變化洵非誇」

等，省言接勁要領，此中方法全須面授，又須熟練，非筆墨所能盡也。

比試

即由散手中學習而來。學習散手，有經驗，有進步，再下苦功，到比試時定有幾分把握。雖然遇到強敵，不能取勝，總不至意外吃虧。故散手一步功夫，實為練武者最後功夫，亦為練武者最後目的。

若練武人不會散手，便不能比試，便何能與人決鬥，在倉促中何能獲到效益？此西人所以譏我中國武藝為單人跳舞也。

今將關於比試之管見，試述如左：

比試在教練中謂之散手，在角逐中謂之比試，在衝突中謂之決鬥。其名目雖異，其效用則一，是爭勝敗於俄頃也。

吾人五官四肢皆同，雖稟賦各異，而性靈則一。我能見，彼亦能見；我能打，彼亦能打，所以能取勝者是在方法，是在熟練。有方法而不熟練，雖有等於無。單靠熟練而無方法，所謂盲修瞎練，亦徒勞也。

方法與熟練之要素有三：一要狠，二要快，三要準。

(1)狠者，能取攻勢，出手時能到家，能盡力，能克敵，若心一柔，便無用矣。

(2)要快，是在同時併發，彼發我先發。彼發短，我發長；彼發軟，我發硬；彼發柔，我發狠，是我勝矣。

(3)要準。準字為最重要，若出腿出手皆不準，心雖狠，手雖快，皆無用也。

點打五攻法

武當五攻法說明（同門山左韓慶堂記）

本法乃一點穴散手，其目的在養成學者，手眼身法步心之統一運用，對敵時不致手忙眼花，身滯法窮，步亂心慌，而能沉著應付以擊敗敵方也。

五攻法名稱圖解（對打時用指尖，如指未練成用拳亦可練。指法附後）

㈠（甲）單風扇耳
㈡（乙）順風掃葉
㈢（甲）摘星補斗
㈣（乙）雙鳳展翅
㈤（甲）孤雁出群
㈥（乙）迎風搖旗
㈦（甲）肋板掏脂
㈧（乙）抽樑換柱
㈨（乙）撩陰箭潭
㈩（甲）餓虎撲食

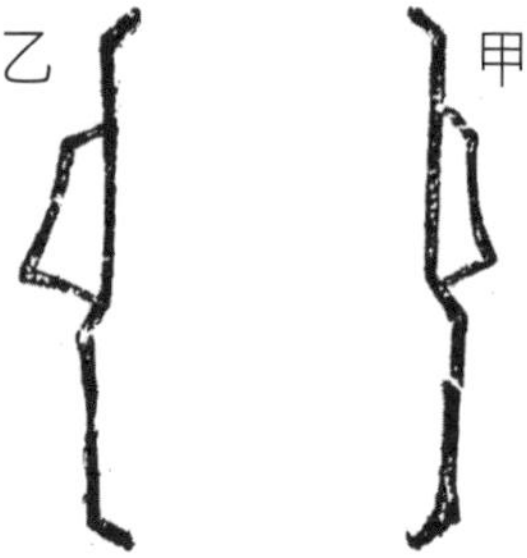

甲乙對練預備式

起式立正抱肘，距兩步，對練兩手攻解後收回以備還擊之狀。

(一)

(甲)單風扇耳

上右步，右掌打其腮。

（乙）用順風掃葉，退左步，以右手小掌邊削砍。

(甲)脈訣順式手背口右腮

(二)

(乙)順風掃葉（一式）

身略右轉，左手心向外迎接其手，用手掌貼其手背，二三四五指振其手心，下壓左開，右手反上投打其右乳下。

(三)

摘星補斗（二式）

(乙)用雙鳳展翅

身略右轉避其拳，以左手指向上抓其拳（掌），下壓左開，使其不能旋轉為度。

(四)

雙鳳展翅

(甲)用孤雁出群左手鬆開，用左掌砍摟其左手，右手換打其太陽穴。

(五)

孤雁出群

(乙)用迎風搖旗右拳向左上方橫開其拳（掌）。

(六)

迎風搖旗

(甲)用肋板掏脂以左拳（指）心向下，通打其右脅下。

(七)

肋板掏脂

(乙)用抽樑換柱右肘抽回，肘尖拐開其拳（指）。

(八)

撩陰箭潭

(乙)用撩陰箭潭用左腳尖踢其陰子或高骨。

(九、十)

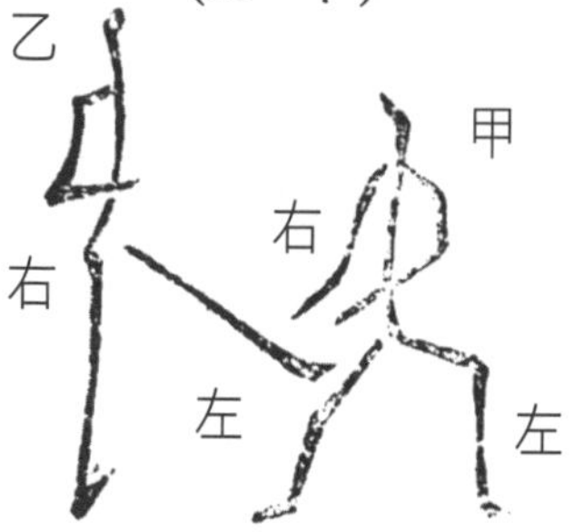

撩陰箭潭、餓虎撲食

(甲)用餓虎撲食，右腿後退一步，兩（拳）手撲按其足背。

(乙)左足落地。

(甲)左足後退一步。

(乙)右足上一步。如下式同。

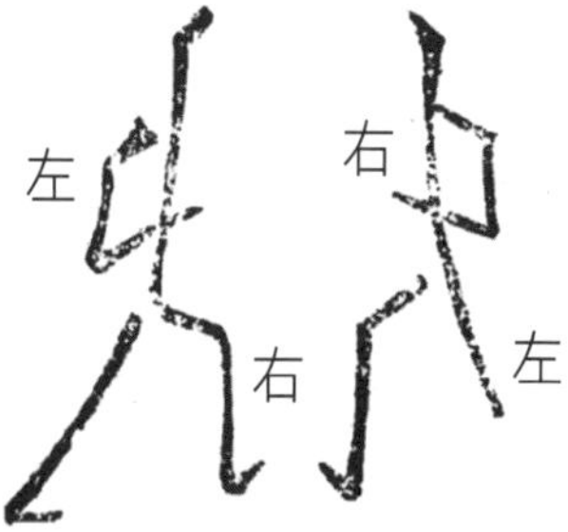

至此式為上段，是甲打乙；下段是乙打甲。

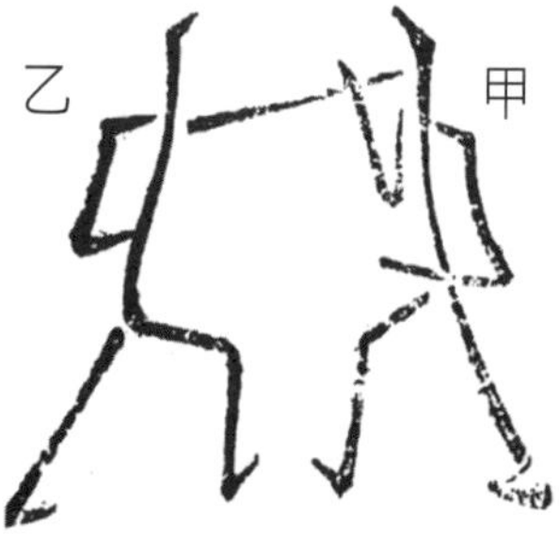

下段

循環練熟，熟能生巧，一巧破千斤，練成習慣，習慣成自然，就可隨意運用，不致被人所制也。

醫穴受傷藥方

三棱五錢　赤藥一錢五分　骨碎補一錢五分

當歸一錢　蓬朮一錢　胡索一錢

桃仁一錢　木香一錢　烏藥一錢

青皮一錢　蘇木一錢

共十一味同煎。

若大便不通，加大黃四錢。血凝氣滯，加砂仁三錢。

練指點穴法用油煎沸，滴二指上，遂急擦之使冷。如是三次，指生厚皮，再用砂插之，三年成功。另有煎藥練指法，錄於別冊。

武當對劍名稱

第一套　上下出劍式：對平刺，（陽手）對翻崩，上點腕，下抽腕刺，對提，對走，下翻格帶腰，上翻格帶腰，重二遍，下壓劍擊耳，（灌耳）上帶腕，

（崩勢）對提對劈，下刺喉，上帶劍刺喉，陽劍圈，上橫攪，下擊頭，上擊腿，下截腕，上帶腕，（保門勢）下左截腕，上抽腕刺胸，下截腕，上帶腕，（保門勢）下翻格，上抽腕，各保門完。

第二套　下上步擊，上擊腕對提，上刺膝，（箭步）下壓劍帶腰，（箭步）對翻崩，上點腕，下斜刺崩，上抽，下刺腹，上左截腕對劈，下反擊耳，上反擊腕，下抽腿，互刺腕抽腰走，重二次，下擊頭，上帶腕回擊，對提，各保門完。

第三套　下劈頭，上格劍帶腰，下格腕帶腰，上格腕帶腰，下格腕帶腰，上格腕帶腰，下壓劍，翻擊耳，（灌耳）上直帶，（崩勢），下提，上上步扣腕擊，下上步扣腕擊，對走，對反抽，下刺腹，上格腕，對繞腕，各保門完。

第四套　上洗，下陽劍圈起手，對陽劍圈，下陰劍圈起手，對陰劍圈，下進步攪。對攪，下抽，上下進退帶抽，重三遍，下崩，上抽，下上步刺，互壓劍，上擊腿，下反擊耳，下直帶，對提，各保門完。

第五套　對伏式，上刺，（中陰手）下擊腕，上抬劍平截，對截腕，對提，對走，上正崩，（中陰手）下帶腕，（保門勢）上進步反格，（中陰手）下抽身截腕，上上步截腕，下反截腕，上抽手截腕，下抽手截腕，上帶腿換步刺腰，下換步刺腰，上平抽，下刺胸，（獨立金雞式）上平帶，對提，各保門，各伏式，下刺胸，上平擊，對提，對劈，對刺，上格腕，下翻刺腕，上扣腕刺，對轉身劈劍各保門，上下收劍完。

劍法十三勢

武當劍法，大別為十三勢，以十三字名之：即抽、帶、提、格、擊、刺、點、崩、攪、壓、劈、截、洗，亦似太極拳之掤、捋、擠、按、採、挒、肘、靠、前進、後退、左顧、右盼、中定也。此外另有舞劍，未有定式，非到劍術純妙不能學習，非口授面傳，不能領會。

以上所編套子，即劍學泰斗李師芳宸以十三勢編練而成。對練時，審來度往，按法練習。初習時，宜慢不宜快，宜緩不宜疾。式式應到家，劍劍須著實。有時須注意用法與練法不同處。此其大概也。

武當劍法筆記（浙江溫嶺胡子謨記）

第一路　預備式（上手稱甲，下手稱乙）

甲乙各執劍就位——左手執劍反貼左臂外方，右手垂直貼右胯旁，兩足平立，離開之距約與肩等，身體正直，目平視前方。

出劍式

甲乙各交劍與右手——右手戟指，掌心向上，屈右腕與腰平，伸右臂向右與肩水平。頭向右轉，目視右手。轉左足向左方，轉身上右足，左足微屈，右足著地。同時，右手戟指向前一指，目視敵方。退右足同時轉身，兩手自左上向右後方畫一大圈，左右各收至胸前，右掌向上，左掌向下，將劍交與右手，斯時身體作勢下挫，重心寄於右足，目仍視敵方。

甲乙各伸劍平刺——斯時左足在前，右足在後，成弓箭步。左手戟指在左額前方，右手極力伸劍平刺，太陽劍。

甲乙對反崩——右足進一步立定，左足作探步，蹲身向下。左手戟指微屈，臂向左，右手以中陽劍反崩，頭向右，轉目注對方之腕。

甲點腕——突然起立轉身，收左足向左斜後方，半步著地，即出右足，作預備姿勢，足尖點地。右手以中陰劍尖點敵腕，左手戟指微扶劍柄。目注敵腕。

乙抽腕——乙亦突然起立，轉身立定左足，換出右足，向右後方退一步。右手以老陰劍從下方抽甲之腕。同時體重移於左足，成弓步。目視敵腕。

對刺——甲乙各將右足後退。右手提劍前刺（**老陰劍**），同時上體竭力向前探，左手戟指置左額前方，手掌向外。目注敵方。

對繞走（**換位**）——兩劍仍相交，甲乙各起右足，進步向左方繞走，對換位置，仍取前勢停止。

乙反格——乙以中陽劍反格甲腕。

甲帶——甲將劍轉為太陽劍，同時將肘往下一沉，劍往左帶，身半向左轉。兩足在原位置，左實右虛。目注敵人劍尖。

乙帶腰甲反格乙腕——甲見乙腕避去，已為我劍所不及，趁勢轉為太陽劍，帶乙之腰。乙即含胸轉腰，避過甲劍，同時將劍變為中陽劍，反格甲腕。如是往復三遍。

乙壓劍貫耳——俟甲劍反格，正轉變帶腰時，突然將劍變為中陰劍，往下橫壓甲劍，隨即起身，以太陽劍貫甲右耳，左手扶住劍柄。

甲直帶腕兼崩——右手用中陰劍，左手扶住劍柄，往後直帶復往下一沉，劍尖正對敵腕崩刺。

對提——乙避甲之劍尖，提腕變為老陰劍，刺甲之腕。甲亦提腕，變為老陰劍以防之。

對劈——甲乙各將劍尖自左下方向上繞一小圓圈，變為中陰劍，直往下劈攻敵之右腕。

乙刺喉甲黏帶——乙右手變太陽劍，左手扶住劍柄，由下往上正刺敵喉。斯時劍尖向敵喉，劍柄約當自己胸下。甲亦變為太陽劍，左手扶住劍柄，劍身黏住乙劍，同時身體微向右轉，帶去乙劍。

甲刺喉乙黏帶——甲既帶去乙劍，趁勢伸劍刺乙之喉。乙亦轉身黏帶，復反刺甲。如是三遍（**太陽劍圈**）。

甲橫攪乙隨之——甲俟乙劍刺來時，將劍黏住乙劍，向右向下橫攪之。同時舉右足交步向左繞走，乙隨之亦交步向左繞走，斯時兩劍相黏不離，隨攪隨走，各俟機會，但攪時各伸出右手，左手戟指置於左方，平掌向外。頭向右轉，目視敵劍。

乙擊頭——如前繞走，彼此互換位置時兩劍尖已第二次互攪至下方，乙劍正換至甲劍外方，甲劍正向上攪，乙趁勢以少陽劍擊甲之頭。

甲擊腿——身微向左後，披重點寄於左足，成左實右虛弓步，避過乙劍。同時右手變太陰劍，斬擊乙之右腿。

乙截腕——體重寄於左足，舉右足向左前方斜進半步，避去甲劍。同時右手變為太陰劍，斜截甲腕。

甲帶腕——右手變為太陽，往左肩前帶避，劍尖向敵方劍把，較肩略低。目注敵人。

乙上步截腕——右足向右斜方趕上一步。右手用中陰劍截敵右腕。重心移於右足，成右實左虛弓步。

甲抽手——將腕往下一沉，避去乙劍，同時右手變為老陰劍，從左向右抽乙握劍之手。

乙抽避甲刺腹——趁乙抽劍避開之時，用中陰劍直刺乙腹，斯時體重移於右足。

乙截腕——身微側讓去敵劍，右手用中陰劍橫截敵腕，斯時體重寄於右足。

甲帶乙反格——甲用太陽劍姿勢，將右腕往左前方一帶避開，同時收回右足移向左斜方半步，身半向左。目視敵方。乙劍跟隨敵腕由下往上反格，中陽。

甲抽腕保門——將右腕往上一翻，變為太陰劍，同時劍尖向下，由左往右抽乙之腕。退步（右足往後退一步）轉身。斯時右手微屈，高舉在右額前，成中陽劍，劍尖向敵方左手，戟指扶住右腕。身體向右，體重寄於右足，左足置於右足左前方半步，足尖點地。目注敵方。

乙帶腕保門——乙劍變為太陽，往左帶敵之腕，同時收右足至左足前方半步，然後變為中陽劍，右足往右後方退一步立定，成保門姿勢。（完）

第二路

乙上步擊頂——右足前進一步。同時右手以少陽劍擊甲之左頂，左手分開置於左後方。

甲上步擊腕——右足前進一步。同時右手用太陽劍擊乙之腕，左手分開置於左後方。

甲乙對提——乙先提，甲隨之，式如前。

甲乙對刺膝——各將右足微起，用左足著力一蹬，箭步前進，刺敵之膝。但兩劍相拒，各刺不中（此時另有動作，須面授）。

甲乙各上步反崩——當刺不中，彼此挨身而過時，各將劍變為中陰，竭力使用劍身黏住敵劍（防其趁勢而入帶腰或帶腿也）。斯時雙方各將左足前進一步，披身下挫，同時以中陽劍反崩敵腕。

甲轉身點腕——以左足著地迅速轉身起立，收回右足，成預備步，同時以中陰劍點敵之腕。

乙轉身斜步崩腕——迅速轉身起立，以右足著地，左足隨即向左側方移進一步，收回右足，成預備步。身向下沉，左手扶住劍柄，同時劍尖向上斜崩敵腕。

甲抽——將腕往右外避去乙劍，右腕下沉抽乙握劍手。同時，右足向右前斜方跨出半步，重心在右足。

乙刺腹——趁甲抽劍避開之時，用中陰劍直刺甲腹。同時，右足向右前斜移半步，重心寄於右足。

甲左截腕——俟乙劍刺腹時，將身略偏避去乙劍；同時，右手以中陰劍向前截乙執劍之手，重心仍在右足。

乙劈甲亦劈——如前對劈之式。

乙上步貫耳——右手變為太陽劍，左手扶住劍柄，上右足，探身伸劍，貫敵右耳。

甲平帶——右手用太陽劍，垂肘轉腰，同時將劍往右後方平帶乙腕，格開乙劍。

乙抽腿——趁勢將劍一翻，變為太陰，轉身抽甲之腿。

甲刺腕——向左斜方舉起右腿，避去乙劍，同時右手將劍尖指敵右腕刺去。

乙退步繞避。

甲進步追刺——乙向右退步繞避，甲向左進步繞追，雙方各循半圓形之弧線進退。

甲抽腹乙含胸轉腰刺腕——甲進至中圓形弧線將終點時，將劍轉為太陰，抽乙之腹。乙即含胸轉腰避去甲劍，同時將己劍轉為太陽，刺甲之腕。

甲退步繞避乙進步追刺——甲亦向右循半圓形弧線退步繞避，乙進步繞追，如是三遍。

乙壓劍上步擊頂——乙繞退將至終點時，突然止步將劍變為太陽，微抬其腕，讓甲劍從腕下刺過，趁勢將甲劍壓格於外方，隨即上步，擊甲之左頂。

甲退步帶腕上步回擊——退步避過乙劍，同時將劍往右外方平帶，復趁勢上步回擊乙之左頂。

乙退步抽腕保門——俟甲伸劍進擊，轉為中陽劍，從下方抽甲之腕，同時右足退一步保門。

甲退步保門。（完）共十九式，不同者十式。

第三路

乙上步劈頂——右足上步，右手用中陰劍，正劈甲頂。

甲格劍進步翻身帶腰——上右足，用中陽劍格，隨即向左前方進左足，復交步上右足，右手將劍轉為太陽，帶乙之腰。

乙格腕帶腰——一面含胸轉身，退右足避過敵劍；一面將劍尖下指，右腕上提，從左往右外方格甲之腕。甲既翻身避去，乙迅速向左前方進左足，復交步上右足，亦將劍變為太陽，帶甲之腰。

甲格腕帶腰——亦如乙之動作，如是互換繞走數遍。

乙壓劍貫耳——俟甲劍轉為太陽，尚未進步帶腰之際，用中陰劍往下橫壓，隨即起身上步，用太陽劍貫甲右耳。

甲直帶崩——起身微向後挫，用中陰劍直帶兼崩敵之腕。

乙提——如以前式，提劍刺敵之腕。

甲反擊腕——右足向左方交進一步，身向下蹲。同時將劍從左下方繞一圓圈，側面反擊敵之右腕，左手扶住劍柄。頭向右轉，目注敵右腕。

乙反擊腕——亦用甲同樣動作姿勢反擊。

對繞走——甲乙兩劍尖各指敵腕，蹲身繞走，從左方向右繞走，至互換位置時停止。

乙抽劍刺——突然抽劍向後變為中陰劍直刺，同時右足開一步向右。

甲反格腕——抽劍向後，同時右足開一步向右，用中陰劍，從敵腕下反格之。

乙直帶腕——微抬其腕，劍尖向下交敵之腕，隨即將腕往下一沉，向後抽帶。

甲反手帶腕——甲將肘往下往左避去敵劍，同時反腕成中陽劍，抽帶敵腕。

各退步保門。（完）

共計十五式，不同者六式。

第四路

甲上步洗——右足前進一大步。右手執劍從右下方往上洗，變為中陽劍，伸直右臂；左手戟指，置於左後方。兩足成右實左虛弓步。目視敵方。

乙上步帶腕（陽劍圈起手式）——右足向左前方側進一步，身體微蹲。右手執劍，從右上方經右下方向左前方復轉右前方，畫一螺旋形反帶甲之右腕，斯時變成太陽劍，伸直右臂，左手同時扶住劍柄。頭半向右轉，目注敵腕。兩足成交步。

甲上步帶腕（陽劍圈起手式）——亦如乙之動作姿勢，反帶乙腕。

對陽劍圈——甲乙各先進左足，同時將劍往自己懷中帶回，次進右足。同時將劍由左往右平走一圓圈，反帶敵腕，如是繞走三遍。

對陰劍圈——甲乙各將劍變為太陰。同時開右足向右側方探步，一面繞走，一面抽敵腕與敵腹，如是繞走三遍。

乙進步攬——如前繞走至終圈時，突然將劍往胸前收回，變為太陽劍，劍尖從右往左（在敵腕上）復從左往右（在敵腕下）繞攬敵腕，一面逐步前進，左手扶住劍柄。此動作全在腰腿手腕一致敏活，否則難以得勁勢矣。

甲退步攬——甲亦如乙之動作，但隨乙之進逼，逐步後退（進退之步法須四平步挫腰）。

乙退步抽帶——用太陰太陽劍，從敵腕下方抽帶，一面逐步後退（此式如太極劍中之獅子搖頭）。

甲進步抽帶——亦用太陽太陰劍，從敵腕上方抽帶，但甲用抽，則乙用帶，適與相反，一面逐步前進。

乙崩腕——退回原位置時，突然用中陰劍上崩甲腕。甲抽劍避之，兩手向左右分開。

乙上步刺頭——斯時見敵方正面無備，上步用中陰劍直刺其面。

甲壓劍——將頭向左側一偏，避過敵劍，同時右手將劍壓住敵劍向右下方。

兩足須左實右虛。

乙反壓——將敵劍反壓於左下方，兩足須左實右虛。

甲帶腿——趁我劍被壓時，進劍帶敵之右腿，隨即起身，將劍反擊敵之右耳，伸直右手。兩足右實左虛弓步。

乙直帶兼崩——身體微向後傾，同時用中陰劍，由前向後直帶敵腕，終仍變為崩式。

甲乙各提劍保門——甲先變為提，乙隨之。（完）

共計十七式，不同者十式。

第五路

甲乙各作伏勢——身向右後方下披，重點寄於右足；伸直左腿，近貼地面。右手變為太陽劍，橫於胸前，劍尖向敵；左手戟指，扶右手之腕。目視敵方。

甲上步直刺——聳身向前，右足前進一步。右手用中陰劍直刺敵胸。

乙上步擊腕——聳身向前，右足前進一步。右手用太陽劍平擊敵腕。

甲抬腕平擊腕——抬高手腕避過敵劍，同時以太陽劍平擊敵腕。

乙側身截腕——左足向左側開進一步，成左實右虛弓步，體重寄於左足。同時右手用中陰劍，從敵之右前方側截其腕。

甲側身截腕——亦如乙之動作姿勢。

對提對繞走——此兩動作已見前第一路中。

甲正崩腕——繞走至互換位置時，突然轉為中陰劍，崩敵之腕。

乙帶腕避——向左帶腕，避去敵劍。身體同時半向左轉，體重寄於左足，成左實右虛弓步。

甲進步反格腕——左足速進一步，同時以中陰劍，劍尖斜向下方如提劍式，左手扶住右腕，用力自下向上反格敵腕。

乙截腕——將右腕抬高，避去甲劍，從甲腕上繞過，用中陰劍截其腕。斯時體重移於右足，成右實左虛弓步。

甲上步截腕——速離開左手，將右腕往右一移，避過乙劍。同時右足前進一步，成右實左虛步，截敵之腕。

乙抽身截腕——略移右腕，同時抬腕，劍尖向下截敵右腕外方，兩足變左實右虛。

甲壓腕（或作截腕）——將腕往左避開，同時將劍從敵腕上繞過，下壓敵腕（用太陰劍，若截則用中陰劍）。斯時步法變為左實右虛。

乙抽手截腕——仍如前式。

甲帶腿——斯時右腕既被敵劍壓住，僅有趁勢從下往左帶敵之腿。同時體重移於左足，收回右足，移至左足前方半步。復趁勢刺敵之腰。

乙刺腰——蹺起右足，避過敵劍，迅速起立，將右足移至左足前方半步，身半向左，右手以中陰劍刺敵之右腰。

甲抽腕——抬高其腕，一面避去敵劍，一面以太陰劍抽敵之腕。同時收回右足，向右前方移一步。

乙金雞獨立刺胸——右手往左一帶，避去敵劍，隨即以中陰劍直刺敵胸。並提起左足，全身重點寄於右足，作金雞獨立式。

甲擊手——用太陽劍平擊敵之手指。甲乙各提劍保門，甲先提，乙隨之（上半完）。

甲乙各作伏勢——見前。

乙上步刺胸——上右足，用中陰劍，直刺敵腹。甲上步平擊。

對提——見前各式中。

對劈——用中陰劍直劈，取敵之左方，與以前各式中取敵之右方者不同。

對刺腹——中陰劍直刺。

甲反格腕——中陰劍從敵腕下方反格。

乙反帶腕——開左足，向左斜方上，全體向左傾，右手從敵腕上以中陽劍往左一帶。

甲反腕帶——與第三路末式乙之動作同。

各轉身劈——雙手捧劍，劍尖向下，轉身向右，上左足，復轉身退右足，當轉身退右足時，趁勢將劍舉起劈下。各保門。（完）

共計三十式，不同者十二式。

武當劍法五路共百一十劍，其中不同者有六十劍，李芳宸先生所傳也。武林黃文叔為先生入室弟子，余從文叔遊，因得而私淑焉。憶曩年寓杭垣湧金門時，距文叔之西湖新宅不數里，晨夕過從。每當酒酣耳熱，輒相與起舞，意氣豪甚。顧此年衰病侵尋，置不復習，強半遺忘，甚矣余之惰而荒也。

今春遇文叔於滬上，彼方以劍法授潘子時雨，傅子秀德，徐子梅岐，且假余庭園為演練之場，於是向之遺忘者歷歷然復印諸心目，濡筆記之備他日復習之用，且以記此一段因緣云。

民國二十八年歲次己卯三月一日　易箇齋主人子暮跋

摔角　擒拿　踢打

摔角之大概

中國拳術於踢打之外，有摔角與擒拿二藝。摔角為近身扭結時必要之技術，粗看似全仗膂力，詎不知方法之外，實有巧妙存焉。初學者，先以一人單練，如前進後退，轉身變臉，勾腳，挑腿，挺腰，坐馬等方式。但不行打，不行踢，如犯之即違章，為眾所不許。

初與師對練，與同學對比，如大別子、挑勾子、抹脖兒等等，全仗實驗功夫。最奇者，變臉一事，如對入使上把或下把時，雖轉身而不變臉，仍不能倒敵，一變臉敵必撲跌矣。此藝現在江南者，楊方五、佟忠義、王子陸諸君尤為之。習練工具，用專門褡褳衣一襲，腰帶一根。其行規，服此衣摔死不償命，其優劣以跌倒多次者為負。

比演時相約摔三十跤或五十跤為準。善此者，約定三十跤，可將對方摔倒三十跤，或可將人摔之上樓，或摔斷腰腿，竟至死者。故有人認此為危險之技藝者，其實在教者與學者之性情耳。

摔角方式甚多，另有專書，非片言所能盡。本篇略述大概，為學太極者一斑之助耳。

東瀛所謂柔道者，實係吾國古代所流傳。考其功力，確有湛深之成就。考其方法，尚不及吾國摔角之什一。惜吾國上下不能一致提倡，視為江湖末技，不足當大雅之欣賞也。

擒拿之大要

擒拿術，不行打，不行踢，亦不行摔，專以特種手術，將敵拿住。換言之，將敵之四肢之一部，用一方法，使其不能動，不能倔強，無可脫逃。敵如反抗，則其四肢之一部，必致苦楚難堪，或有折筋斷骨之虞，彼只得聽從我之使命，此之謂拿住。

今將各部拿法名目，開列如下：

第一頭部法 搬頭法，抓臉法，抓耳法，捏喉法。

第二肘部法 纏肘法，向上搬肘法，向上推肘法，轉身抗肘法，橫斷肘法，向下壓肘法。

第三拳部法 抱拳滾身法，捲拳法，扣拳肘拐法，扣拳壓肘法。

第四腕部法 單纏腕法，雙纏腕法，大纏腕法。

第五掌部法 反掌斷肘法，掣掌跨肘法，牽手法，扣掌按肘法，扣手拐肘法，捏手背穴法。

第六腿部法 倒坐腿法，搓腿法，拿陰破法。

踢打之部位

八可打、八應打、八不打三法。所謂八可打者，比演時可打而無害。八應打者，懲凶罰惡之舉。八不打者，打著便有危險。以上三種，亦是學技者不可不知也。今開列如下：

八可打：兩肩窩，兩上肘，兩背胛（背之上部），兩大腿。以上八處，可為師徒間練習撲打之用，尚無妨礙。

八應打：一打眉頭雙睛，二打口上人中，三打耳下穿腮，四打背後脊縫，五打兩肘骨節，六打鶴膝虎脛，七打腿下踝骨，八打腳背指脛。如遇暴客凶徒，舉動狠毒時，應打以上八處而懲之，使其疼痛昏迷，不致作惡也。

八不打：一不打泰山壓頂，二不打兩耳封門，三不打喉咽氣管，四不打胸間穿心，五不打乳下雙脅，六不打海底撈陰，七不打腰心兩腎，八不打尾閭中正。

以上八處，踢打中著，必有性命之虞，故不打也。

自然門

此門之拳術，從人身本來自然行動中練習之。其初步鍛鍊，手足、腰腿、目光各部，而於手尖腳尖，尤為注意。其練法，詳載於萬籟聲出版之《武術匯宗》（商務印書館），本篇不贅。

萬氏於中央歷屆比試，皆占優勝，其師即余盟兄杜心五也。杜氏年屆七旬，身懷絕技，目光如電。惜其學道心切，已入羽士之流，比聞遁入山林矣。

靈令門

此門之拳，可謂少林宗，最細全之技術。其初步先學五種模子，又名羅漢工，即基本功夫。而後學各種單式打法，其八種腿法，尤為他派所無。鍛鍊時，有靜動兩法，極繁細，極深刻，非普通人所能學習。

余兄劉百川，精研此藝，清季借此走鏢北方，革命軍興，護從蔣總司令北伐歸來，以年老告休，現聘為浙江國術館教務長。

勁與力之分

吾人四肢運動之效用，體育家名之謂「力」，武術家稱之曰「勁」。考「勁」與「力」之分甚微，所謂力者，天然漲成，其效用隨年齡疾病而增減。明言之：年齡少壯，其力強；年齡老大，其力衰。身體康健，其力充；身患疾病，其力弱。所稱勁者，則不然。由多年苦練而成，其效用不因年事疾病而退減。

曩年八卦先師董海川董老公，享壽九十餘歲，於臨命終時，有一壯士為其更衣，董不欲，一舉手將壯士拋擲窗外，至今八卦門傳為美談。足見內勁之不因疾病而減弱，可知矣。

今將全身之力，可練而成內勁者，列如下：

握力（掌勁），合力（擠勁），射力（捩勁），推力（按勁），拉力（採勁），拖力（捋勁），托力（肩勁稱勁），舉力（掤勁），提力（提勁），招力（腕勁），騎力（沉勁），排力（開勁）。

以上略分為十二種，其發勁之源，皆起於腳，出動於腰，而達於四肢也。

師生間之關係

歷來教拳者，雖口頭法一說教授，毫無分別，而實際確有三種情形。

第一種：受業者爲徒弟，教授者爲師傅。

受者盡心苦練，教者盡心教授。但學業之外，師家大小雜務，皆須服役。待有技藝程度，初隨師為幫教，繼則代教，三年五載之薪水，完全供養師傅，其後看師傅之度量，與夫業徒之資格若何？如業徒漸漸老練，則師傅亦漸漸客氣，此後場面，皆歸自己撐持矣。然對於輩分，仍極尊重，門戶亦極重視。

江湖藝規，大半相同。如唱戲者，科班中例規，藝徒盡享大名，盡掛頭牌，能叫座能博彩，而其包銀一千二千，全歸業師收去，待到資格已老，經過滿師手續，方得自由營業。各師皆如此，各徒皆如此。

以上情形，雖為江湖俗例，亦屬人情之常。否則為師者，既無利益寄望，何苦而為竭盡心力之指教。在學者方面，對於師之本有技藝尚不可得，欲求青出於藍，更為難矣。

第二種：受業者爲門生，社會中所謂拜門者。

教授者為老師，師弟之間稍稍客氣，除學業外不服役私事。其教練亦有相當指授，學業亦有成就者。其門生有為師傅盡義務者，有不盡者，一門之中，個個不同。

第三種：教授者稱爲先生。

如學校學生，軍營士兵，以及時髦機關職員，逢期一次二次，教者既不能精確指導，學者亦無非時髦而已，事實上難以成就也。

從來拜師傅者，須具大紅全帖。第一頁寫生徒姓名某某頓首拜。第二頁寫生徒三代父母，本人年齡、籍貫、住址。有於第三頁附寫介紹人姓名、籍貫、住址者，有不寫介紹人者。最後寫當時年月日。另設香案，中供本門祖師，邀請師伯叔及師兄弟等觀禮。

先由業師拜其祖（少林門為達摩，武當門為張三豐），其徒繼拜之，跪奉其帖後，向師再拜，起對各師伯叔師兄弟行禮，即舉行宴會。有獻贄見儀者，其數不定，視其師生感情，與贈者經濟耳。

少林門（山東滄州一帶拳廠）習拳之經過

⑴拜師（經二人以上之介紹，具帖請酒，及各種儀式）。

⑵習彈腿（彈腿，為少林門各路拳術之基礎，故先習此）。

⑶拉架子（拉架子者，即習各種拳術之架子）。待所習之拳架子手足純熟，身法自然，將本身之勁能作用到四梢（即手尖、足尖），為期約二三年，然後再學短兵器。若躐等而學便有害，其師亦不許也。

⑷學刀劍（鞭鍾等短器），練大槍。

(5)折拳法（將拳架各式，折開說明用法），折器械，其方法與上同。

(6)練拳對子（各種拳架對手方法）。

(7)學手法（各種爪拿法）。

(8)折器械（各種器械對打法）。

(9)散手（散手對打，分文武兩種。所謂文者，動手不用腿。所謂武者，動腿不用手。腿手並用，謂之文武並用）。

(10)春典（春典者，江湖上綠林中之黑話，又名江湖術話。此事歷來頗視為重要，故有「盡教千般藝，莫教一口春」之說。因懂得此類術話，即是個中人，既是一家，便有照顧，即佔便宜矣）。

附：「下場不溜腿，到老沒藥救。」此言練拳後，不可停止而坐，須走數圈，而溜其腿，即平其氣和其血脈也。

國術界中之習慣

練國術者，須略約知一般之規例，亦入國問禁、入鄉問俗之意。

凡見人練拳，或練器械，必須起立，不可坐視，否則必遭厭惡，或受人揶揄。如為座師，或直屬長官，及長輩父母師伯叔等，則可以不拘。見其練畢，必須致讚美之辭。

若自己表演時，應除帽脫長衣，但不可赤膊赤腳。最小限度，帽子與馬褂必須除去，而後向環眾致歉辭。否則此道中人以為欺師蔑祖，目空一切，暗中已受人歧視，或竟當場發生比試等事，因此而生永久之惡感矣。

凡向人索閱刀劍器械等件，不可魯莽開視，必須先得其允可，接到手後，應變換側方視之，其快口尖銳須對己，不可對人，否則為大不敬，且防傷人。最要者，勿以手指口沫摩其刀劍，犯之，尤為一般習慣所痛惡。

在宴會席上，有同道人來遞茶，或斟酒，皆係表示尊重與佩服之禮節，受者當起立而回敬其禮，毋忽視之。平常言論，切忌評人功夫之長短，雖屬一時閒談，並無成見與其他作用，但對方之名譽及生計，或竟因此而受重大之打擊，彼必以全力希圖報復，是不可不知也。

以上各條，略舉大概，一知半解，在所不免。

至所述太極之妙用，余在十餘年前，初聞此言，以為業此者宣傳之辭。今以各師之講授，自身之經過，以及同學朋友之試驗，到爐火純青時，確有神妙莫測之作用。余非小說家，何必過炫其說，要在善學者，刻苦求之，自得之耳。

中國自古以來，武器甚多，形式各異，名稱不一。而一般所稱之十八般武器，名式如下：長槍、大刀、戈、矛、戟、槊、斧、鉞、爪、鏢、鈀、叉、棍、錘、劍、刀、鞭、弓。

鏈由鞭而成，弩由弓而成，鏢由矛而成，匕由劍而成，故不列。

附言

鄙見國術名稱，宜改為武術二字，較為適當。因國術之稱，範圍過於廣泛，凡屬中國之藝術、圖書、琴棋、百工六藝，皆可稱為國術，豈獨僅僅乎武術哉？

或曰稱為武術，恐與軍事相混合。實則不然，行陣作戰之學，皆冠以軍字，如軍事計畫，軍事訓練，陸海空軍，陸軍大學，軍官學校，或簡稱為軍人、軍官、軍佐、軍械等，世界各國皆同，決不與武字相混淆。

或曰：此係中國之技術，須加以國字。試問中國一切學術，一切機關，皆冠以國字可乎？東西洋各國，其本國之學術，並不皆冠以國字，其重在事實與性質，明矣。

邇來中央國術館，兼研究西洋撲擊、日本擊劍諸藝，不如易以「武術」二字為當，質之海內賢達，以為如何？

武當治傷驗病方

同門山左韓慶堂錄

武當門治驗傷病方目錄

14. 金花內服治傷神妙方
15. 骨折筋斷久傷猶痛洗敷方
16. 破傷血流不止神效方
17. 打傷方
18. 內治接骨方
19. 刀斧損傷要藥方
20. 外治接骨方
21. 打傷丸丹方
22. 練鐵砂手藥方及練法
23. 鐵沙掌藥法及練法
24. 舉鼎神力方
25. 強壯藥方
26. 大力丸方
27. 開弓大力丸
28. 金瘡藥方
29. 治喉痛紅腫方
30. 治眼花方
31. 嗓蛾仙方
32. 無名腫毒方
33. 牙痛方
34. 黃水瘡方
35. 胃痛悶脹不消化方
36. 寒熱病方
37. 黃病方
38. 乾疥方
39. 小便發熱方

共五十六方。

1. 跌打損傷總方

共三十六味，研細末，每服二錢，用開水、黃酒沖服。病重者每天服三次，輕者一次或兩次皆可。

此方能強壯筋骨，養血合氣，常用力大無窮。

木香五錢　蘇木一兩　酒炒　白朮二錢
厚朴六錢　薑鹽炒　骨碎補一兩　童便炒　三棱五錢　蜜炒
紅麴三錢　杜仲二錢　炒　歸尾一兩　酒炒
自然銅五錢　乳香三錢　去油　白芷一兩
地必蟲三十個　元胡索一兩　兩頭尖三錢　即鼠糞
蒼朮六錢　米汁炒　五靈子一兩　酒炒　青皮一兩　童便炒
川芎一兩　黃芩六錢　枳實六錢　炒
香附五錢　童便炒　小茴三錢　酒炒　紅花七錢　酒炒
炙甘草一兩　茯苓四兩　草果五錢　去殼
蓬莪朮夏三錢　冬五錢　赤芍一兩　酒炒　肉桂夏二錢　冬五錢
三岐一兩　酒炒　落得打三錢　沒藥五錢　去油
丁香五錢　去皮　沉香二錢　佛手片三錢

藥名九一丹治腳氣　紅升五錢　用土埋之　製石膏九錢　用童便浸過

冰片少許

2.打傷年久未癒方（共四味）

升麻七錢　黑丑六兩　莪朮七兩　茵榔五錢

共研為末，另用大皂莢一兩，煎水為丸服之。

3.皮破止血補傷方

治壓傷、馬踢、刀剪、踢打等傷。諸傷雖腎子壓出者可治，並能止血止風，不忌風。若傷重血不止，用玉樹神油滴患處，立止痛止血。二藥並用有起死回生之效。

白附子十二兩　白芷一兩　防風一兩　生南星一兩

天麻一兩　羌活一兩

共六味曬乾，研為細末，就破處敷上。若傷重，用開黃酒沖服三錢，多飲則麻倒，少刻即癒亦無害也；青腫，水酒調敷之立癒。預製慎藏，以濟急需。

此方曾癒傷及食管，肚腸已出，用此藥得活也。若腸破斷者，用桑白皮線縫好，再用藥敷上，保險痊癒。

4.打傷時節驗治法

十二時血行至十二經，如有某時在某經，倘未打傷，切宜忌之。

（子）時血行至膽經，（丑）肝，（寅）肺，（卯）大腸，（辰）脾，（巳）胃，（午）心，（未）小腸，（申）膀胱，（酉）腎，（戌）胞絡，（亥）三焦。

春打傷肝三年凶亡，夏打傷心三年凶亡，秋打傷肺即刻凶亡，冬打傷腎三年凶亡。四季三十六大穴、七十二小穴，是人身穴部，信者不可打。

百會穴，咽喉穴，兩太極穴，對口喉穴，太陽穴，太陰穴，尾閭穴，陰穴。

附打傷十二時藥方（觀形察色便知何處受傷）

（子）時傷在膽方

地別（地別蟲）八錢　蘇木八錢　五加皮二錢　班節七錢

甘草二錢　砂仁二錢　枳殼七錢　柴胡二錢

以上八味，用水淺飯碗，煎四分服之。

（丑）時肝方

香附八錢　桃仁一錢　地別一錢　生地四錢

靈仙二錢　紅花一錢　天香片二錢　甘草二錢

水一碗，煎六分服之。

（寅）時肺方

紫花二錢　黃芩一錢　桔梗六錢　玄胡二錢

加皮八錢　款冬花八錢　天花粉八錢　甘草三錢

服法同前。

（卯）時大腸方

木通二錢　黑丑八錢　續斷八錢　牛膝二錢　大黃三錢

紅花七錢　澤蘭七錢　玄胡一錢　木香六錢　甘草二錢五分

服法同前。

（辰）時脾方

木通五錢　蘇木三錢四分　青鹽五錢　神麴二兩
紅花二錢　白糖四兩　蟲草

合煉為丸，用白茯苓湯送下。

（巳）時胃方

白芥子二錢　台烏藥二錢　藿香二錢五分　乳香一錢
沒藥一錢　紅花五錢　歸尾二錢　香附二錢
砂仁二錢　大腹皮二錢　甘草二錢

水一碗，煎七分服之，其藥渣再煎服。

（午）時心方

川連二錢　棗仁二錢　黃芩二錢　鬱金二錢
茵陳二錢　枝子二錢　夜明砂二錢　甘草二錢

水一碗，煎八分服之。

（未）時小腸方

木通二錢　車前子二錢　生地二錢　川連二錢　蘇木一錢
紅花八錢　枳殼二錢　歸尾一錢　箍萱三錢　甘草二錢
水一碗，煎七分服。

（申）時膀胱方

與巳時胃方相同

（酉）時腎方

檳榔二錢　箍萱二錢　蘇木六錢　紅花七錢　麥冬二錢
杜仲二錢　牛膝二錢　歸尾二錢　甘草二錢　冰糖五錢
水一碗，煎八分服。

（戌）時胞絡方

川連五錢　箍萱二錢　檳榔二錢　紅花六錢

班節二錢　枝炭八錢

水一碗，煎七分服之。

（亥）時三焦方

枝子一錢　黃柏八錢　乾葛二錢　蘇木二錢

生地一錢　知母二錢　桔梗二錢　大黃七錢

水一碗，煎六分服之。

五臟受傷表現之色：

傷在心經　南方丙丁火，其色赤。

傷在腎經　北方壬癸水，其色黑。

傷在脾經　中央戊己土，其色黃。

傷在肺經　西方庚辛金，其色白。

傷在肝經　東方甲寅木，其色青。

5. 玉珍散方及用法（普通損傷服此方必效）

生白附子一兩　生南星一兩　生半夏一兩　川羌活一兩
廣三七一兩　生天麻一兩　生防風一兩　香白芷一兩
赤芍五錢

共為細末，瓷瓶裝好待用。此藥專治鐵打刀箭諸傷。其用法與金花散同，惟藥力較為和緩耳（止血用）。玉珍散專治跌打損傷，外敷傷處，以雞蛋清調塗亦可；內服每服五厘，陳酒沖服。

6. 吐血方（共十二味）

柴胡一錢　白當三錢　廣三七三錢　柳炭一錢半
荷葉一張　當歸二錢　梔子二錢　寸冬三錢
艾葉灰六錢　藕節二錢　甘草三錢　天參三錢
草紙灰為引，水沖服。

7.內傷不見血方（共十二味）

當歸一錢　水花二錢　梔子五錢　柴胡二錢　白芍三錢
川芎一錢　乳香一錢　沒藥一錢　防風八錢　木瓜三錢
甘草一錢　白芷一錢

水煎服。

8.傷筋動骨輕傷方（共五味）

鳳尾單一束　生蔥根四五柱　花椒五錢　生薑一塊
陳蘿蔔種子二錢

【醫法】

(1)將藥備好，用水煮開洗之。

(2)不便於洗，將藥切碎，用鍋炒半熟，一熱為度。分為兩包，一包不熱，再換一包，此包再炒，如此者七次後，此藥不用。病重者。每日兩次。輕者一次。

【注意】不要用力洗擦，破皮切忌。

9.手足破開方

用梭衣草白水滴之患處。

10.年久跌打藥酒方

紅血藤三錢	虎骨三錢	大獨活三錢	羌活三錢
加皮四錢	桑寄生三錢	白細辛一錢	川烏二錢
土鱉三錢	白芥子三錢	當歸二錢	三棱二錢
苡苿二錢	川牛膝二錢	桑枝二錢	松節三錢
乳香二錢	伸筋草三錢	粉甘草二錢	南星二錢
赤芍二錢	自然銅二錢火煅	山七四錢	豨薟草一錢

用好燒酒五斤泡好，每日早午晚三次，每次服一小茶杯，不能飲者，可少飲之，完即癒，神效。

11.跌打青腫洗方

荊芥、防風、透骨草、羌活、獨活、芥梗、祁艾、川椒、赤芍、枝蒿各二錢水煎洗一二日即癒，破皮肉者忌之。

12.接骨簡便五鳳保骨丹

貴州雷公山五加皮四錢　小公雞一隻

去毛連骨肉，不用沾水，搗極爛，敷斷骨處，骨即發響，則骨已接好，即將藥刮去，免生多骨，切記。

13.山螃蟹接骨方

此方治手足折斷者為妙。若無山蟹，即用大蟹，共取五個，烤枯，取殼成末，用籮篩細三個，用陳酒溫熱調敷，兩個和溫酒服之，和醉而寢，骨自合矣。須忌口，勿食發物。

14.金花內服治傷神妙散（此方霸道不可常服）

生白附子三兩　生川烏一兩　山七一兩　生半夏四兩

生南星一兩　生天麻一兩　生羌活一兩　防風一兩

香白芷一兩　馬前子二兩　去皮火煆存性

前後共研極細末，用小瓷瓶裝好備用。此藥專治跌打損傷，未破皮肉者，為力最大。不可多服，成人可服一錢五分，老年小孩可服八分為止。溫酒沖服；不能飲者，以溫開水服之。若服過多，則遍體脹腫難受，可服甘草水解之，服後漱口，以免滯澀。

15.骨折筋斷久傷猶痛洗敷方

如意油渣四包　五加皮一兩　川烏八錢　製乳香八錢

草烏八錢　虎骨七錢

共六味，以盆盛蒸之，至骨出汗為止，每日早晚蒸洗兩次，洗後，即同時敷下藥方。楊梅樹皮六兩，曬乾成粉末，以好白乾酒調勻，以碗盛之，置鍋內蒸透，取起敷在傷處，每日蒸洗兩次後，即敷此藥兩次，三日即癒。切忌勞動。

16.破傷血流不止神效方

秋石三錢　白芍三錢

共為細末，黃酒送下。

17. **打傷方**

地膽草一兩　黃柏五錢　五皮豐五錢　赤芍五錢

敷傷處。

18. **內治接骨方**

法半夏，大黃，栗子，黃土，五靈脂，枸骨頭，鳳仙花葉，續斷，秦歸，川芎，蟹肉，紅花。煎湯用黃酒兌服。

19. **刀斧損傷要藥方**

雲苓，三七，虎杖，蒲黃，沒藥，丹皮，澤蘭，鹿角。研細末，黃酒沖服。

20. **外治接骨方**

三七，牛膝，鬱金，紅花，秦歸，川芎，甘草，續斷，白芍，花蕊石。右藥童便合酒炒，包傷處。

21. **打傷丸丹方**

當歸二兩　川芎二錢　桂枝二錢　杜仲三錢　川膝二錢

丹參二錢　羌活三錢　青皮一錢　玄胡二錢　鬱金二錢
香附二錢　天臺一錢　碎補二錢　木瓜一錢　木香二錢
石乳三錢　桐皮二錢　靈仙二錢　升麻二錢　附片二錢
銀精一錢六分　加皮二錢　金精一錢六分　西香二錢　沉香二錢六分
丁香二錢六分　虎骨五錢　猻骨五錢　土鱉雌雄各一對
大海馬一對　朱砂四錢　神砂三錢　川活二錢　沒藥二錢
小茴二錢　田七五錢　青木香一錢　秦艽二錢　狀元二錢
上桂三錢　元寸三錢　廣皮二錢　紅花二錢　續斷二錢
桃仁二錢　自然銅二錢　歸尾二錢　細辛一錢　大力二錢
甘草二錢

以上共五十味。

22. 練鐵砂手藥方及練法

川烏，草烏，生南星，蛇床子，半夏，地骨皮，花椒，力蘆，百部草，狼毒，海浮石，柴胡，龍骨，龍爪（乃高粱之糞根），木通，虎爪（乃爬山虎），透骨草，紫苑，地丁，硫黃。

以上各一兩；雕爪一雙（有無俱可），青鹽一兩，三斤米醋（頂好的），水三斤。煎完時，可將藥渣取出（若到藥房可按三次去取）。

【練法】小瓷缸一口，鐵沙約百四五十斤。若練時，將藥水在沙鍋內溫熱，將手洗過，多洗無礙，可將指甲剪去，雙手將鐵沙一抄一插、一抓一打為一把。初練時每次七八把，以後四五日，可添一把。

23. 鐵沙掌藥方及練法

透骨草四錢	乳香三錢	沒藥二錢	狼毒一錢半
穿山甲二錢	皮硝一錢	青鹽四兩	熊掌五錢
雕爪一錢	黃酒一斤半	老醋一斤半	

將各藥同煎於沙鍋中，俟水剩五分之一即成，再將醋、黃酒加入燒開，洗之。後每次洗時，僅須水熱即可。注意，水量五茶杯，如日久可再加酒、醋。

24.舉鼎神力方

蒺藜，全秦歸，懷牛膝，枸杞子，螃蟹黃，虎脛骨，煉蜜為丸，黃酒沖下（各藥等份）。

25.強壯藥方

野蒺藜，熱地黃，白芍藥，潞黨參，全秦歸，撫川芎，各等份，煉蜜為丸。

26.大力丸方

補骨脂，魚膠，川續斷，虎骨，兔絲餅，牛膝，各等份，煉蜜為丸，黃酒沖下。忌色慾。

27.開弓大力丸

虎脛骨，肉蓯蓉，螃蟹黃，野蒺藜，全秦歸，甘枸杞，撫川芎，白塊苓，煉蜜為丸，各藥等份。

28.金瘡藥方

花乳石二分　苧麻葉

用童便浸七日，陰乾，共研細末，合口生肌。

29. 治喉痛紅腫方

以竹截斷，兩頭留節，留青皮，切不可刮去，繫石投入童便中，時愈久愈好。用時將管取出，鑽一洞，內有汁流出，即金汁也，治喉紅腫作痛，極驗。

30. 治眼花方

用黑芝麻九蒸九曬，隨時可食，至老眼不花。

31. 嗓蛾仙方（即白喉，共六味）

竹葉一錢　桔梗一錢　連翹一錢　金銀花一錢

烏元參一錢半　甘草一錢半

水煎服，病重者三付即癒。

32. 無名腫毒方（共五味）

柏樹枝葉，蟬皮草，白礬，生蔥去葉留根，雞蛋青白。

【用法】合搗碎，黏患處，藥之多少，看患之大小輕重，酌量調製。

33.牙痛方共四樣

片松枝葉，雞蛋青白，白礬，蔥根，搗爛攤於布上貼之。

34.黃水瘡方

銅綠，宮粉，松香，枯礬，共四味，用麻油調和敷之。

35.胃痛悶脹不消化方

牛角三錢　陳蘿蔔種子四錢　陳石灰三錢

用瓦片烘焦研末，開黃酒沖服。

36.寒熱病方

甘遂一錢　甘草一錢

研細末，少許放於肚臍眼，用膏藥貼之，先一時前用之。取藥時分次去取，否則不行。

37.黃病方

用車前子草泡茶吃，每月三次。此方使身內濕熱從小便洩出。

38. 乾疥方

豬小腿二隻　紅棗一斤　冰糖六錢　生地半斤　茯苓四兩

煮爛吃下。

39. 小便發熱方

淡竹葉泡茶吃。

40. 生肌拔毒散

先研熟石膏一兩　後入冰片三分　後入麋麝香一分

先研珠沙五錢　飛淨研末　先研爐甘石三錢　先研生丹八分

先研雄黃三分　飛淨研末

共七味。研成末粉，和合慎藏，不使受潮濕走氣等。

41. 紅白痢疾方（共九味）

酒白芍二兩　當歸二兩　枳殼一錢　檳榔二錢　粉甘草三錢

滑石三錢　青木香三錢　來復子四錢　罌粟殼二錢　炙

此方頭劑加大黃三錢，二劑取消，三劑痊癒；或服香連丸三次亦癒，每次一錢。

42.八腳蟲方

即陰毛生蟲，西醫治之，極感困難，用百部一兩，合燒酒一兩，用碗蒸之，擦洗數次，蟲即腹裂自落。

43.中瘴氣方

以無心藥（即鹽藥）曬乾成粉，置五錢於稀粥中，約一大酒杯，吃後即將瘴氣打下，極驗。乃旅行雲貴等省，不可不備。

44.腳氣病方

蒼耳子、地骨皮各二兩，煎吃四五次即癒。

45.瘋犬咬方

取盆栽之萬年青，連根葉搗融，絞汁灌之，腹內有血塊，自大便中出矣。亦可以搽洗患處，並用杏仁泥敷之，神效。

46.久年腹痛方

白芥子三粒成末，不可多（恐皮痛），白胡椒粉三分，生薑一塊（大指大），去皮，共搗成小餅，貼臍上，外用油紙貼之。每日早晚換兩次，三日即癒，老年亦可斷根。

47.久年頭痛方

取黑牛陰陽糞，以陰陽瓦片焙乾研粉，再用三伏天曬熱之土研粉，混合後，用溫黃酒調敷於頭上，兩三次斷根。

48.羊角瘋方

用梟鳥一頭（即貓頭鷹），白水煮爛，不置油鹽等物，連肉帶湯食之，兩次即癒。

49.破傷風方

魚鰾五錢　黃燭五錢　荊芥五錢　艾葉三片

黃酒煎服，見汗可癒。

50.小腹扁墜方

小茴香、廣木香、全蠍、當歸各三錢，共為細末，分早中晚三次，溫黃酒沖服。

51.治疥方

硫黃、銅青、利茶、三仙丹、大黃子、明礬各等份，研粉，裹以新白布浸茶油中，加熱，俟油成黑色，然後取出以此藥包，搽擦瘡口，三數日即癒。但內服活腸劑，用豬大腸（要近肛門一段）長六七寸或一尺，灌以綠豆（不可滿）煮食之。

52.治痢疾方

用犀牛皮三寸方，切成薄片，和瘦肉煮食之即癒。

53.腳痔病方

用浮水石研粉，腳癢時擦之即癒。

54. 治多年惡毒瘡方

用尿口狼（似牛糞患）用角牛砸碎貼患處，用多少看患處大小敷之。

55. 治黃疸方

虎腳草，合白糖砸碎，貼左手腕脈訣處，外用小盅扣之，以繩縛住，見有黃水泡，即將藥取下，將水泡挑破，七日即癒。

56. 治脾寒方

邦毛蟲砸碎，用膏藥貼肚臍中，二小時後去之。

【附言】上列各症藥方係就一般普通身體者言之，若患者如有宿疾，或體性不同，如熱體涼體之分，須醫師增減之。

穴竅説圖

生理圖(一)

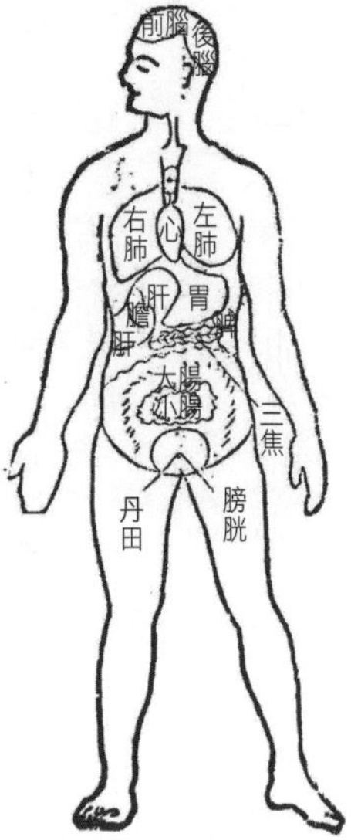

正　面

生理圖(二)

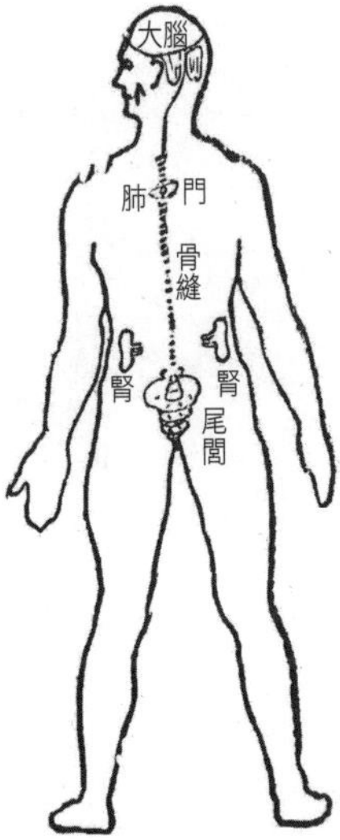

背　面

醫藥百穴部位圖(一)

跌打損傷連年風象患處
九種胃氣中能
三陰瘧疾膏肓臍門
吐血瀉血肺穴百勞
白血痢疾丹田海底

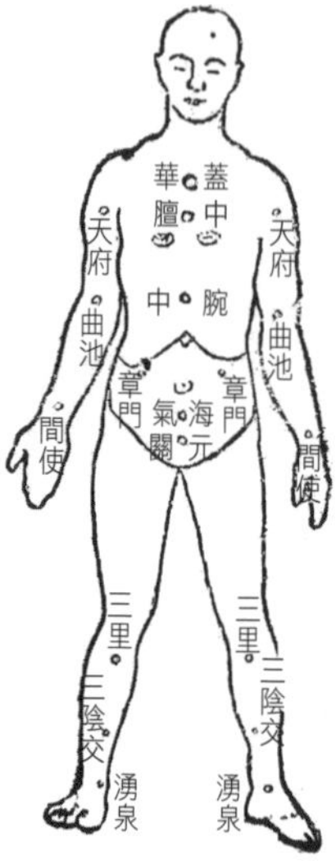

正面

醫藥百穴部位圖(二) 另有醫治藥方

咳嗽肺勞膻中華蓋
小腸疝氣丹田膀胱

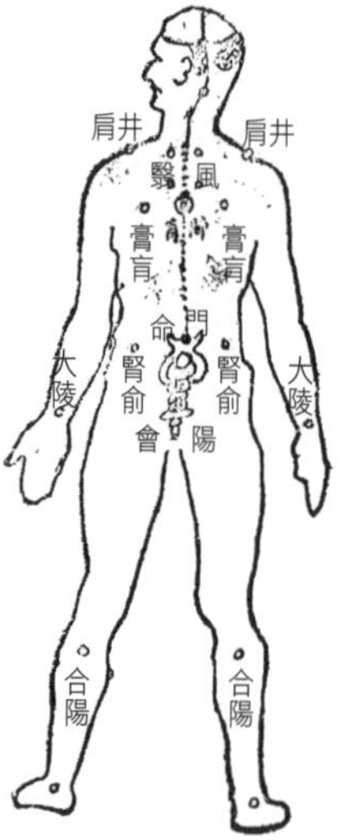

反面

人身穴竅正面圖(一)前後十六穴附說

死亡穴：(1)太陽為首，(2)對面鎖口，(3)雙風扇耳，(4)中心兩壁，(5)兩脅太極，(6)兩腎對心，(7)尾閭封腑，(8)海底撩陰。

惛迷穴：(1)眉尖雙睛，(2)唇上人中，(3)穿腮耳門，(4)背後骨縫，(5)脅內肺腑，(6)撩陰高骨，(7)鶴膝虎脛，(8)破骨千斤。

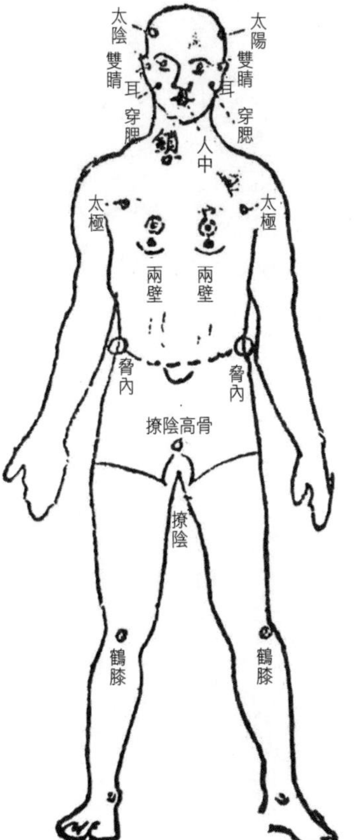

正　面

穴竅背面圖(二)

破骨千斤即是分筋搓骨，也就是擒拿術。

全身八部點穴法說明

八打與八不點：八點者，應手而即倒，使其疼痛難忍，惛迷不醒，而不至於死。八不打者，應手而即斃命，其人罪不該死，不必取其性命，故用八打法。

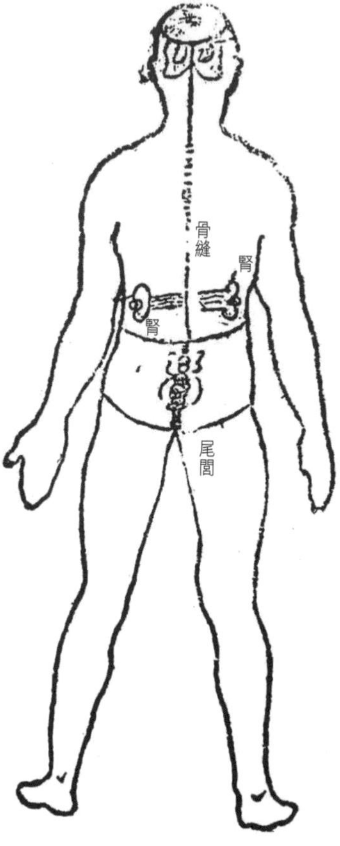

反面

點穴關節名稱圖㈠

點穴法之修行

昔日練習武術者，皆以勝負為目的，故除學習武術種種外，並習一種點穴法，為□身之要術。惟吾國古時多係嚴守秘密，不易傳人。時至今日，世界競爭劇烈，不但無秘密之必要，且須廣傳國人，自衛衛國。

此法編語，以日本講道館八段橫山作次郎、四段大島英助共著此術，並參考多種其他拳術秘法而完成之。

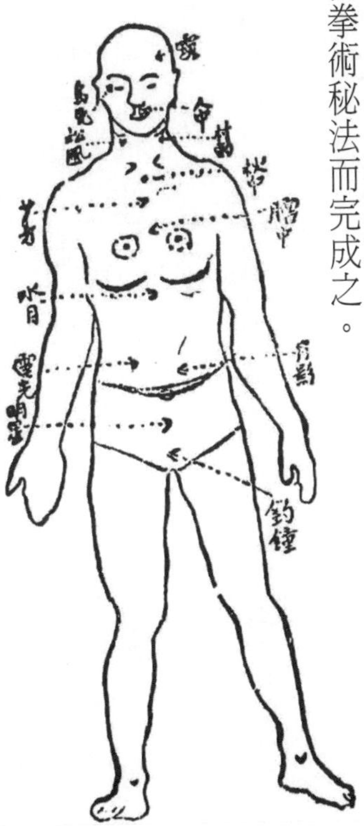

此法之術語，因吾國無適當之名詞替代，故多仍其舊法以存其真。

此法與他法相同，徒知穴所與點法，而對於踢撞打等無充分之練習，決無應用自如之功效。惟此法與他法不同，練習危險甚多，初學者須先將拳術充分練習後再習此法，乃為最適當之程式也。

平日若無對手時，用拳足腕膝等在□牆壁上練習，之於進步上裨益亦匪淺鮮。

點穴關節名稱圖(二)

大宋太祖英文神武皇帝御制

序：朕乃宦室之子，幼好拳棍。適魏憩於少林禪院，有長者謂朕曰，觀爾氣宇，有經天緯地之才，惜乎未得真傳，汝於靜夜，至吾方丈，可授以神拳玉隱經，

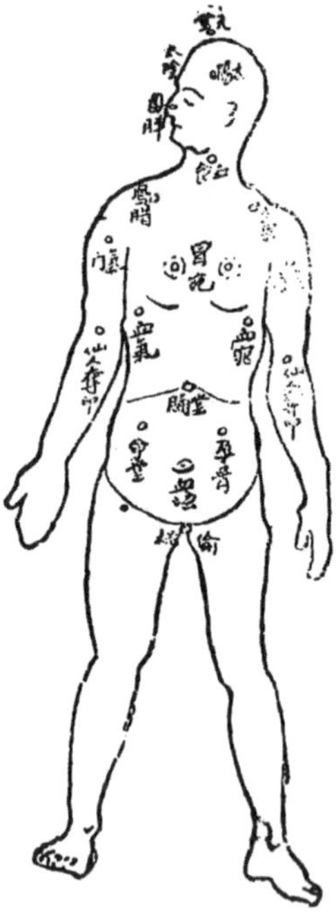

正面穴道總圖

開汝茅塞，則天下可望面定矣。朕自御極以來，頒賜諸鎮，以及各武臣，可作防身之寶云耳。

皇宋開寶六年元月御制並書

點穴關節名稱圖(三)

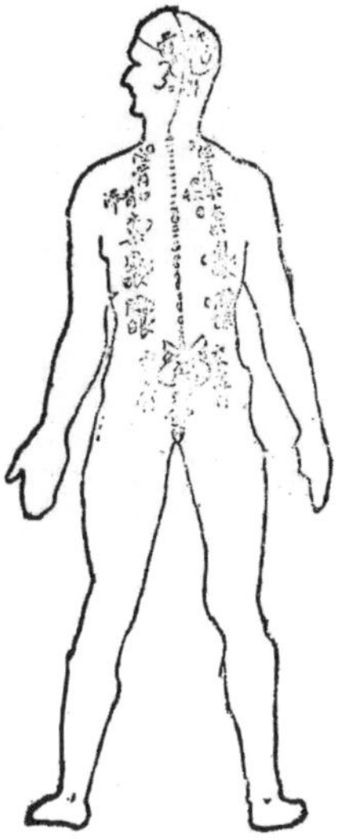

反面穴道總圖

人神所在圖(一)

（人神所在之處俱係男左女右）

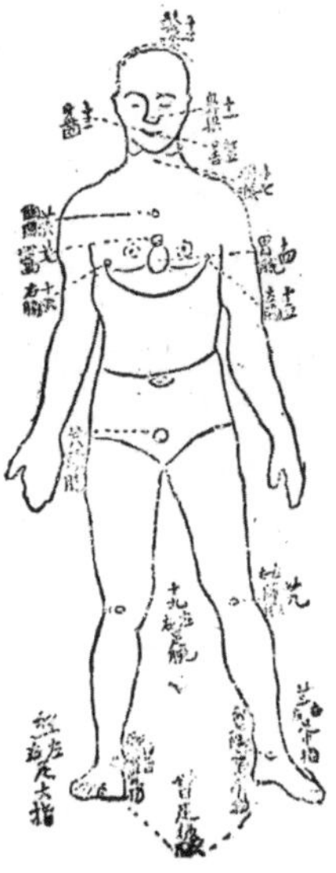

正面

人神所在圖(二)

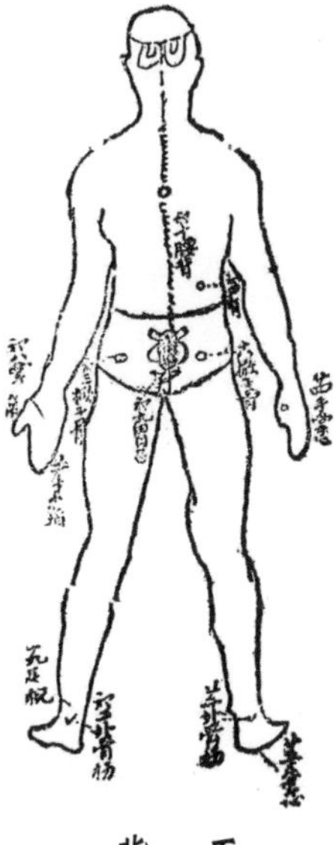

背面

點穴十二部位圖(一)

子—膽　丑—肝　寅—肺

卯—大腸　辰—脾　巳—胃

午—心　未—小腸　申—膀胱

酉—腎　戌—胞絡　亥—三焦

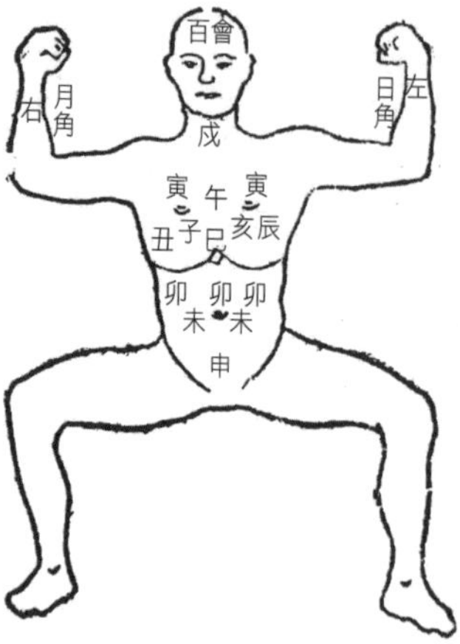

正面

點穴十二部位圖(二)

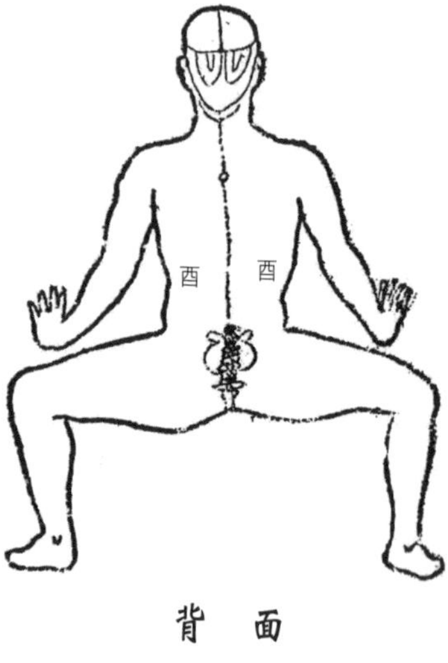

背面

乾坤三十六宮圖(一)

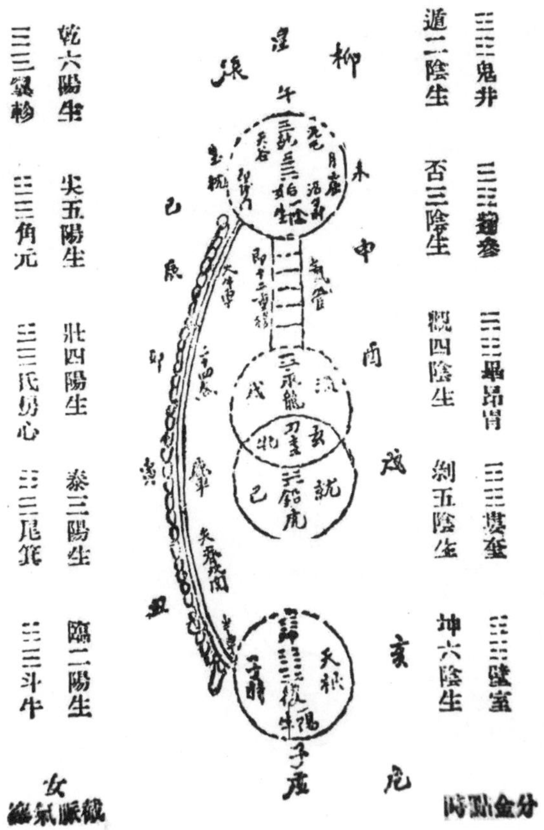

正　面

天根月窟三十六宮之圖

乾坤三十六宮圖(二)

春 二陰生在未 三陰生在申 四陰生在酉 五陰生在戌 六陰生在亥

乾天坤地
分子午泥
丸當中明
天谷陰陽
交會前後
轉天腰玉
枕簾風府

六陽生在巳 五陽生在辰 四陽生在卯 三陽生在寅 二陽生在丑

反面

反陽術說明及圖解

此術乃少林之秘訣，久經秘而不傳，幾至湮沒無聞。今特提出公開研究，貢獻於各同志，實空前之珍本。

凡施回生反陽術時，第一要靜心，當與練習技術時有同樣之態度。凡拿死、吊死、絞死、水淹死、點打死、摔死、壓死，或由高處落下，及馬踢、觸電、氣閉等，跌倒人事不知，及生產前後，血虧而氣絕死者，皆可以此術救之。

凡施術之前，觀形察色，運動三機，皆當注意。呼吸、血輸、體溫等，速加精密檢查，然後施術。氣絕者雖全身冰冷，苟脅下少有溫度，必能復活。

人體有稱八結者，即八個穴竅也，謂兩眼、兩耳、鼻、口、肛門。今以反陽術，詳細說明之。此術凡醫家、武術家、軍警等，皆宜知之。醫生未來之先，不可延遲，當先以此術使其復活。

凡死者，身體冷卻，則全身必堅硬。故使術者，宜以兩手摩擦其胸部，使其全身之骨，次第柔軟。以甲乙二人，乙至其背後，執其兩手向上，以死者之頭，置我兩股之間。如圖一。甲令死者朝天仰臥，摩擦其全身，能速使身體柔軟為第一。急死者，骨必堅硬，故施術時，勿折其關節筋骨，勿跨於死者兩股處，甲乙皆跪下，二人各交替呼喊而行之。即甲口呼，而手自兩乳下向下，摩至臍下。乙俟甲摩擦之手曲縮時，亦噫氣繼續行之。如此數回後，必有復活之象。如圖二。

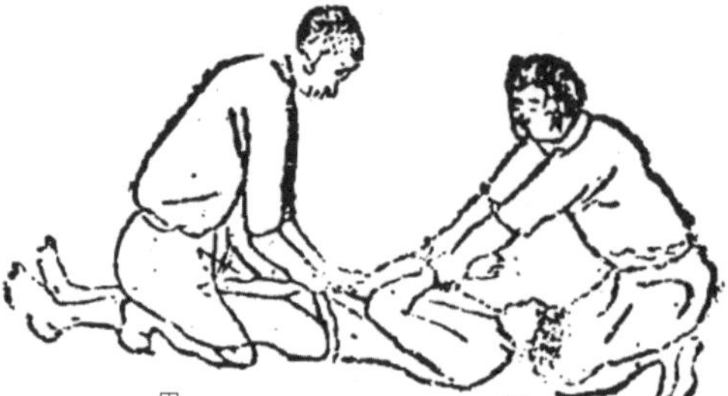

圖一

乙者縮手之狀，甲者自其臍下向上摩之兩乳下，以掌中，點處摩之。

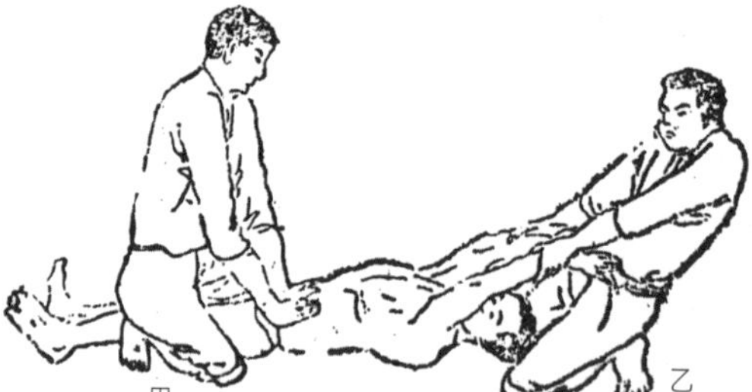

圖二

乙者伸其臂，甲者自兩胸下向下摩之臍下。

其時或用冰水，或用其他提神藥入其口，再將冰水噴於顏面。醒時令其靜睡，其時必發鼾聲，為長時間睡眠。練習技術中氣絕者，約五六分至十分之短少時間，以掌點其反陽穴，再用兩手推兩肩，搖動數下，即反陽回生矣。

反陽穴，在背脊骨由最高一節骨，數至第六節以下、七節之上。兩節間，名為肺門，即是反陽穴。如圖三。

凡經過二十分鐘左右。施反陽術時，亦如前述，能作二十四小時間之熟睡。惟睡至一二時間，可呼其名而起之。食物用熱牛乳，否則薄粥亦可。施術者，必以精神集中於死者之身體，熱心從事，如圖一、二、三、四。

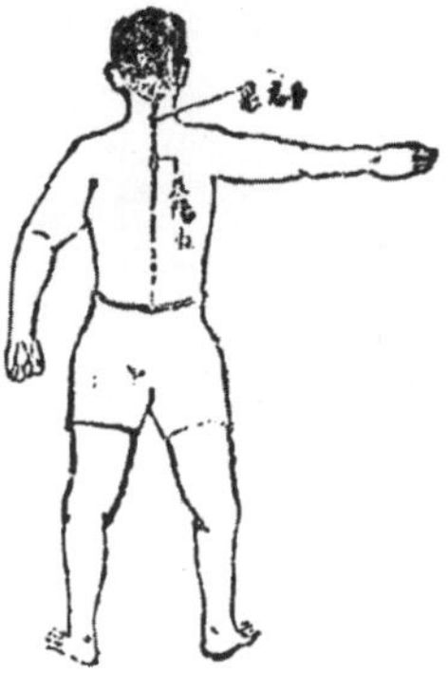

圖三

反陽穴部位圖

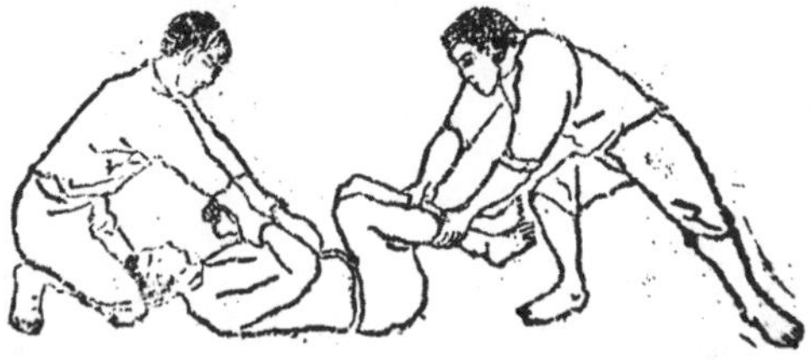

圖四

甲者屈縮兩手　乙者屈縮兩足

以反陽術令其復活，輕者固如前述之容易。但稍重之絞死等，施術者先伸死者之指，以甲乙二人，執其兩手足，雙方呼喊。第一聲時兩手足屈縮，二聲時引伸之；或交互伸屈其手足。如甲伸其手，乙屈其足，如拉鋸勢行之。此時視患者顏面而行回數之多寡。在其頭後者，以患者之頭置兩股間，勿觸其耳，緊緊挾之，兩膝跪下，全身鼓氣，用力施行。又乙在患者足處，亦與甲同一注意行之。縱死者病輕，苟不鼓氣用力，即施術多次，亦頗見效。

見絞勒死者，及其他怪死者，不可驚駭。當施術之時，不可周章。此時可飲涼水以鎮其心，然後施術，蓋可以救活之人。因術之不注意，而致難以復活者，亦往往有之。反陽術十有八九必可救活，當盡力注意施行。但久病之人，及病中被絞及其他事變而死者，即用此術亦難有望。

術中之秘訣

救濟之術，大略如前，循是為之，見效者實居多數。又施此術時，須手法敏捷。觀死者眼中之色，被絞勒者眼珠在上，自縊者眼珠在下。又將肛門觀之，已泄大便，十中八九不能復生。溺斃亦然。第一先令吐出所吞之水，然後施術。死者時間之久暫，與施救之難易，與前相同。

伸縮手足

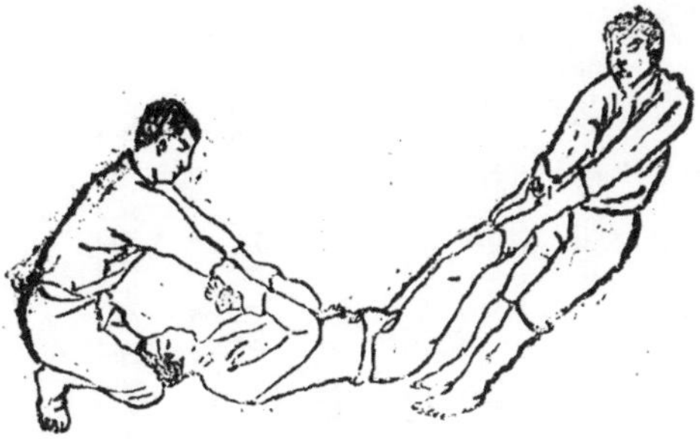

圖五

甲者屈縮兩手　乙者伸兩足

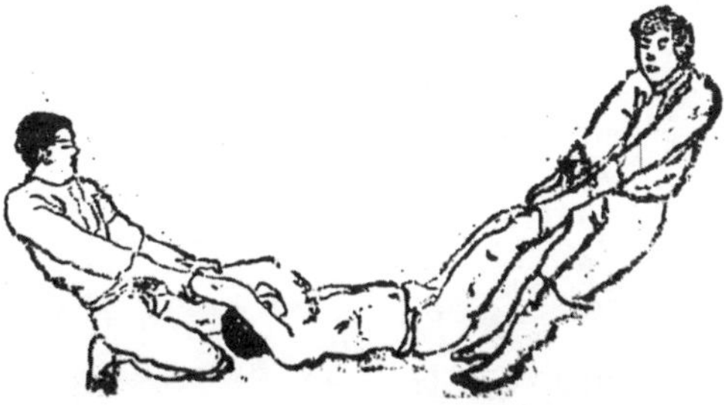

圖六

甲者伸兩手　乙者伸兩足

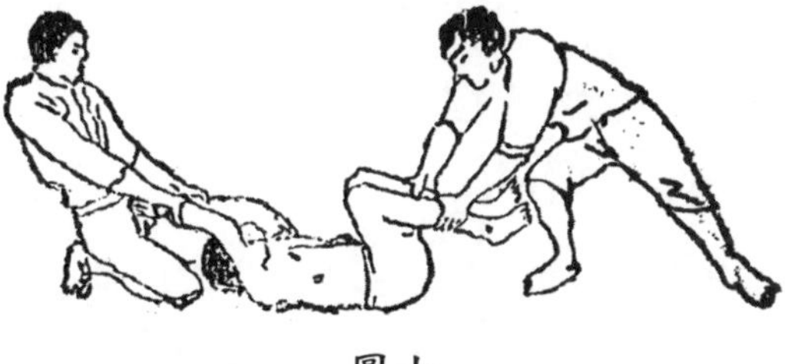

圖七

甲者伸兩手　乙者屈縮兩足

誘活開肺門實施

誘活法圖解(一)

此誘活法云者，各種氣絕，皆可使用。先令死者仰臥，施術者跨其身上，勿使觸及死者。撫其胸部，齊其四肢，徐徐抱起。以中指抵第一節高骨，以掌強按其六七節骨之左間，即反陽穴，其時可放中指。施術者全身運氣，猶如以我之活氣，移於患者之身，下腹盡力運氣，口中呼喊，同時施術，其效如神（圖八）。

以兩掌於胸乳下先摩擦而後引起也（圖九）。此法雖極舊，然有奇驗，故此為第一反陽法。

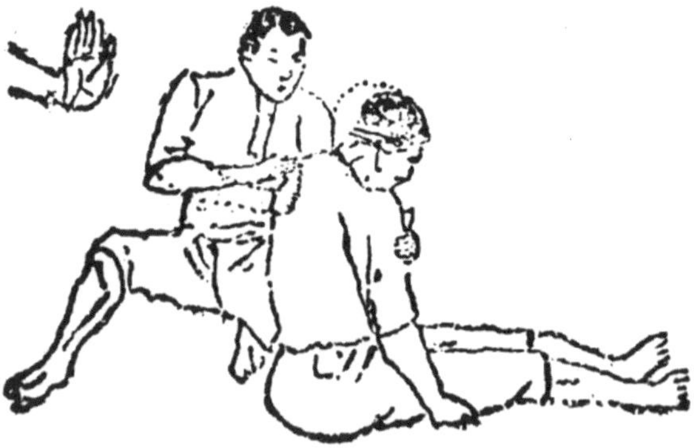

圖八

圖九

誘活法圖解(二)

此活法，以死者仰臥，兩足相併，徐徐起其平身。施術者至背後，以右膝抵反陽穴（二三寸下），左足尖向左斜方踏出。準備如圖十。

以兩掌摩擦其胸部，與一法二圖同。使死者稍俯，口中呼喊，並以右膝用力向上抵肺門處，同時右足尖用力。術者兩手自兩脅下向上引起，稍使仰向，此術用途最多。當施術時先觀死者肛門，締縮者，當以此術救之。或以手及鏡當其目，覺稍有氣息時急速施行。一次不見效，則屢屢行之。凡經死者，當速將死者放下，令其仰臥，摩擦其全體。縛繩之處，以水摩擦之。觀其八穴而施術，大便既出泄，則施救無效。

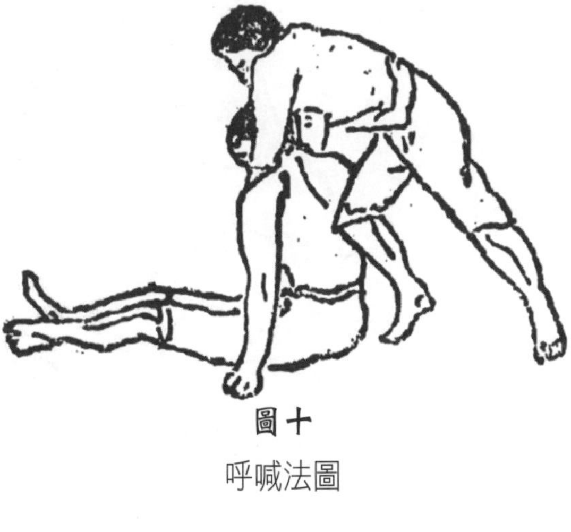

圖十

呼喊法圖

襟活反陽法圖解

此法未施術之前，先觀形察色，檢閱八穴，摩擦全身。於是靜靜抱起，以左手扶持死者，右膝跪下，左足於死者橫後屈膝立之，右手（中指與食指重疊）小指與無名指折轉，拇指與他二指十分用力。準備如圖十一。施術者，全身運氣閉口，以右手當丹田處，以我之生氣移於死者然，左手在前，先發喊聲，令死者坐起，用時自下突至臍處，盡力張臂，自下向視死者而施術。上列誘活法，與此活法，可並用施救之。

圖十一

此乃襟活法時以右手指當丹田之兩脅

睪丸反陽法

睪丸活法者，此法救自高處落下，睪丸縮入腹內，又練習時，亦有誤蹴入者。施救之時，以死者抱起準備，施術者至死者之背後，下腹用力，將真位如第二式略斜於死者兩脅下，將兩手插入，抱起落下（圖十二），行六七回後，舉起死者之一手（如圖十三），以右足之點處，輕蹴其後臀股，然後抱起如初，落下後施襟活法，則睪丸必能復出，於是乘機施活法。

圖十二

抱起如此六七次起落之如圖

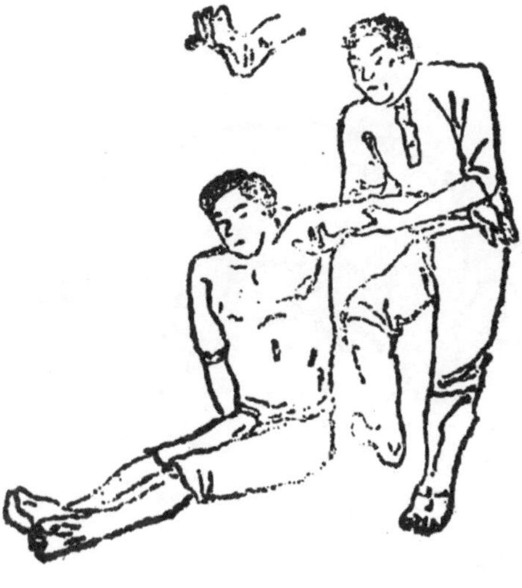

圖十三　準備足式

蹴後之臀股，足點當注意。

此術非常穩妥，然施之甚難，故當平日牢記其理。「又搏鬥之時，睪丸往往易致潰、碎，故武術家雖平時步行，亦常加將護」。

如十二圖，數回施術後，使死者靜靜而臥，如圖十四我乃跨於其兩股處，兩手指相組合，以兩肘抵死者胸部兩脅，右膝跪下，左足屈膝直立，下腹運氣，口發喊聲。而同時以死者之頭向前抬起，施此活法，或施以襟活皆可。既施救數回，若無效驗，則檢閱死者之狀，此固施術前後應有之手續。然匆促間，往往先施術，而後及此。

觀患者狀態之法，第一開眼瞼，觀眼中

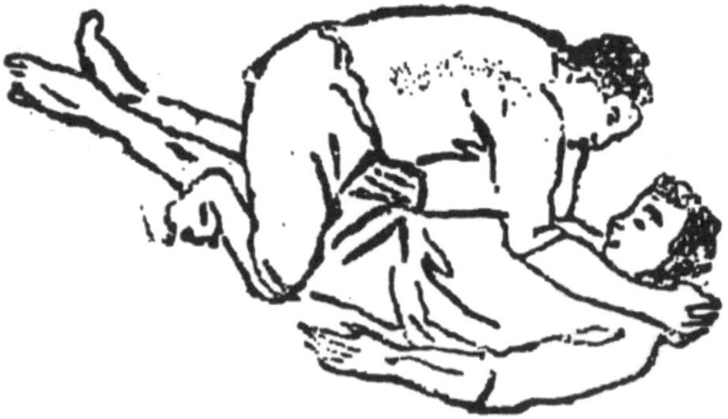

圖十四

胸部之兩脅以兩肘抵之，

將頭向前引起，指尖交組。

之瞳，如已變白色，則為絕望。更開唇觀之，倘不能閉合如常，亦無施救之法矣。

背部反陽法圖解

施此術時，患者伏臥，術者跨於患者之兩膝邊，左膝跪下，屈右膝，勿觸死者，全身用力運氣，兩掌相齊，在患者背部上下及肺背部與腹部摩擦之。

從兩乳之後背部，第六脊椎左右處，自下向上突起，開其肺門，即八節骨之間活動其肺肝，使發生呼吸運動，以蘇醒之。（如圖十五）。

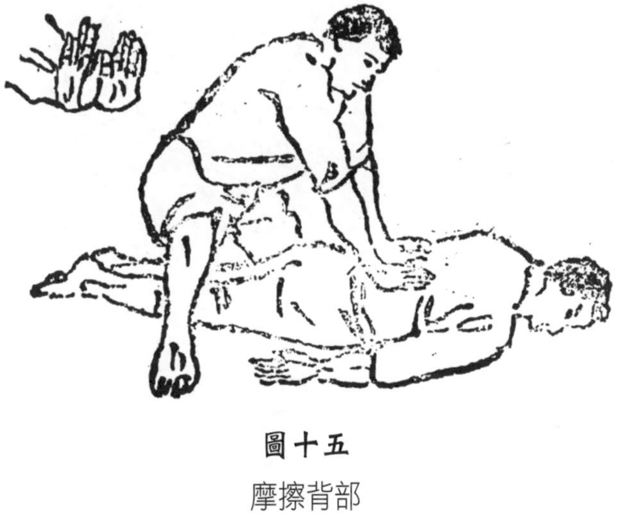

圖十五

摩擦背部

太祖反陽法圖解

此法宋太祖所傳，僅用一手行反陽之法也。著者雖未嘗實驗，然其法自可營救。

以左手抱患者，右手五指相併，當胃脘之下，右足之小指抵膀胱，左掌擊肺門。三者同時施行，並發喊聲以助之，必能收起死回生之效。（如圖十六）。

圖十六

宋太祖反活法圖

黃文叔先生著

楊家太極拳各藝要義

武術偶談

國術界泰斗合影

景中人自右而左前列田紹先鄭佐平杜心五李芳宸劉百川孫祿堂楊澄甫後列沈爾喬黃文叔褚桂亭高振東錢西樵蘇景由

燕趙國術名人合影

黃文叔　褚桂亭　蘇景由　王向齋　趙道新

張兆東　李星階　高振東　孫汝江　李子揚

騎兵團國術教習方瑞臣　南昌行營參謀擅長太極拳譚夢賢　騎兵團長兼善國術黃劍白　黃文叔　騎兵旅國術教習馬承智　騎兵團國術教習袁源會

前南昌行營撫卹處處長及福建省第四區行政督察專員保安司令同安縣縣長本書著者黃元秀先生與楊澄甫先生練太極拳大攦法之圖

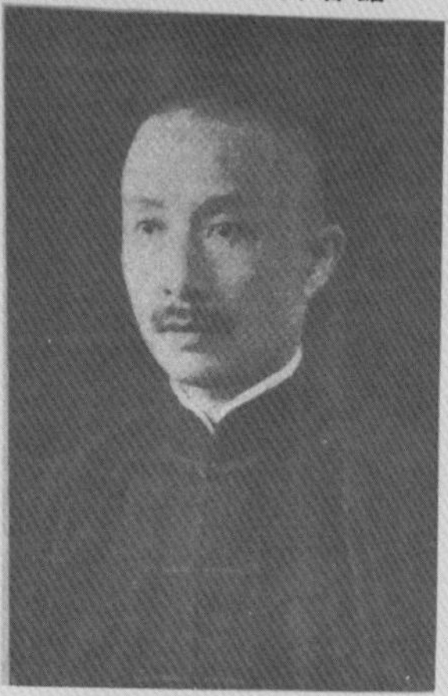

編者黃元秀先生照像

李芳辰將軍玉照

黃元秀韓慶堂摔角圖

黃元秀劉百川羅漢拳

楊澄甫十字手

黃元秀

七十九師國術教官葉景成

剿匪軍北路總司令部少校參謀兼國術教官曹晏海

河南溫縣陳家溝陳子明太極拳家

黃元秀

河南溫縣陳家溝陳照丕太極拳家

楊家太極拳前輩許禹生先生

黃元秀

黃鑑候

黃元秀葉景成練武當劍圖

曹晏海練大槍圖

黃元秀李雅軒太極推手圖

軍政部國術官褚桂亭與黃元秀練武當劍圖

曹晏海太極劍圖

劉百川君羅漢拳圖

浙江國術館教務長劉百川雙刀圖

黃元秀田紹先太極散手圖

黃元秀田紹先太極大攦圖

田紹先黃元秀太極推手圖

黃元秀田紹先太極散手圖

黃元秀葉景成練武當劍圖

黃元秀葉景成練武當劍圖

譚序

民國二十三年春三月，余至南昌，謁　委員長。遇行營黃處長文叔先生，出其楊家太極各藝要義一書，囑余題句，余因之有言矣。余聞諸　楊夢祥先生曰：研究太極拳之要訣有三：

一：盤架子　初學者，宜勻・宜緩・宜正・宜展，所謂勻者，劃圈宜圓，兩圓須成切線，兩圓相安，須通過圓心，蓋求其整齊也。所謂緩者，使所儲之內勁，漸漸達於指梢，蓋求其血氣舒暢也。所謂正者，全身中正安舒，重心無傾斜之弊，蓋求其姿勢之優美也。所謂展者，使筋肉骨節自然展開，蓋求合符生理上之運動也。

二：推手　架子盤熟，工夫稍進，則學推手，或曰搭手，又曰靠手，推手者，敵我二人，以一手或兩手靠搭，用沾・連・黏・隨四字工夫，劃陰陽兩圈，其法有二：

1. 甲劃圓圈，乙隨而走，或乙劃圓圈，甲隨之而走。
2. 甲乙兩人，各劃半圓圈，合成一整圓圈。

然無論一整圓圈，或兩半圓圈，均於此圓圈上，研究掤・攦・擠・按四字要訣。惟應注意者，甲乙兩人各有一重心，甲乙兩人靠手時，又於靠手之交叉點，自成一重心，此三重心點，由甲乙兩人互相爭奪，得重心者勝，失重心者敗，此一定之理也。

三：發勁與化勁　推手練習純熟，然後練習發勁與化勁，初學者，可練手上發勁，所謂合掌，或曰補手是也，工夫較深者練習腰勁或足跟之發勁，所請發於足跟，形於手指是也，發勁宜直，化勁宜圓，化之不盡。發之不遠，初學化勁者，方向宜斜，上乘工夫，則向自身化之，所謂引進落空是也。或曰：以夫子之道，反制夫子。即借敵人之力，以打敵人，借敵人之勁，以制敵人也。

然發勁化勁，必須拈·連·黏·隨·掤·攦·擠·按·採·挒·肘·靠·合而運用。否則不克生效也。

余對於太極拳，好學而未專研，茲承　黃先生囑，不敢推諉，謹錄師語，以留紀念，並非臆造也，

永新譚夢賢於南昌識：

姚　序

黃君文叔，博學多能。崇尚武俠，少居鄉里，好與突鬢垂冠者，縱談技擊，未嘗不心領神會。其時風氣未開，輒爲父老所阻，長而奔走國事，職務鞅掌，無暇及此。中年以後，始與田紹光。楊澄甫，諸國術

名家，先後相識，乃從學太極拳，暨各種武藝。旋又游李芳宸將軍之門習武當劍法，緣是十餘年來聲應氣求，交遊益廣，學業亦日益精進，近出所著武術偶譚見示；都凡一萬四千餘言，詳論拳術工夫並學者用功方法；而於調節體力，修養身心諸端，言之尤詳。至若師門派別，拳家慣例，亦略舉大概，足供參攷。夫拳術諸書，不乏善本，惟斯編乃不僅論法，論理，並能切實指示學者以用功要旨。蓋本其經驗所得，加以悉心體會，故著眼有獨到之處，語似尋常，而體用賅備，願讀者勿以其近而忽之，斯可已。

民國紀元二十有三年甲戌仲春弟姚憶華謹跋。

蔣序

擊技總別爲武當，爲少林，少林宗達摩，武當宗張三丰。考武當之擊技，亦不一其途，就余所知者，如太極拳，八卦遊身連環掌，武當劍術，皆三丰祖師所傳留。太極拳之登峰造極者，在唐代有許宣平，夫子李，在元代有張三丰，在明代有張松溪。松溪乃三丰之高足，於浙之鄞縣，傳授門徒，厥後名家輩出，要皆松溪一派。八卦遊身連環掌，則董海川太老師，在江南謝花山，受之道人避燈俠。武當劍術，則先師宋唯一，在醫巫閭山，受之道人避月俠，及避燈俠之師兄也。二者之術，似同而不同，不同而同，其左旋右轉，右旋左轉，擰蘿花則不同而同者也。其換勢一則自下，一則自上，自下者，乾用九，進陽火。其旋轉，則如盤中衮珠，其變化則身如風中之柳，手如織布之梭。自上者，坤用六，退陰符，如衮圓石於萬仞之山，其法主於誘，即所謂善戰者不鬪，善爭者不怒，此同而不同者也。尤宜辨者，武當丹字派劍術，則張松溪在浙江鄞縣之四明山，受於張三丰，故又稱曰四明劍術。松溪本少林名家，遍歷南北無敵手，在四明爲張三丰所折服。遂盡棄少林所學，而歸於武當，所存者僅少林之五行陰手棍，又名達摩過江棍，故凡松溪一派之劍客，均熟於少林陰手棍法。甲子秋，余從先師宋唯一受教時，談及太極拳之意義，則不知有太極拳之名，質之演練太極拳者，則不知有武當劍術之名。太極拳之要義，爲沾、連、粘、隨，武當丹字派劍術之要義，爲背孤擊虛，完全用離，所謂往來無蹤影者也。以其時代地點考之，均松溪所傳留，固無疑意。余友虎林黃文叔先生，既著太極拳要義，武術偶談，徵敘於余，余不敏，不能文，則就武當各派之源流，略述梗概，後之學者，攻擊之風，於以泯滅，斯則余之厚望焉。

甲戌秋，河北蔣馨山敘於天津淨業菴國技研究社。

鮑序

虎林黃文叔先生，學識通明，亦儒亦俠，而胸懷坦摯，肝膽照人。少即有志於技擊，顧其時斯道尙大彰，武術名家亦不爲當世所引重，先生方有志焉而未之逮，尋且投筆從戎，以軍界先進人物，盡瘁國事，倥傯不遑者彌歷年歲，而先生志願所結，卒以全國國術大會之機緣，與太極泰斗楊澄甫先生親炙，得精究噪傳一世之楊無敵露禪先生拳術遺傳，因以廣交海內國術名家，不一其人。更從李芳宸將軍研習武當劍法，以與太極拳術相輔，由斯應求會合，廣益集思，益諳斯道之奧妙。邇者退食自公之暇，著楊家太極要義一書，而附以經驗所得之武術偶談，其於拳術之宗法規約，與夫致力之方，稱名之義，體力之調節，身心之修養，均肫切致意，有志斯道者，洵堪奉爲典要。其曰楊家太極者，蓋紀宗派所自，數典不忘之指也。回憶去夏行營成立，先生奉召來贛，佛田亦附驥奔走於斯，旅社傾襟，備覺歡洽。自是公餘盍簪，觀摩漸漬，益承先生不棄忘形爾我，始知先生固深嫻武術，佛田愧於斯道素少研究，方思學步而苦於靡所問津。今對先生之逸興遄飛，趨嚮之意，彌形堅決，顧以公務忙迫，人事拘牽，卒卒未果。直至今歲元月，始得償半載以來之結念，由是每夕追陪，於練拳練劍之餘，時飫聞先生名論。凡古今來端人賢哲之嘉懿言行，堪垂法鑑，與夫一切涉世應務之方，植品謹身之道，莫不懃懃懇懇，垂爲雅言。其對於青年後進，尤力勉其鍛鍊身體，及種種作人要義，更孜孜於皈依念佛，放生濟貧之事。蓋先生褆躬制行，不僅以練習拳術強壯身體要其終，惟以練拳術強壯身體端其始，實以武術家而兼道德家慈善家之所長，合涵泳品性，保持健康，利濟群生。諸要義一以貫久。此佛田從遊年餘，獲窺見先生蘊藏於萬一，且即以喻於心著於編，冀與讀是書者，共喻焉爾。

中華民國二十三年十月，京山鮑佛田序於南昌行營。

林序

余習太極拳於田師紹先，得識黃文叔先生。其爲人深沈果毅，勇往直前，每習一藝，必至精熟而後已，故其進境之速，造詣之深，非余所能揣測也。本年春，黃先生於效勞黨國之餘暇，出其多年苦心所得之經驗，筆之於書，彙爲武術偶談，欲示初學者以實練入手之法，其有益於世，詢非淺鮮。書成，以余稍習醫學，命將拳術於生理上之益處，簡括言之，重違其請，謹爲條例如左：

一、太極拳之爲術也。一動無有不動，一靜無有不靜，其動其靜，莫不身心兼顧，內外並修，絕無偏重之弊。且其練習順序，由淺入深，按步以進，尚柔和不尚拙力，以努氣爲大忌，絕無過勞之弊，故能發達全身臟器，使其肥大，則身體日益堅強矣。

一、太極拳之實練也，聚精領神，以發號施令，一舉一動，皆有意志爲其主宰，非漫無統率者可比，故能意志集中，精神日以鞏固。

一、呼吸爲吾人生命所賴以維持，其爲重要，不言可知。然在實際上，每被忽視，常見有摒其氣息，以求最大努力，致面色紫漲，脈絡怒張，或竟灰敗苦悶而倒地，此皆不知注意呼吸，無以應體內氣氣之需求故也。太極拳則不然，集中心意，以行呼吸，一呼一吸，皆應身體之動作，虛實轉換之間皆以呼吸貫運之。即所謂以心行氣，以氣運身，身心之間，介以呼吸，故能身體靈活，呼吸順遂，而肺活量日以增大矣。

凡上三端，僅其大概，聊舉以塞責，固不足以盡拳術於生理上之益也。

民國二十三年一月南昌行營第八臨時醫院院長林鏡平謹識。

自序

余自幼喜弄拳棒，好聞古俠士行，從鄉人學，數年未成，壯求科學，旋即從軍，無暇及此。民國八年，同學斯參謀鏡吾聘北平田兆麟先生來浙，邀余加入學，纔數月，江浙軍興，奔走勞瘁，遂至中輟。民十八張靜江先生主浙，開全國國術大會，國術名家，聯袂蒞止，邇時見獵心喜，乃從廣平楊澄甫先生重習太極拳；并從老友孫祿堂、張兆東，如兄杜心五、劉百川研究各技；復承李芳宸先生傳授武當劍術，由來六易寒暑，愧無所得，而向慕之私，愛好之念，實未嘗一日去懷。上年孟春，日寇關東，爲友人邀往第八軍參贊戎幕，入夏南來，　委座囑在行營工作，公餘之暇，拳劍自娛，同營中不乏同好，爰重錄此譜，以餉諸友，又有余習拳經驗談數則，當另附焉。

民國二十三年元月中澣黃元秀識於南昌百花洲行營。

張三丰傳

張三丰名通，子君實，遼陽人，元季儒者。善書畫，工詩詞，中統元年，曾舉茂才異等，任中山博陵令，慕葛稚川之爲人，遂絕意仕進，遊寶雞山中，有三山峰，挺秀蒼潤可喜，因號三丰子。世之傳三丰先生者，不下十數，均未言其善拳術，洪武初召之入朝，路阻武當，夜夢玄武大帝授以拳法，旦以破賊，故名其拳曰武當派，或曰內家拳。內家者儒家之意，所以別於方外也。又因八門五步，爲此拳中之要訣，故名十三式，言十三法也，後世誤解以爲姿勢之勢，則謬矣。傳張松溪，張翠山，先是宋遠橋與俞蓮舟，俞岱岩，張松溪，張翠山，殷利亨，莫谷聲等七人爲友，往來金陵之地，尋同往武當山訪夫子李先生不遇，適經玉虛宮，晤三丰先生，七人共拜之，耳提面命者月餘而歸，自後不絕往拜。由是而觀，七人均曾師事三丰，惟張松溪，張翠山傳者名十三式耳。或曰：三丰係宋徽宗時人，値金人入寇，彼以一人殺金兵五百餘，山陝人民慕其勇，從學者數十百人，因傳技於陝西。元世祖時，有西安人王宗岳者，得其眞傳，名聞海內，著有太極拳論，太極拳解，行功心解，搭手歌，總勢歌等，溫州陳同曾多從之學，由是由山陝而傳於浙東，又百餘年，有海鹽張松溪者，在派中最爲著名，見甯波府志後

張三丰傳　二

傳其技於甯波葉繼美近泉，近泉傳王征南來咸，清順治中人。征南爲人勇而有義，在明季可稱獨步，黃宗義最重征南，其事蹟見遊俠佚聞錄。征南死時，曾爲墓志銘，黃百家主一，爲傳內家拳法，有六路長拳，十段錦等歌訣。征南之後，又百年，始有甘鳳池，此皆爲南派人士。其北派所傳者，由王宗岳傳河南蔣發，蔣發傳河南懷慶府陳家溝陳長興，其人立身常中正不倚，形若木雞，人因稱之爲牌位先生，子二人，曰耿信。曰紀信，時有楊露蟬先生福魁者，直隸廣平永年縣人，聞其名，因與同里李伯魁共往師焉。初至時，同學者，除二人外，皆陳姓，頗異視之，二人因互相結納，盡心研究，常徹夜不眠：牌位先生見楊之勤學，遂盡傳其秘，楊歸傳其術遍鄉里，俗稱爲軟拳，或曰化拳，因其能避制強硬之力也。嗣楊游京師，客諸府邸，清親貴王公貝勒多從受業焉。旋爲旗官武術教師，有三子，長名錡早亡，次名鈺字班侯，三名鑑，字健侯，亦曰鏡湖，皆獲盛名。余從鏡湖先生游有年，諗其家世，有子三人，長曰兆熊字夢祥，仲名兆元早亡，叔名兆清字澄甫，班侯子一，名兆鵬，務農於鄉里，當露蟬先生充旗營教師時，得其傳者蓋三人，萬春凌山全佑是也。一勁剛，一善發人，一善柔化。或謂三人各得先生之一體，有筋骨皮之分，旋從先生命，均拜班侯先生之門，稱弟子云。有宋書銘者，自云宋遠橋後，久客項城幕，精易理，善太極拳術，頗有發明，與余素善，日夕過從，獲益匪鮮，本社教員紀子修，吳鑑泉，劉恩綬，劉采臣，姜殿臣，等多受業焉。

楊家太極拳要義目錄

目錄

楊家太極拳要義

黃元秀　文叔　編纂

一、太極拳論

未有天地以前，太空無窮之中，渾然一氣，乃爲無極。無極之虛氣，即爲太極之理氣，太極之理氣，即爲天地之根荄。化生人物，始初皆屬化生，一生之後，化生者少，形生者多。譬如木中生蟲，人之生蝨，皆是化生，若無身上的汗氣，木無朽氣，那裏得這根荄，可見太極的理氣，就是天地根荄之領袖也。（此處疑有遺漏）一舉動，週身俱要輕靈，尤要貫串，氣宜鼓盪，神宜內斂，無使有缺陷處，無使有凸凹處，無使有斷續處。其根在於腳，發於腿，主宰于腰，行於手指，由腳而腿而腰，總須完整一氣。向前退後，乃得機得勢，若有不得機不得勢之處，身便散亂，其病必於腰腿間求之，上下前後左右皆然，凡此皆是在意，不在外面，而在內也。有上即有下，有前即有後，有左即有右，如意要向上，即寓下，若將物掀起，而加以挫之之意，斯其根自斷，乃壞之速之而無疑。虛實宜分清楚，一處有一處虛實，處處總有一虛一實，週身節節貫串，勿令絲毫間斷耳。

此係武當山張三丰先師遺論，欲天下豪傑延年益壽，不徒作武藝之末也。

二、王宗岳先師論

太極者，無極而生，動靜之機，陰陽之母也。動之則分，靜之則合，無過不及，隨曲就伸。人剛我柔謂之走，我順人背謂之粘。動急則急應，動緩則緩隨，雖變化萬端，而理惟一貫。由着熱而漸悟懂勁，由懂勁而漸進（一作階及）神明，然非用功之久，不能豁然貫通焉。虛領頂勁，氣沉丹田，不偏不倚，忽隱忽現，左重則右虛，右重則左渺。（一作爲杳）仰之則彌高，俯之則彌深，近之則愈長，退之則愈促。一羽不能加，蠅蟲不能落，人不知我，我獨知人，英雄所向無敵，蓋皆由此而及也。斯技旁門甚多，雖勢有區別，極不外乎壯欺弱，慢讓快耳。有力打無力，手慢讓手快，是皆先天自然之能，非關學力而有所爲也。察四兩撥千斤之句，顯非力勝，觀耄耋能禦衆之形，快何能爲？立如平準，活似車輪，偏沉則隨，雙重則滯，每見數年純功不能運化者，皆自爲人制，卒不能制人，則雙重之病未悟耳。欲避此病，須知陰陽，粘即是走，走即是粘，陰不離陽，陽不離陰，陰陽相濟，方爲懂勁。懂勁後，愈練愈精，默識揣摩，漸至從心所欲。本是捨己從人，多該舍近求遠。所謂差之毫釐，謬以千里，學者不可不詳辨焉。

長拳者，如長江大海滔滔不絕也。十三勢者，掤・攌・擠・按・採・挒・肘・靠，此八卦也。進步・退步・左顧・右盼・中定，此五行也。合而言之十三勢。掤・攌・擠・按，即坎離震兌四方也。採・挒・肘・靠，即乾艮巽坤四斜角也。進・退・顧・盼・定，即金木水火土也。

此論句句切要在心，並無一字敷衍陪襯，非有夙慧者不能悟也。先師不肯妄傳，非獨擇人，亦恐枉費功夫耳。

三、十三勢行功心解

以心行氣，務令沉著，乃能收斂入骨。以氣運身，務令順遂，乃能便利從心。精神能提得起，則無遲重之虞，所謂頂頭懸也。意氣須換得靈，乃有圓活之趣，所謂變化虛實是也。發勁須沉著鬆靜，專注一方。立身須中正協舒，支撐八面。行氣如九曲珠，無微不到。（氣遍身軀之謂）運勁如百鍊鋼，無堅不摧。形如搏鳥之鶚，神如捕鼠之貓。靜如山岳，動如江河。蓄勁如開弓，發勁如放箭。曲中求直，蓄而後發。力由脊發，步隨身換。收即是放，放中寓收。斷而復連，往復須有摺（一作折誤）疊，進退須有轉換。極柔軟，而後極堅剛。能呼吸，然後能靈活。氣宜直養而無害，勁以曲蓄而有餘。心爲令，氣爲旗，腰爲纛。先求開展，後求緊湊，方可臻於縝密也。

又曰：先在心，後在身，腹鬆氣斂如骨髓，神舒體靜，刻刻在心。切記一動無有不動，一靜無有不靜。牽動往來氣貼脊背，斂入脊背，內固精神，多示安逸。邁步如貓行，運動如抽絲。全身意在精神，不在氣，在氣則滯。有氣者無力，無氣者純剛，氣似車輪，腰似車軸也。

四、十三勢歌

十三總勢莫輕視，命意源頭在腰胯。變轉虛實須留意，氣遍身軀不少滯。
靜中觸動動中靜，因敵變化示奇神。勢勢揆心並用意，得來不覺費工夫。
刻刻留心在腰間，腹內鬆靜氣騰然。尾閭中正神貫頂，滿心輕利頂頭懸。
仔細留心向推求，屈伸開合聽自由。入門引路須口授，工夫無息法自修。
若言體用何爲準？意氣君來骨肉臣。想推用意終何在？延年益壽不老春。
歌兮歌兮百四十，字字眞切義無遺。若不向此推求進，枉費工夫貽嘆惜！

五、太極拳名稱

太極出勢。　攬雀尾。　掤攦擠按。　單鞭。　提手上勢。
白鶴展翅。　左摟膝拗步。　手揮琵琶勢。　左摟膝拗步。　右摟膝拗步。

左摟膝拗步。手揮琵琶勢。左摟膝拗步。進步搬攔捶。如封似閉。
十字手。抱虎歸山。攬雀尾。掤擺擠按。斜單鞭。
肘底捶。左右倒攆猴。斜飛勢。提手上勢。白鶴展翅。
左摟膝。海底針。蟾通背。轉身撇身捶。白蛇吐信。
上步搬攔捶。上勢攬雀尾。掤擺擠按。單鞭。左右雲手。
單鞭。高探馬。右分腳。左分腳。轉身蹬腳。
左右摟膝拗步。進步栽捶。轉身撇身捶。白蛇吐信。進步搬攔捶。
右蹬腳。左右打虎勢。右蹬腳。雙風貫耳。左蹬腳。
轉身右蹬腳。上步搬攔捶。如封似閉。十字手。抱虎歸山。
攬雀尾。掤擺擠按。斜單鞭。左野馬分鬃。右野馬分鬃。
左野馬分鬃。上步攬雀尾。掤擺擠按。單鞭。左右玉女穿梭。
上步攬雀尾。掤擺擠按。單鞭。左右雲手。單鞭。
斜身下勢。左右獨立金雞。左右倒攆猴。斜飛勢。提手上勢。

推手歌　大攦約言　楊鏡湖先生約言　六

白鶴展翅。　左摟膝拗步。　海底針。　蟾遠背。　轉身撇身捶。
白蛇吐信。　進步搬攔捶。　上步攬雀尾。　掤攦擠按。　單　鞭。
左右雲手。　單　鞭。　高探馬。　轉身右蹬腳。　左摟膝指襠捶。
上勢攬雀尾。　掤攦擠按。　單　鞭。　斜身下勢。　上步七星。
退步跨虎。　轉身雙擺連。　彎弓射虎。　上步搬攔捶。　如封似閉。
十字手。　合太極。

六、推手歌

掤攦擠按須認眞。　上下相隨人難進。　任君巨力來打咱。　牽動四兩撥千斤。
引進落空合即出。　拈連黏隨不丟頂。

大攦約言

我攦他肘。　他上步擠。　我單手搧。　他轉身攦。　我上步擠。
他逃體。　我一攦。　他上步擠。

七、楊鏡湖先生約言

曰：輕則靈。靈則動。動則變。變則化。

又曰：彼不動。我不動。彼微動。我先動。似鬆非鬆。將展未展。勁斷意不斷。此語非熟練心悟，不能領會也。

八、太極長拳名稱

四正四隅。	掤握擠按。	左右雲手。	魚尾單鞭。	鳳凰展翅。
摟膝拗步。	手揮琵琶。	雀尾勢。	彎弓射雁。	琵琶勢。
上步搬攔捶。	簸箕勢（即如封似閉十字手）		抱虎歸山。	掤握擠按。
斜單鞭。	提手上勢。	肘底捶。	倒攆猴頭。	摟膝指襠捶。
轉身蹬腳。	上步栽捶。	斜飛勢三	攬雀尾。	魚尾單鞭。
轉身撇身捶。	上步玉女穿梭。	兩掌兩拳 左掌右拳	攬雀尾。	左右野馬分鬃二
斜身下勢。	左右金雞獨立。	左右倒攆猴。	斜飛勢。	提手上勢。
白鶴展翅。	摟膝拗步。	海底珍珠。	蟾通背。	轉身白蛇吐信。
上步搬攔捶。	上步攬雀尾。	單鞭。	左右雲手三	單鞭。

太極長拳名稱　太極長拳歌　太極劍名稱　　八

高探馬。　左右分腳。　轉身腳蹬。　左右摟膝拗步。　左右雙風貫耳。

飛腳。　左打虎勢。　右雙風貫耳。　左蹬腳。　轉身蹬腳。

上步撇身捶。　白蛇吐信拳。　進步搬攔捶。　上步攬雀尾。　掤攦擠按。

單鞭。　左右雲手三。　單鞭。　高探馬。　轉身單擺蓮。

上步指擋捶。　上步攬雀尾。　轉身單鞭。　下勢。　七星跨虎。

轉身雙擺蓮。　彎弓射虎。　搬攔捶。　如封似閉。　十字手。

合太極。

九、太極長拳歌

太極長拳獨一家。無窮變化洵非誇，妙處全憑能借力，當場著急莫輕拿。掌·拳·肘·合·腕·肩·腰·跨·膝·腳。上下九節勁，節節腰中發。約言順人能得勢，借力不須拿。

十、太極劍名稱

三環套月。　魁星勢。　燕子抄水。　左右邊攔掃。　小魁星。

燕去入巢。　靈貓捕鼠。　鳳凰點頭。　黃蜂入洞。　鳳凰右展翅。

小魁星。　鳳凰左展翅。　釣魚勢。　左右龍行勢。　宿鳥投林。
烏龍擺尾。　青龍出水。　風捲荷葉。　左右獅子搖頭。　虎抱頭。
野馬跳澗。　勒馬式。　指南針。　左右迎風打塵。　順手推舟。
流星趕水。　天鳥飛瀑。　挑簾勢。　左右車輪。　燕子啣泥。
大鵬展翅。　海底撈月。　懷中抱月。　哪吒探海。　犀牛望月。
射雁勢。　青龍現爪。　鳳凰雙展翅。　左右挎籃。　射雁勢。
白猿獻果。　左右落花勢。　玉女穿梭。　白虎攪尾。　魚跳龍門。
左右烏龍絞柱。　仙人指路。　朝天一柱香。　風掃梅花。　牙笏勢。
抱劍歸原。

十一、太極劍歌

劍法從來不易傳。直來直去是幽玄。若仍欺我如刀割。笑死三丰老劍仙。

十二、太極刀名稱歌

七星跨虎交刀勢。　騰挪內展意氣揚。　左顧右盼兩分張。　白鶴展翅五行掌。

太極劍歌　太極黏連槍　太極刀名稱歌　一〇

風捲荷花葉裏藏。玉女穿梭八方勢。三星開合自主張。二起腳來打虎勢。

披身斜掛鴛鴦腳。順手推舟鞭作篙。下勢三合自由招。左右分水龍門跳。

卞和攜石鳳回巢。吾師留下四方讚。口傳心授不能忘。教斫剁劃截刮撩腕。

十三、太極黏連槍

頭一槍進一步刺心。二槍進一步刺腋。三鎗進一步刺膀。四鎗上一步刺咽喉。（此進步由退即進，因他之進而後進也）退一步採一鎗。進一步挒一槍。進一步挎一槍。上一步擸一槍。（此四鎗，在前四槍之內也）

以上太極門各藝大義，其中精理。終非面授熟練。不能領悟也。

武術偶談序

自古以來哲人舉士，靡不以所學所問，發揮其眞諦，闡明其精義，著述成書。如學術，則有顧炎武之日知錄，如經書，則有王念孫之讀書雜誌，如史學則有章實齋之文史通義，紀曉嵐之史通削繁，如文學則有劉勰之文心雕龍，如書畫則有包世臣之藝舟雙楫，康有爲之廣藝舟雙楫，董其昌之畫禪室隨筆笪重光之畫筌，龔賢之畫訣，秦祖永之桐陰畫訣，畫學心印，如醫學，則有陳士鐸之傷寒辨症錄朱丹溪之心法等書。雖未汗牛充棟，要皆以眞知灼見之心得，發爲衍義淺說，昭示後人，以冀斯學不墜，恢弘有自。

武術爲吾國固有之體育，強種立國，衛身禦侮，有五千年燦爛光榮之歷史，因種種關係，既乏明顯完善之教材，絕鮮闡精抉微之紀載，留傳於世，得資揣摩者，實爲此道日趨式微之一大原因也。甲戌春，俠魂本我素志，荷褚公民誼，及諸同志之贊助，編行國術統一月刊於滬濱，是夏，正感材料缺乏，尤其對刊中主綱內容第二所謂：『凡就經驗之心得，或憑感想之隨筆，以積極光明之態度，袪譏嘲謾罵之辭意，婉委暢達而出之，使讀者有觸類旁通之研究類稿件，更憂無人撰述。時有黃君文叔，承譚君夢賢之介，以武術偶談及楊家太極拳要義合冊，由南昌斐然下頒，展誦一過，正係欲求不得，恰合此類條件之鴻著也。蓋黃君以其奧微曲折之拳理，出諸犀利妙曼之文筆，欽敬與欣慰之心，一時並作，自此與黃君書札往還，訂千里之神交，分期披露，惠四海之同道。茲屆單行本出版之日，預祝洛陽紙貴之譽，爰敢聊抒微意，以誌紀念，弁諸端首云爾。

中華民國二十五年六月十日序於百俠樓

武術偶談

黃元秀 文叔 著述

自光復以還，凡百學術，無不鵲起，即消聲匿跡已久之國術，亦乘時而興。邇來各省備設專館，市間出版風行，但僅屬於槍·刀·拳·棒之方法，所謂教也。而於育字方面，未嘗加以研究。至於煆煉之目的，收效於何處，皆未明白了悟。故練而強者有之，練而致疾者亦有之。余以為對於工夫固屬重要，對於身體，尤宜注意。故須先知調養之方法，效用之目的，然後加以練習之功，乃至國術界中一切習慣，亦須知所謹守。茲將經驗所得，分述於左：

(一)練武術之目的　吾輩提倡吾國武術之目的，非直接致用於戰鬬，係間接收效於事業也。邇來機械化學之戰爭，不能以血肉之軀相抗，有常識者，類能知之。但研究科學，使用火砲，駕駛飛機，非有強壯之體力，不能運用自如，非有雄偉之氣概，不能指揮若定，非有充足之精神，不能深刻研究，即通常社會之事業，亦莫不然。倘學者對於武術，果能按照程序，依法養練，既不過分，又不中輟，循序漸進，則其精力定能增長，以之從事教育，必能發揮其義理，從事實業必能滿足其事業，從事軍政，必能達成其任務，從事科學，必能輔助其研究，此即直接保持健康，間接助長事業，能使全國民衆，增加自衛之奮鬭力也。此種教練，既不必如球場之舖張，又不必有多人之集合，寒暑晴雨，舞劍月下，論藝燈前，深山窮谷，代有傳人，實吾國數千年來，強身健體之絕藝也。

吾人所謂快樂者，舉止有爽快之感覺，思慮有歡樂之興趣，探其原因，皆從精神充足而來。例如兒童活潑跳躍，其心中藏有無限快樂，此即精神充足之故。嗜煙酒者，以煙酒提神，貪一時之快，雖知其害，而不能去。不知練國術者，精神飽滿，身體爽適，其快樂之感，迥非煙酒之提神於一時者可比。一則日久成疾，形成癱廢，一則練成絕藝，卻病延年，其利害相較，不可以道里計也。

(二)調養　邇來練拳術者，皆因身體孱弱而學習，是初學之時，對於調理身體，最宜注意，如四季中。春季應服清補之劑，夏季應服卻暑等品，秋宜滋潤，冬可峻補，凡屬補品，爲習武之人長年所不可少，吾鄉有言：窮文富武是也。曩時讀書者，一部四子書，可以終其身，爲價不過數百文而已，然習武舉者長年培補，所費不貲，即器械用具，亦非一部四子書所可等量齊觀也。至於應進何種補品，則因個人身體不同，不能固定，總之藥補不如食補，通常以魚肝油·牛乳·雞蛋蹄筋·肝腰·脊髓·等物爲宜。其他奇異怪誕之物，如虎筋鹿脯，以及龜·鱉·鱔·鰻·等類，肥濃厚膩，久食恐生疽毒，宜屏除之。

以上所列，如肝則補肝，腰則補腰，魚油補肺，脊髓補髓，蹄筋補筋。此外如豆科植物，亦極滋補，勿以園蔬而忽之。總之食品不尚名貴，食量不在多貪，要宜平均，使之消化，所謂平均者，不可過多過少，所謂消化者，務使咀嚼爛熟。如國術名家孫祿堂先生，太極·形意·八卦·各種拳法，皆負盛譽，年逾古稀，無疾而終。其平日食品，皆極清淡。又廣平楊澄甫先生，太極泰斗，名滿南北，身極魁梧，而食量並不過巨，杜心五·劉百川·諸少林派名家，飲食皆如常人，同學曹晏海兄，身體偉岸，武藝精深，於浙江全國比試會名列第四，上海全國比試會名列第一，殊不知其係長齋茹素者。上列諸君，並皆點酒不聞，考其經驗，或保鏢塞北，或久歷戎行，足跡遍江湖，大名盛南北，而平時眠食起居，皆極珍攝。可見在於調養，並不在過分之飲食，古稱斗酒十肉者，無非形容其豪邁之行耳。

調節時間　即煆煉時間與休息時間，互相調節，其平日所辦事務，切宜節約，騰出光陰，以養其身心，此爲最要之言。余見數友人，因煆煉之後，精神旺盛，對於業務，盡力使用，一年之後，衰象突呈，有友人以此精神供冶遊，不及二載，遽致殞命。故練不得其道無益，練得其道而不知養，更有害也，願熱心此道者，三復斯言。

(三)戒忌　凡人一習拳捧，豪氣自生，輒忘其平日怯弱之態，每有縱酒浪遊，或好勇鬬狠之行。故曩年風氣未開之時，一般家長，皆禁其子弟弄拳藝槍捧等事。一則防其損身，二則慮其肇事。余嘗見國術館附近街肆中，有以拳架式與人鬬毆者，此爲往年所無，年輕子弟，最易犯此。狂酒則傷身，浪遊則廢業，若好勇鬬狠，必致惹禍招殃，其招致之由，實誤認血氣之勇，爲任俠之舉，結果以愛之心，反而害之，是不可也，深宜戒之。

練習國術者，忌在飽食，忌在過飢，忌在酒後，忌在風前，遺精之後，病愈之後，房事之後，業務疲勞之後，皆宜休養一日，或二三日，自覺精神無異，則繼續之，否則必致疾病。

練習後因汗脫衣，或遽飲冷汁，或即安坐睡眠，俱大不可，輕則感冒風寒，重則勞傷氣痛，於練習工夫，反有妨礙。

練武人，遠離女色爲要義，手淫尤爲禁忌，即自然之遺精，亦有礙氣體，況斲傷乎，若犯之自促其壽命矣。凡屬淫書淫畫以及聲色之場，切勿沾染。即有室家之人，房事亦宜節制，年在卅以後，一月一度，四十以後，一季一度，五十以後，一年一度，或且不可矣。習武修道之士，其所以爲資糧者，即精氣神三寶而已，若無資糧，實無可練也。此個中人云：「練武身貴如金，週身毫髮値千金」足見古來武士之重視保養矣。

（四）運動與煆煉　古德云：練精化氣，練氣化神，練神還虛，由虛成道，實千古不易之名言。試觀近日國術比試場及表演會場，往往有皤然長鬚鶴髮童顏之壯士，而歐美運動名家，未必盡享大年，即最近日本運動著名之人見娟枝，自得盛名之翌年，即日長眠地下，此何故耶？是不知精氣神三者之修養也。

先哲有言：「眼珠光澤，舌底津津者，其精必盈。發音洪亮，言語清明者，其氣必盛。眼皮紅滿，指甲赤潤者，其血充行。」又曰：「精足不思淫，氣足不呻吟，神足不惛沉。」

凡人每日三餐飲食，入胃化爲胃養汁，至腸化爲腸餐汁，經各部吸收後，溶而成精，（此節所謂精非精蟲之精，係精液之精，是營養之精華生活之要素）修鍊之士，以命門火蒸騰，化而爲氣，爲血，升而爲神，張而生肌，動而爲力，變化自然，神奇莫測，其經過大致如此，若冶遊之徒，則易他道而入腎臟，故其氣衰，其血貧，其力弱。或再戕之以酒，加之以勞，則營養不敷，必耗其本原，本原既虧，百病自生，促其壽命也。

天地之間，以氣爲本，曰氣象，曰氣運，曰氣數，凡百盛衰，皆視氣之盛衰爲轉移，人亦何獨不然，歷來言人氣之上者，如氣冲霄漢，氣化長虹。其次者氣概雄偉，氣度非凡，力大聲洪，叱咤風雲。其衰者，尸居餘氣，氣息奄奄，故強弱盛衰，全憑之氣，不知其氣，實由精液而成，其所存之處，在丹田，其所成之由，在命火與精液，道家所謂水火既濟，所謂內丹者，即此也。例如近世機器，凡有動力者，皆仗蒸汽而動，以火蒸水，水化爲汽，以汽衝動而行百械，有電力云云者，仍仗蒸汽之力摩擦而生，若水涸油盡，非爆烈即崩潰矣。

氣血行於內者，謂之運，軀壳表於外者，謂之動。運動二字，係表裏運行之稱，所謂流水不腐，戶樞不蠹，推陳出新，借假鍊眞，是方外修鍊之補助。故道家有五禽經，佛家有易筋經，道家有張三丰，佛家有達摩祖，攷其運行之資源，捨精氣神無他道也。

煅煉者，寒暑不易，風雨無間之謂也。人身組織，除黃梅時節外，伏臘二季爲最大變換，故歷來習此道者，於嚴寒盛暑，無不加意調攝，刻苦煆練，以其能長工夫且不易退轉也。所謂煉者，每次演習至出汗，否則謂之裝腔作勢，膚淺無效。常人初汗始於頭部與兩液，繼則腰腹或兩股，若至小腿有汗，則宜止矣。如吾輩馳馬，若見馬耳背有汗，則須停馳，不然有傷其生命。

通常拳廠中每日未明前四點即起，練一小時後復臥，待天明早餐後，向野外散步，呼吸清新之氣，歸來午餐，下午中睡一小時，三四時起復練一小時，或二小時，七時晚餐，夜間八時練至九時止，十時即睡，此爲專門練習。吾輩有職務者，當以早晚二小時爲度，或早晚合爲一小時，或合爲半小時皆可，總求其歲月之久，不求一日之長也。

(五)太極拳之一般　太極拳，近年來風行南北，可謂國術界中最普遍之拳術，遍觀各處各人所練，各不相同，可大別爲三派：

一　河北郝家派　此派不知始於何祖，聞係河北郝三爺所傳，述者忘其名，世以郝三爺稱之，三爺於清季走鏢秦晉間，身兼絕技，善畫戟，名震綠林，鏢局爭聘之，實爲山陝道上之雄。余見天津蔣馨山劉子善等皆練此拳，南方習者不多，吾師李芳宸先生南來時，其家人及同來各員，皆善此。手法極複雜，其動作較楊陳二派增添一倍，約有二百餘式，表演一週，時間冗長，據吾師云：「此於拳式之外，加入推手各法，故較他派手法齊備，因太繁細，頗不易記，諸君既習楊家派，其理一貫，毋須更習。」余慫恿朋儕學習之，計費六十餘日，不能卒業，可見其繁細矣，孫祿堂先生云：「此拳之長，極盡柔順之至。」爾時余忘索其拳譜，不知與陳楊兩派之理論，有無異同也。

二　河南陳家派。　即河南溫縣陳家溝世傳之拳，余所稔者，如陳君伯瑗，及績甫叔姪，子明昆季等，皆陳氏之裔，而世其術者。據子明績甫二兄云：其先世以此報國保鄉，立功勳者累累，故合族皆習太極拳，略分新架子與老架子兩種：並有所謂太極砲拳者。余閱其動作，及所示拳譜，完全與楊家所傳者不同。其手法剛，其步法重，運勁一切，卻有獨到之處，可異者，即陳氏各人表演，亦覺不盡相同。近聞張之江館長派人至陳家溝考察，攜帶其世傳拳譜付梓，與子明兄所刊行本亦有歧異。揣其緣由，想因歷次傳抄，不免魯魚亥豕，或有心得者從而修改增減之，轉輾變易，遂有出入矣。

三　北平楊家派　即世稱楊無敵楊露禪先生所遺傳，如楊班侯·楊健侯·楊夢祥·楊澄甫·許禹生·吳鑑泉等，亦各不同，大致分為大架子與小架子兩種。余嘗以此事問之澄甫先生，先生答曰：

「先求開展，後求緊湊。初習者宜大架子，能使筋脈舒張，血氣充行，確定方位，表示工夫到用時，要快要便宜，小架子也，家兄現在練的，都是打人法則。」其意若曰：基本工夫尚未做到，欲越級而學打人，等於小孩平路尚不能走，先要學跳，其可得乎？例如學游泳，平穩靜水之中，尚不能浮泳，欲涉驚濤駭浪之江海可乎？又習騎馬，粗淺之慢步未有把握而欲跳越障礙可乎？古人所謂登高必自卑，行遠必自邇，實爲至理名言。總之打人之事，非日常所需，而康健實爲須臾不可離，試問吾輩，何者爲要，何者爲急？本篇所述皆屬平庸之談，卑無高論，倘讀者能循此而進，日計不足，月計有餘，於康健上不無裨益。至於驚奇駭俗之論，好高務遠之談，是非鄙人所知矣。近日一般學者——非徒弟之列，指普通學者。——往往求速求快，最好將太極拳五六步工夫，數十年學力，在三兩日內學成，故近年學太極拳者，由北而南，黃河流域，長江流域，浸至於珠江流域，不下數十萬人，即以浙省而論，十餘年來亦有數千人，至今能稍有成就者，幾寥若星晨，即以普通能在推手上將掤・攦・擠・按四字分得清楚者，亦不多見，其原因何在耶？一在求速，二在無恆，好高務遠者，決無成就。總之吾人先從基礎上練起，決無錯誤，第一求氣血充足，然後能精神飽滿，身體強健，務使架式正確，舉動合法，使其有利而無弊，循序而漸進，不在思想之急迫，而在學力之勤惰，與方法穩妥否也。楊夢祥先生，拳架小而剛，動作快而沉，常使冷勁，偶一交手，肌膚輒痛，所指示者，類多應用方式，其工夫，碻得乃祖眞傳，惜非常人所能學。文弱者，不堪承教，無根底者，無從領悟，且性情剛烈，頗有其伯楊班侯之遺風，同志中，每興難學之慨，故其名雖盛，其徒不多。澄甫先生，即夢祥先生之胞弟，架子開展而柔順，手法棉軟而沉重，所謂絲棉裹鐵彈，柔中有剛，好太極拳者，均歡迎之。但仍有不願與其推手者，每一發勁，輒被撲跌尋丈以外，爲弟子者，仍難領受其內勁滋味。余常問澄甫先生，教人何必如此，先生曰：非如此，無以示其勁，若隨隨便便模模糊糊，君等何必來，豈不徒耗光陰。虛糜金錢耶？十八年秋，楊爲浙江國術館教務長，余常與推手，某次比演雙按，楊順勢一撲，其手指並未沾著余之衣襟，而余胸間隱隱作痛，移時，照常理論，手臂既未接著，何來疼痛之感？殆所謂拳風者耶？余詢之楊，楊曰：內勁耳，氣耳，余至今仍不解其所以然也。據田紹先先生云：當年學習時，以拳盡力擊楊健侯老先生之腹，老先生腹一鼓，紹先跌出庭外，而老先生仍安坐椅上，手持菸筒呼吸如常，若不知有所舉動者。後與澄甫比試，被擊於右脅，而痛於左脅者月餘，凡此種種，皆爲技術上不可思議之事，然考紹先之工夫，其手法之妙，出勁之沉，實非普通太極拳家，所能望其項背，余非爲其宣傳，凡有太極拳有歷史者，莫不知田紹先爲太極拳名家也。他於武匯川・褚桂亭・陳微明・董英傑諸君同爲澄甫先生入室弟子，行道於南北者，亦有年，聲譽籍籍，頗爲社會人士所欽仰，而手法仍各有不同，理論亦各有其是，其他私淑不可知矣，以上三派拳法，各有特長，各盡其妙。不能從同，亦不能強同，其中並無軒輊可分。在學者更不得是此而非彼。要之一種藝術，能歷千餘年而不廢，博得一般人士之信仰，其中碻有不可磨滅之精義，令人莫測之妙用存焉。

據以上情形，無論係何派何師，一家所傳，一人所傳，其動作多少，皆不能同，亦不必蓋同。不僅太極拳如此，即彈腿一門，有練十路者，有練十二路者，此爲回教一門之藝，尚且有兩種之分，又若少林門各拳，有宋太祖拳，有岳家手法，此傳彼授，各是其是，各非其非，惟情理論總須一致，設或理論不同，則其宗派顯然有別，不得謂爲同門矣。以此質之海內專家，以爲如何？

練拳（一）　練太極拳全套架式，每日學一二式，繼續不斷，以常人資質，約一月可以學全。須經兩月之改正，再加一月之苦練，共計四個月，其式樣姿勢，即離開師傳一年，可以不致變換。—— 若僅一月光陰，粗知大略，一經改正，則不得謂之學會，因稍有間斷，其方向與動作，早已走變矣。—— 但

每日仍須復習不可間斷，若每日兩遍能使純熟，每日三遍能增工夫，每日一遍不過不忘而已，

練拳（二）　學習拳架自第一動起至末尾止謂之一套，其中名目百餘式式皆要綿密周到，而且要輕靈沉著，無有一式可以隨便，無有一式可以丟頂。——丟者離也，頂者僵也。——　四肢百骸，從輕從綿從柔。輕而不可忽，綿而不可斷，柔而不可疏，若注意而起僵勁，此所謂頂，便離太極門徑矣。學者切宜注意之。

練拳（三）　練太極拳一遍，其經過時間，是愈長愈妙，有練一遍需一小時以外者。練慢之後，亦須練快，有以數分鐘內練五六遍者，無論慢快，總以均勻爲貴。譜曰：『毋使有缺陷處，毋使有凹凸處，毋使有斷續處。』初學之人練一遍，最少八分乃至十分鐘，如經五六年後工夫已深，則可練快，惟須式式到家，不可因快而草率。至於架式分三種：初練以高架子，繼則四平架子，（眼平，手平，腿平檔平。）再則工夫日深，逐漸而進於低架子矣。由高而平而低，皆從工夫上來，不可強求，否則弊病百出，無益於學者。

練拳（四）　練架式，外面注意動作，務使勻靜。譜曰：『由腳而腿而腰，總須完整一氣。』內部氣分呼吸，亦要勻靜，若無事然，萬勿迸氣，心意不可呆滯。譜曰：『精神能提得起，則無滯重之處，所謂頂

頭懸也，意氣須換得靈，乃有圓活之趣，所謂變化虛實也，」此外各變勁工夫，例如本係提手上勢之勁，一變而爲白鶴亮翅之勁，再變而爲摟膝拗步之勁。各式各氣，各氣各勁，由此式而變彼式，交接之間，換式換法，換法換意，由換意而換氣，由換氣而換勁，此中變換轉動之間，與學者內部之意氣運用，外部之四肢伸轉開合，有極大關係，務須依照譜中各論而適合之。

練拳（五） 所謂增工夫者，即學者之氣日增漸長，——不致氣喘身搖，——手足日漸輕靈，腰腿日漸柔順，手掌足底日漸增厚，頭部與兩太陽穴日漸充滿，精神充足，思慮周到，發聲洪亮，耐飢耐寒，能鎮定，能任勞，飲食充分，睡眠酣適等事，可以證到。

練拳（六） 第拳法雖皆有益，而學者身體，碻有相宜不相宜，乃有博學與選學之分別。如年富力強，環境許可者，不妨由博而約，各家門徑，均可涉獵，結果則專修一門。若年事已長，且有業務關係者，則選其與己相宜者習練之，易於得益也。

練拳（七） 例如身軀肥大者，可學通臂拳摔角等技。如身材中等而強壯者，可學撻角拳·八吉拳·太祖拳·形意拳·等技。如身輕靈小巧者，可學地淌拳·猴拳·醉八仙·等技。如年事已長，身體乃弱者，可學八卦拳·太極拳·金剛十二法·等技。中國拳技繁多，今余不過舉其大概而已。

練拳（八）　專練拳架，是爲運動衛身之術，修己之事也。學推手與散手，爲攻避方法，及練勁之術，敵人之事也。若年事已長，身有宿疾者，專練拳架，亦可卻病延年。如年力富強，環境優裕者，儘可專聘名師，爲升堂入室之研究。

練拳（九）　據友人云：太極拳中各式，實兼備各家拳式。全套中有八種法：如掤．攌．擠．按．採．挒．肘．靠，又有八種勁：如退步跨虎爲開勁；提手上勢爲合勁；海底針爲降勁；白鶴展翅爲提勁；摟膝拗步爲進勁；倒攆猴爲退勁；拖虎歸山爲右轉勁；肘底捶爲左轉勁。

又有八種式：如十字手，少林門爲平馬式；摟膝拗步，少林門爲攻步式；下勢，少林門爲撲腿式，獨立金雞，少林門爲獨立式；手揮琵琶，少林門爲太極式；搬攔捶，少林門爲坐盤式；栽捶，少林門爲麒麟式；膀虎，少林門爲懸腳式；共爲八式，無論何種拳法，總不外此八式，故稱拳師爲把勢者，即實八式之訛也，

八快歌　行加風，站如釘，升如猿，降如鷹，鎚賽流星，眼如電，腰如蛇行，腳賽鑽。

太極拳中八法八式之外，尚有八腿：如翅．蹬．起．擺．接．套．襯．採。清末時所練者僅四腳：如左右翅腳；轉身蹬腳；二起腳；擺連腳。現在竟致僅練翅蹬擺三腳，其他四法，更無所聞。如接者，見敵腿來時，

以我之腿接其腿而踢之，謂之接腳。套者；見敵腿來時，套出而踢之，若敵從左方踢來，我套在右方踢之，敵從右方踢來，我套在左方踢之，謂之套腳。襯者；以我之腳踢敵腳之內側方，如襯其內，謂之襯腳。採者；即以腳橫斜而採之，用在敵來我側方時踢之，謂之採腳。此四腳極不易練，亦不易用，須有長久單練工夫爲之補助，不然，不能應用自如。想後來一般教太極拳者，因不能使人人普遍學習，且年長身弱之人，更難習練，故除去之，但其應用之巧妙，踢法之齊備，不可不表而出之也。

踢腿要領，有「直起風波」四字：直者；踢腿蹬腳；無論向前向側，總須要直，若不挺直，不能貫澈工夫。起者；高也。踢腿蹬腳；皆要高，能高可滿足企圖，最小限度，亦得踢過腰，練時能高，用時可以如意。風者；踢出蹬出時，快而有風聲，此言其快，不快無風，即不能出勁。波者；踢出之腿，自腰際至腳尖，有波浪形狀，表示腿勁，貫到腳尖之意。有此四字，可以稱踢腳要領齊備，不僅太極拳如是，無論何門何拳，基本要領，莫不如是也。踢腳與踢腿不同，以腳尖腳邊腳掌打人者，謂之踢腳蹬腿，以腿之全部打人，或以腿之後跟打人者，謂之踢腿，其要領同，據此道中人云：「手如兩扇門，全靠腿打人。」「八式無眞假，指上便打下。」足見用腿之重要矣。

練拳（十）　習練拳術，最要注意手眼身法步五大項。所謂手者：即掌拳肘合腕等動法。所謂眼者：

即左顧右盼，或向上向下等看法。所謂身者：即肩腰胯等動法，如含胸拔背轉換等事。所謂法者：即拳術各種名式，如太極拳中各名稱，紅拳中各名稱，花拳中各名稱，各拳各路，各套各法，不勝其述，要皆拳路中打人之方法也。所謂步者：是練拳人最易疏忽而最要之事，步為根基，快速在步，穩固亦在步，著與不著在步，巧與不巧亦在步。此道中人曰：『手到腳不到，自去尋苦惱，低頭與彎腰，傳授定不高。』此兩句話，五種方法，皆說到矣。

附田武兩先生來函　文叔學兄偉鑒：久未暢談，渴念殊甚。頃奉華扎，敬悉種切，謹將所詢，答復如下：練太極拳之要旨，務須身體中正圓滿，氣要鬆，手按時要從肩肘蠕蠕搓出；兩肩要鬆，兩肘要下沉；尾閭要收。腳落地時，先虛而後實，上下一致，式式均要圓滿。頭要提頂；氣沉丹田；練時要慢，快則氣即上浮，如在贛有知心好友，可教一二，以便互相研究，推手亦易進步，身體亦能健康矣。素知我兄文學理想淵博，又能虛心研究，日後定能成為太極名家，興盛此術者，惟有我兄是賴。其他恐不能及也。嗣後我兄勦匪凱旋歸來，再為趨階謁賀，現當勦共期間，諸多勞苦，玉體善自珍重，是所至禱！謹此奉陳，敬請道安。　弟武匯川謹啓　二十三年八月二十一日

文叔先生大鑒：展讀來示，前由林君轉致一函，已經台閱。閣下近來致力研究太極拳，化發諸勁，

進步定必甚速，深爲欽佩！所舉疑問數點，囑爲解釋。麟自愧功夫淺薄，恐仍未能詳盡，今就所知者略言一二。（一）「化勁」之最重要者，是順人之勢，尤其是快慢要相合，過快則敵勁易生中變，太慢仍未能化去。（二）「發勁」先要化勁，化得好，才有發勁的機會，機會既得，即宜速放，其勁要整要沉著。（三）「攻人」全在得機得勢，機會未到，不當攻人，「雙分」「單分」時候要合得上，掤勁亦甚重要，靠勁先要化得合法，靠時要快，要有一定目標。凡此種種，苟非著實久練，不能得心應手，閣下以爲然否？舍間大小托庇均各平安，請勿念，專復，順頌　大安。　田兆麟頓首。廿三年十月八日

推手（一）　習練拳架，係一人虛擬，其勁之如何？究屬渺茫。故進一步練推手，即實現其掤・攌・擠・按・採・挒・肘・靠之用法，換言之，以循環的攻避方法，來試用太極拳打人避人手段是也。其中最難者即聽・化・拿・發，此四字工夫。所謂聽者，即以我之手腕身軀，與對方接觸時，剎那間，知其動作變化，謂之聽；同時避其攻擊，謂之化；同時定其作用，謂之拿？同時攻其弱點，謂之發。詳言之，分此四段，而實在是一剎那間爲之。故此四字工夫，甚難甚難，雖畢生研究，亦無止境。其總訣在一元圈，其化也，發也，避也，攻也，無不以元圈爲之，所謂太極者在此，所謂妙用者亦在此。——（採挒肘靠同）——

推手（一）　以余個人之揣擬。初練習推手者，於掤．攦．擠．按，中先以兩人合作五個大元圈，來試演之，名為基本方法。：一平面元圈；：二直立元圈；：三斜形元圈；：四前後元圈；：五自轉元圈；先將此法習演純熟。以後可以變化各種元圈，而妙用之。但此五圈，非面授不可，筆墨之間，難以盡其動作。初試元圈大而笨；繼則小而活；再則其圈不在外而在內；有圈之意；無圈之形；一剎那間，而妙用發矣。到此地位，可以意會，不可以言傳，莫知其妙，而妙自生，非有長久克苦工夫，不能到也。

推手（二）　推手為太極拳實驗之方法，已如前言之，此外須要注意者有三：第一：不可存爭勝負之心。彼此既為同道，自有互相切磋之誼，動作稍有進退挫折，並無勝負榮辱之可言，何可在此計較而生嫉妒之念？：第二不可存賭力之心。太極之妙，是在巧，非在蠻力，譜上云：『察四兩撥千斤，顯非力勝。』若恃蠻力。是非研究太極拳之道矣。：第三不可存作弄之心。凡屬同道，皆當互愛互助，彼高於我者，應謙恭而請教之，彼不如我者，當誠懇而指導之，：語云他山之石，可以攻錯，勿以其力弱可欺，而出我之風頭，似非同道者所可有也。

推手（四）　兩人一交手，即須研究手．眼．身．法．步，五項，並練掌．拳．肘．合．腕．肩．腰．胯．膝．腳，各勁，及掤．攦．擠．按．採．挒．肘．靠，前進．後退．左顧．右盼．中定，十三勢，方始為推手之目的。推手之本事，每見普通學者，不按上列諸法習練，俗語所謂磨豆腐者，雖千遍著遍，有何益焉。

推手（五）　初習此者最好選身體大小相等之人靜心細想而琢磨之。或有不對處，不領會處，請師詳細指導之。勿憚繁勞，勿稱意氣，而專心一貫研究，自有水到渠成之一日。

推手（六）　今將拳論上所述之聽化拿發等工夫，分註如下：王宗岳先師論曰：人剛我柔謂之走，我順人背謂之粘。此二語即言我與敵接着時，敵以剛硬來撲，我以柔化之，是爲化勁。借其勁，使陷於背勢，而我處順勢，仍不與敵脫離，是爲拿勁。上句是聽勁中帶化勁；下句是化勁中帶粘勁；能使敵陷於背，我處于順，向其背處，稍一發勁，則敵必如摧枯拉朽而撲跌之，能得此機會，謂之拿。又曰：「曲中求直，蓄而後發，蓄勁如開弓；發勁如放箭，發勁須沉着鬆靜專注一方」是爲發勁。但以上聽、化、拿、發四步工夫，須從粘字中練出來。又曰：「動急則急應，動緩則緩應」；即謂敵來步快，快應之，來得緩，緩隨之。但我總不與敵脫開，是爲粘勁。若手臂不粘連，腳步不跟隨，如何能聽能化？更不能拿，不能發矣。其行功心解曰：「往復須有摺疊，進退須有轉換」此言與敵靠近時之變換身法也。續曰：「極柔順而後極堅剛。能呼吸然後能靈活」係指示內部運化工夫。再曰：「邁步如貓行，運勁如抽絲」形容其舉步如貓行之輕靈穩固，運勁如抽絲之不斷不猛，係指外表工夫。要實驗以上所云，皆離不了論中所謂「由著熟而漸悟懂勁由懂勁而階及神明。」換言之欲懂勁，非由接着與熟練不可。且如階級的一層一級而達到神而明之之地位也。但學者從何而懂勁？從何而接着？從何而熟練？只有從推手做起。

推手（七）　凡學習推手者，身體切不可前傾後仰。若前傾，重心偏於前方，對方用採勁易於向前跌倒。如後仰，重心偏於後方，對方用挒勁，亦必向後跌倒，此其一也。彼此一交手，他方必有攻誘方法，我方必須保留轉換變化之餘地。惟身軀中正，則有餘地可以左右前後迴旋也，此其二也。在推手時，遇對方手腕沉重或來勢猛烈，一不可兩手縮緊，二不可使用蠻勁，三不可胸中迸氣，四不可身向後退。如兩手縮緊，長度必定減短，不能彀着對方。使用蠻力，全身必定僵硬，猶如笨伯，其原理是與太極相反，所學方法無可使用矣。至於胸中迸氣，血液停滯，面色逐漸變青，實屬有礙生理。身向後退，被人隨勢進攻，無有不敗。學者於此四弊，切宜注意！

推手（八）　凡初學者，無論練拳·練推手·大攦散手等技，一要觀人練習，凡有身法好，手法純，步法靈，可爲學範式者，皆須一一留意而深記之。二要聽人講解，如遇前輩，及同學中有心得之談，經驗之論，均宜虛心靜聽而領會之。三要實地鍛鍊，此爲實際工夫而達到能實行地位。若只知鍛鍊而不知觀與聽，古人所謂盲修瞎練，小則勞而無功，大則有害身心，結果所得，與目的相反也。

推手（九）　推手與練拳，既已如上述，其屬於本身者，即以虛實二字。四肢百骸均要有虛實之分，剛柔之別，如進退起落無虛實，必定笨滯，不能輕靈也。兩足固宜分虛實，一足亦須有虛實，非但兩手有虛實，一手亦須有虛實。論中云：「虛實宜分清楚，一處有一處虛實，處處總有一虛一實。」王宗岳先師曰：「每見數年純功，不能運化者，皆自爲人制，卒不能制人，則雙重之病未悟耳。」所謂雙重者，即虛實不分。先師又曰：「雙重則滯。」滯者，運用不能輕靈，便爲人制。又曰：「偏重則隨。」若偏重一手，或偏重一足，而不寓有虛實者，必隨人受制。又曰：「欲避此病，須知陰陽，陰不離陽，陽不離陰，陰陽相濟，方爲懂勁，懂勁後，愈練愈精。」所謂陰陽者，包含虛實也，剛柔也，收放也，開合也，進退也，起落也，閃轉也，騰拿也，皆在其中矣。

所謂剛柔者，與人推手時，兩手相接，神氣外揚，肌肉堅硬。轉變擴大，發勁能動中心者；是人練械多而練拳少，其勁屬於剛也。兩手相較，動作綿而細，步法身法輕靈，接着如有力，打去猶無物者；是人練械少而練拳多，其勁屬於柔也。若能神氣安舒，身穩如山，上下相隨，發勁沉長，而震動全身者；是人剛柔具備，其勁陰陽相濟矣。學者須知柔勁與剛柔，並非如物理化學之專科，吾人終年練習，有時屬於剛勁，有時偏於柔勁，惟剛柔相濟爲最少耳。練劈掛八吉等拳者，發勁大半偏於剛勁，練八卦太極者，往往偏於柔勁。其實無論何門何拳，均須剛柔兼備，陰陽相濟，方爲拳藝之正宗也。

推手（十）　推手動作，表面上雖在手腕，而實際上全在腰中，亦可以說手是三分，肩是一分，胸是一分，腰是五分。若肩不能鬆，胸不能涵，腰不能活，全仗手腕，決不能化人，亦不能發人。此事在練拳架時，即須注意。此外步之穩不穩，係在檔勁。細言之：即跨·腿·腳三部分連系動作。換言之：能粘連否？是在上身，即手·肩·胸·是也。能跟隨否穩定否？是在下身，跨·腿·腳·是也。但上下運用之樞紐，完全在腰，譜上云：「其病必於腰腿間求之」腰勁一事，不但太極拳所重視，如形意八卦，均極注重，即少林門亦無不注意之也。以上所言，係形質之談。至於內部氣之一字，先從意字起，意之所到，雖未必是氣之所達，氣之所達，未必即血之所充。但非由此無從入手，故先以意導氣，以氣行血，久之意與氣，自能合一，氣與血，自能相隨。其行功心解曰：以心行氣，務令沉著，以氣運身，務令順遂。心者，意也。身者，血肉也。但運行之間，於腰着順遂兩語，切宜重視。否則？非流入漂浮，即陷於別扭。至於沈著之法，即氣沉丹田。順遂之法，即活用腰腿。內外一致，方合其義。須用默識揣摩工夫，而后能從心所欲，其細微原理，俟軍書稍暇，再詳言之。一般練拳與推手者，大半注重在上部，手法如何如何？身法如何如何?前已言之。但不知下部之關係,實比上部爲重要,其變化與進步,須從實地試練出來。練拳人,初則高低大小不能自然動作不能穩定。繼則動作漸勻,步法漸穩,再進則舉止輕靈,隨心所欲。至於推手經過,初則腰腿硬直,搖擺不定。再則旋轉進退,逐漸穩固。再進則心手相應,腰腿一致。

大攌　太極推手工夫分作三步:其初則原地推挽爲第一步。繼則活步推手。(即此進彼退彼進此退之法)爲第二步。其意爲原地練習既熟,進而練行動中掤攌等法,但此不過直線之行動而已。此法練熟,繼而練四斜角行動方法,大攌者即練習四斜角之方法也,爲第三步。練大攌之靠者,前進必須三步,方與攌者成正直角。若用兩步必斜,至於攌者,必退兩步,若用一步,不能避對方之攻擊。此方攌彼方靠,彼方攌此方靠,往復循環而演之。無論何方在攌在靠時,其架式要底,腰跨要,正方合其要領也。

散手　第四步爲散手,計分兩種:

(一)利用太極拳中之各式兩人對打,例如甲用雙風灌耳打乙,乙用雙按破之;甲用攌打乙,乙用單靠破之;二人聯續對打,如花拳中之對子,惟轉變發勁不同耳。若不習之,則太極拳各式之應用不知,直等於學單人跳舞矣。

(二)上列散手對打，皆係預定方式，雙方編練成套。第二種則不然，雙方均無預定，亦無式樣，各方一作準備姿勢，即開始攻擊；或緩或急，或高或低，或方或圓，用拳用腿，各聽自由。大致歷來相鬬方式，一爲圓形方式，如甲在中心，乙游擊四週。其次縱形方式，直來直往，二人中你來我往，我退你進，成一縱形決鬬式，與比試大半不外此二式，二人一交手，謂之一合。戰鬬合數之多少，全在平日練架氣分之長短？拳足之準否？發勁之大小？全在推手大攌之精粗。此段工夫，完全實用功夫，亦可謂最後一步功夫，習此者，非常練苦練不可，初期與師傅對打，爲師者，常要讓生徒撲擊。此道中人，所謂喂腿喂拳是也。爲師者，若不喂之，生徒無從得其三昧，是爲師者，最難最苦之教授。一則難得機會，既要精神充足，又要無人偷視，且須身授撲擊，不免痛苦。二則防生徒學成，而有欺師叛道行爲，或者忌其優勝於師，而師自失其地位與生計。故爲師者，往往不肯教授，實有不得已之苦衷存矣。學拳如是，學器械亦如是，其困難更甚於學拳。

太極拳散手對打名稱：

(一) 上手 上步捶　(二) 下手 提手上勢

(三) 上手 上步攔捶　(四) 下手 搬捶

(五) 上手 上步左靠
(六) 下手 右打虎
(七) 上手 打左肘
(八) 下手 右推
(九) 上手 左劈身捶
(一〇)下手 右靠
(一一)上手 撤步左打虎
(一二)下手 左劈身捶
(一三)上手 提手上勢
(一四)下手 轉身按
(一五)上手 摺疊劈身捶
(一六)下手 撇捶(開勢)
(一七)上手 橫挒手
(一八)下手 左(換步)野馬分鬃
(一九)上手 右打虎(下勢)
(二〇)下手 撤步攦
(二一)上手 上步左靠
(二二)下手 轉手按
(二三)上手 雙分蹬腳(退步跨虎)
(二四)下手 指襠捶
(二五)上手 上步採挒
(二六)下手 換步右穿梭
(二七)上手 左掤右劈捶
(二八)下手 白鶴亮翅(蹬腳)
(二九)上手 左靠
(三〇)下手 撤步搓臂

太極拳散手對打名稱

(三一)上手　轉身按(攌勢)　(三二)下手　雙風灌耳

(三三)上手　雙按　(三四)下手　下勢搬捶

(三五)上手　單推(右臂)　(三六)下手　右右臂

(三七)上手　順勢按　(三八)下手　化打右掌

(三九)上手　化推　(四〇)下手　化打右肘

(四一)上手　採挒　(四二)下手　換步截

(四三)上手　右打虎　(四四)下手　轉身撤步攌

(四五)上手　上步左靠　(四六)下手　回擠

(四七)上手　雙分靠(換步)　(四八)下手　轉身左靠(換步)

(四九)上手　打右肘　(五〇)下手　轉身左獨立

(五一)上手　退步化　(五二)下手　蹬腳

(五三)上手　轉身(上步)靠　(五四)下手　搓左臂

(五五)上手　轉身(換步)右分腳　(五六)下手　雙分右摟膝

（五七）上手　轉身（換步）左分腳　（五八）下手　雙方左摟膝

（五九）上手　換手右靠　（六〇）下手　回右靠

（六一）上手　撤步攦　（六二）下手　順勢靠

（六三）上手　回擠　（六四）下手　轉身按

以右列上下六十四手，僅利用太極拳全套之半，其餘容暇時續記。

練勁　無論練拳與練器械，總須將內勁練到四肢。如練器練。不論劍槍等藝，則須將內勁達到器械之尖。劍則劍尖，槍則槍尖。至於勁之大小，因先天秉賦之不同，不能苛論。能到器械之尖，武藝功夫可算到家矣。但練習程序，不可躐等，先在徒手時，將身軀之勁貫通肩・臂・腿・腳四部，而后到手尖足尖。要此步功夫做到，亦須三四年，然後再用短器械，練到長器械，要使內勁貫到器械上，甚難，非徒手工夫可比。個中人謂透三關，第一關將勁貫到械上，第二關由械柄通過械中心，第三關達到械尖。此三關功夫，不在本身力之大小，而在平日水磨功夫如何？由科班出身者，（從徒弟出來）下過苦功，大半能透三關，一般票友中所能者無幾矣。

練勁之經過既如上述，今將「太極拳勁」之種類分述如下：

練　勁

一、「柔勁」，又名「粘勁」。此太極門最初之練勁法。拳譜上所謂：「一舉動，週身俱要輕靈，尤要貫串，無使有缺陷處，無使有凹凸處，無使有斷續處。」初練拳架時，全用「柔勁」。否則不能貫串，必有缺陷與凹凸斷續之病。王宗岳先師論曰：「人剛我柔謂之走，我順人背謂之粘」，「不偏不倚，忽隱忽現，左重則左虛，右重則右渺。」（此係與人交手之柔勁功夫，推手時便可用之）十三勢行功心解云：「極柔輭而後極堅剛。」又曰：「邁步如貓行。運勁如抽絲。」楊鏡湖先生約言曰：「似鬆非鬆，將展未展，勁斷意不斷。」等語：即將柔勁之理，說得極其明顯，其效用在能粘能吸，與敵粘住，總不使其離，將其吸住，使其爲我制。初學者，均須從此入手，若初學之人，不注意於此，便離太極門徑，決難成就。

二、「剛勁」，又名：「斷勁」，有稱「冷勁」，有稱「捌勁」。其名不同，其法則一，其性激烈，發時如炮彈爆炸。譜上云「運勁如百鍊鋼，無堅不摧，靜如山岳，動如江河。蓄勁如開弓，發勁如放箭，曲中求直，蓄而後發。」「發勁須沉著鬆靜，專注一方」等語，皆指示剛勁之法，其效用，是將敵人掃蕩無餘。練此勁時，注意在猛而長。若發勁短促，雖剛烈，亦無多效用也。

三、「接勁」又名「借勁」，其勁中包含「聽勁」「化勁」「剛勁」「柔勁」諸法。此勁最難練，是爲最後功夫，敵勁到，我勁亦到。譜上云：「彼微動，我先動，換言之：敵勁之到我身，我即化其勁而發之，有時敵勁將到時，我已先敵而發之。總之我接敵之勁，借敵之勁，而發之，其方法是在一圓圈。敵勁到身時，起一極小圓圈而發之，此圓圈，非目力所能見，非初學所能知，非到微妙程途不能領會。語云可以意會，不可以言傳也。譜云：「得機得勢」又云「將物掀起，加以挫之，其根自斷」歌曰：「引進落空合即出。」「捧動四兩撥千斤。」「妙處全憑能借力，無窮變化洵非誇」等。省言接勁要領，此中方法，全須面受，又須熟練，非筆墨所能盡也。

比試　即由散手中學習而來。學習散手，有經驗，有進步，再下苦功，到比試時，定有幾分把握，雖然遇到強敵，不能取勝，總不至意外吃虧。攷散手一步功夫，實爲練武者最後功夫，亦爲練武者最後目的。若練武人不會散手，便不能比試，便何能與人決鬪，在倉卒中何能獲到效益，此西人所以譏我中國武藝爲單人跳舞也。今將關於比試之管見，試述如左：

比試在教練中謂之散手，在角逐中謂之比試，在衝突中謂之決鬪，其名目雖異，其效用則一，是爭勝敗於俄頃也。吾人五官四肢皆同，雖秉賦同異，而性靈則一。我能見，彼亦能見，我能打，彼亦能打，所以能取勝者，是在方法，是在熟練，有方法而不熟練，雖有等於無，單靠熟練而無方法，所謂盲修瞎練，亦徒勞也。方法與熟練之要素有三：一、要狠；二、要快；三、要準。一：狠者，能取攻勢，出手時能到家，能盡力，能克敵，若心一柔，便無用矣。二：要快，是在同時並發，彼發我先發，彼發短。我發長，彼發軟，我發硬，彼發柔，我發狠，是我勝矣。三：要準，準字爲最重要，若出腿出手，皆不準，心雖狠，手雖快，皆無用也。

武當對劍名稱

第一套　上下出劍式：對平刺。（陽手）對翻崩。上點腕，下抽腕刺。對提。對走。下翻格帶腰。上翻格帶腰。重二遍。下壓劍擊耳。（灌耳）上帶腕。（崩勢）對提對劈。下刺喉。上帶劍刺喉。陽劍圈。上橫攪。下擊頭。上擊腿。下截腕。上帶腕。（保門勢）下左截腕。上抽腕刺胸。下截腕。上帶腕。（保門勢）下翻格。上抽腕。各保門完。

第二套　下上步擊。上擊腕對提。上刺膝。（箭步）下壓劍帶腰。（箭步）對翻崩。上點腕。下斜刺崩。上抽。下刺腹。上左截腕對劈。下反擊耳。上反擊腕。下抽腿互刺腕抽腰走。重二次。下擊頭。上帶腕回擊。對提。各保門兒。

第三套　下劈頭。上格劍帶腰。下格腕帶腰。上格腕帶腰。下格腕帶腰。上格腕帶腰。下壓劍。翻擊耳。

（灌耳）上直帶。（崩勢）下提。上上步扣腕擊。下上步扣腕擊。對走。對反抽。下刺腹。上格腕。對繞腕。各保門完。

第四套　上洗。下陽劍圈起手。對陽劍圈。下陰劍圈起手。對陰劍圈。下進步攪。對攪。下抽。上下進退帶抽。重三遍。下崩。上抽。下上步刺。互壓劍。上擊腿。下反擊耳。下直帶。對提。各保門完。

第五套　對伏式。上刺。（中陰手）下擊腕。上抬劍平截。對截腕。對提。對走。上正崩。（中陰手）下帶腕。（保門勢）上進步反格。（中陰手）下抽身截腕。上上步截腕。下反截腕。上抽手截腕。下抽手截腕。上帶腿換步刺腰。下換步刺腰。上平抽。下刺胸。（獨立金雞式）上平帶。對提。各保門。各伏式。下刺胸。上平擊。對提。對劈。對刺。上格腕。下翻刺腕。上扣腕刺。對轉身劈劍各保門。上下收劍完。

劍法十三勢　武當劍法，大別爲十三勢，以十三字名之：即抽·帶·提·格·擊·刺·點·崩·攪·壓·劈·截·洗，亦似太極拳之掤·攦·擠·按·採·挒·肘·靠·前進·後退·左顧·右盼·中定也。此外另有舞劍，未有定式，非到劍術純妙不能學習，非口授面傳，不能領會。

以上所編套子，即劍學泰斗李師芳辰以十三勢編練而成。對練時，審來度往，按法練習，初習時，宜慢不宜快，宜緩不宜疾。式式應到家，劍劍須著實，有時須注意用法，與練法不同處，此其大概也。

摔角之大概　中國拳術於踢打之外，有摔角與擒拿二藝。摔角爲近身扭結時必要之技術，粗看似全仗膂力，詎不知方法之外，實有巧妙存焉。初學者先以一人單練，如前進後退，轉身變臉，勾腳，挑腿，挺腰坐馬等方式。但不行打，不行踢，如犯之即違章，爲衆所不許。初與師對練與同學對比，如大別子，挑勾子，抹脖兒等等，全仗實驗工夫。最奇者，變臉一事，如對人使上把或下把時，雖轉身而不變臉，仍不能倒敵，一變臉敵必撲跌矣。此藝現在江南者楊方五、佟忠義、王子慶、諸君優爲之。習練工具，用專用褡褳衣一襲，腰帶一根，其行規，服此衣摔死不償命。其優劣以跌倒多次者爲負。比演時相約摔三十交或五十交爲準。善此者，約定三十交，可將對方摔倒三十交，或可將人摔之上樓，或摔斷腰腿，竟至死者。故有人認此爲危險之技藝者，其實在教者與學者之性情耳。

摔角方式甚多，另有專書，非片言所能盡，本篇略述大概，爲學太極者一斑之助耳。

東瀛所謂柔道者，實係吾國古代所流傳，考其功力，碻有湛深之成就，考其方法，尚不及吾國摔角之什一。惜吾國上下不能一致提倡，視爲江湖末技，不足當大雅之欣賞也。

擒拿之大要　擒拿術，不行打，不行踢，亦不行摔，專以特種手術將敵拿住，換言之：將敵之四肢之一部，用一方法，使其不能動，不能倔強，無可脫逃。敵如反抗，則其四肢之一部，必致苦楚難堪，或有折筋斷骨之虞，彼只得聽從我之使命，此之謂拿住。今將各部拿法名目開列如下：

第一頭部法　搬頭法，抓臉法，抓耳法，捏喉法。

第二肘部法　纏肘法，向上搬肘法，向上推肘法，轉身抗肘法，橫斷肘法，向下壓肘法。

第三拳部法　抱拳滾身法，捲拳法，扣拳拐肘法，扣拳壓肘法。

第四腕部法　單纏腕法，雙纏腕法，大纏腕法。

第五掌部法　反掌斷肘法，掣掌跨肘法，牽手法，扣掌按肘法，扣手拐肘法，捏手背穴法。

第六腿部法　倒坐腿法，搓腿法，拿陰破法。

踢打之部位　八可打，八應打，八不打三法。所謂八可打者，比演時可打而無害。八應打者，懲兇罰惡之舉。八不打者，打著便有危險。以上三種，亦是學技者不可不知也。今開列如下：

八可打　兩肩窩，兩上肘，兩背胛，（背之上部）兩大腿，以上八處，可爲師徒間揀習撲打之用，尚無妨礙。

八應打　一打眉頭雙睛，二打口上人中，三打耳下穿腮，四打背後脊縫，五打兩肘骨節，六打鶴膝虎脛，七打腿下顆骨，八打腳背指脛。如遇暴客凶徒，舉動狠毒時，應打以上八處，而懲之，使其疼痛昏迷，不致作惡也。

八不打　一不打泰山壓頂，二不打兩耳封門，三不打喉咽氣管，四不打胸間穿心，五不打乳下雙脇，六不打海底撈陰，七不打腰心兩腎，八不打尾閭中正。以上八處，踢打中著，必有性命之虞，故不打也。

自然門　此門之拳術，從人身本來自然行動中習練之。其初步煅煉手足、腰腿、目光各部，而於手尖腳尖，尤爲注意。其練法詳載於萬籟聲出版之武術匯宗（商務印書館出售）本篇不贅。萬氏於中央歷屆比試，皆佔優勝，其師即余盟兄杜心五也。杜氏年屆七旬，身懷絕技，目光如電。惜其學道心切，已入羽士之流，比聞遯入出林矣。

靈令門　此門之拳，可謂少林宗最細最全之技術。其初步先學五種模子，又名羅漢工，即基本工夫。而後學各種單式打法，其八種腿法，尤爲他派所無。鍛鍊時，有靜動兩法，極繁細，極深刻。非普通人所能學習。余兄劉百川精研此藝，清季藉此走鏢北方，革命軍興，護從蔣總司令北伐歸來，以年老告休，現聘爲浙江國術館教務長。

（六）勁與力之分　吾人四肢運動之效用，體育家名之謂「力」，武術家稱之曰「勁。」考「勁」與「力」之分甚微，所謂力者天然漲成，其效用隨年齡疾病而增減，明言之年齡少壯其力強，年齡老大其力衰，身體康健其力充，身患疾病，其力弱。所稱勁者則不然，由多年苦練而成，其效用不因年事疾病而退減。曩年八卦先師董海川董老公享壽九十餘歲，于臨命終時有一壯士爲其更衣，董不欲，一舉手將壯士拋擲窗外，至今八卦門傳爲美談，足見內勁之不因疾病而減弱，可知矣。今將全身之力可練而成內勁者，列如下：

握力（掌勁）　合力（擠勁）　射力（挒勁）　推力（按勁）　拉力（採勁）

拖力（攦勁）　托力（肩勁 稱勁）　舉力（掤勁）　提力（提勁）　招力（腕勁）

騎力（沉勁）　排力（開勁）

以上略分爲十二種，其發勁之源皆起于腳，出動於腰，而達於四肢也。

（七）師生間之關係　歷來教拳者雖口頭法一說，教授毫無分別，而實際碻有三種情形。第一種：受業者爲徒弟，教授者爲師傅，授者盡心苦練，教者盡心教授，但學業之外，師家大小雜務，皆須服役，待有技藝程度，初隨師爲幫教，繼則代教，三年五載之薪水完全供養師傅，其後看師傅之度量，與夫業徒之資格若何？如業徒漸漸老練，則師傅亦漸漸客氣，此後場面皆歸自己撐持矣。然對於輩分，仍極尊重，門戶亦極重視。

江湖藝規大半相同。如唱戲者科班中例規，藝徒儘享大名，儘掛頭牌，能叫座，能博彩，而其包銀一千二千，全歸業師收去，待到資格已老，經過滿師手續，方得自由營業。各師皆如此，各徒皆如此，以上情形，雖爲江湖俗例，亦屬人情之常。否則爲師者，既無利益希望，何苦而爲竭盡心力之指教。在學者方面，對於師之本有技藝，尚不可得，欲求青出於藍，更爲難矣。

第二種：　受業者爲門生，社會中所謂拜門者。教授者爲老師，師弟之間，稍稍客氣，除學業外，不服役私事。其教練亦有相當指授，學業亦有成就者。其門生有爲師傅盡義務者，有不盡者，一門之中，個個不同。

第三種：　教授者稱爲先生。如學校學生，軍營士兵，以及時髦機關職員，逢期一次二次，教者既不能精確指導，學者亦無非時髦而已，事實上難以成就也。

從來拜師傅者，須具大紅全帖，第一頁寫生徒姓名某某頓首拜，第二頁寫生徒三代父母本人年齡籍貫住址。有於第三頁附寫介紹人姓名籍貫住址者，有不寫介紹人者，最後寫當時年月日，另設香案，中供本門祖師，邀請師伯叔及師兄弟等觀禮，先由業師拜其祖，（少林門爲達摩，武當門爲張三丰）其徒繼拜之，跪奉其帖後，向師再拜，起對各師伯叔師兄弟行禮，即舉行宴會。有獻贄見儀者，其數不定，視其師生感情與贈者經濟耳。

少林門（山東滄洲一帶拳廠）習拳之經過

一：拜師。（經二人以上之介紹，具帖請酒，及各種儀式。）

二：習彈腿。（彈腿。爲少林門各路拳術之基礎，故先習此。）

三：拉架子。（拉架子者，即習各種拳術之架子，待所習之拳架子，手足純熟，身法自然，將本身之；勁能作用到四梢，（即手尖足尖）爲期約二三年，然後再學短兵器若躐等而學便有害其師亦不許也。

四　學刀劍。（鞭鐧等短器），練大槍。

五　折拳法。（將拳架各式折開說明用法），折器械，其方法與上同。

六　練拳對子。（各種拳架對打方法）

七　學手法。（各種爪拿法）

八：折器械。（各種器械對打法。）

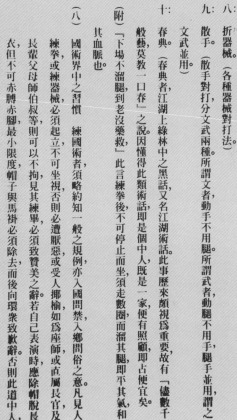

九：散手。（散手對打，分文武兩種。所謂文者，動手不用腿。所謂武者，動腿不用手，腿手並用，謂之文武並用。）

十：春典。（春典者，江湖上綠林中之黑話，又名江湖術話。此事歷來頗視為重要，故有「儘數千般藝，莫教一口春」之說。因懂得此類術話，即是個中人，既是一家，便有照顧，即占便宜矣。

（附）「下場不溜腿，到老沒藥救」此言練拳後不可停止而坐，須走數圈而溜其腿，即平其氣，和其血脈也。

（八）國術界中之習慣　練國術者，須略約知一般之規例，亦入國問禁，入鄉問俗之意。凡見人練拳，或練器械，必須起立，不可坐視，否則必遭厭惡，或受人揶揄，如為座師或直屬長官，及長輩父母師伯叔等，則可以不拘。見其練畢，必須致贊美之辭。若自己表演時，應除帽脫長衣，但不可赤膊赤腳，最小限度，帽子與馬褂必須除去，而後向環衆致歉辭。否則此道中人，以為欺師蔑祖，目空一切。暗中已受人歧視，或竟當場發生比試等事，因此而生永久之惡感矣。

凡向人索閱刀劍器械等件，不可魯莽開視。必須先得其允可，接到手後，應變換側方視之，其快口尖銳須對己，不可對人，否則爲大不敬，且防傷人。最要者，勿以手指口沫摩其刀劍，犯之尤爲一般習慣所痛惡。在宴會席上，有同道人來遞茶或斟酒，皆係表示尊敬與佩服之禮節；受者當起立而回敬其禮，毋忽視之。平常言論，切忌評人工夫之長短，雖屬一時閒談，並無成見與其他作用，但對方之名譽及生計，或竟因此而受重大之打擊，彼必以全力希圖報復，是不可不知也。

以上各條，略舉大概，一知半解，在所不免。至所述太極之妙用，余在十餘年前，初聞此言，以爲業此者宣傳之辭。今以各師之講授，自身之經過，以及同學朋友之試驗，到爐火純青時，確有神妙莫測之作用。余非小說家，何必過炫其說，要在善學者，刻苦求之，自得之耳。

中國自古以來，武器甚多，形式各異，（名稱不一，而一般所稱之十八般武器，名式如下：）長槍、大刀、戈、矛、戟、槊、斧、鉞、爪、鐮、鈀、叉、棍、鎚、劍、刀、鞭、弓，鐗由鞭而成，弩由弓而成，鏢由矛而成，匕由劍而成，故不列。

附言

鄙見國術名稱，宜改爲武術二字，較爲適當。因國術之稱，範圍過於廣泛，凡屬中國之藝術，圖畫

附　言

琴·棋，百工六藝，皆可稱爲國術，豈獨僅僅乎武術哉？或曰稱爲武術，恐與軍事相混合。實則不然，行陣作戰之學，皆冠以軍字，如軍事計劃，軍事訓練，陸海空軍，陸軍大學，軍官學校，或簡稱爲軍人，軍官，軍佐，軍械等，世界各國皆同，決不與武字相混淆。或曰：此係中國之技術，須加以國字。試問中國一切學術，一切機關，皆冠以國字可乎？東西洋各國，其本國之學術，並不皆冠以國字，其重在事實與性質明矣。邇來中央國術館，兼研究西洋撲擊，日本擊劍諸藝，不如易以武術二字爲當，質之海內賢達，以爲如何？

江西豐城縣古劍匣亭

亭中有〇者即古遺干將莫邪之石劍匣其詳見古劍匣篇及劍匣亭記

莫干山劍池即干將莫邪鑄劍處池在岩石洞不甚寬廣上有飛瀑折疊下注境殊幽勝摩崖二字不知何代所刻　元秀誌

武術偶談附錄

武術偶談附錄

古劍匣

此周秦物也，昔闔盧扃斷兵庫，啓鑰失其故，有得白兔二，召劍師干將莫邪視之，云：精氣之爲物也。請鑄劍，劍成雌雄二具，龍文星象，洵爲神物。秦皇不敢佩帶，深藏地窟，以鎮王氣者，爲神物謀也。迨東晉時，張華雷煥察日邊有劍氣，求分野，屬豐城，祈及微渺而掘獄，所深及於淵，得石匣藏周代之兩劍，今之遺匣，當時之藏匣也。吾邑既以劍名，而有此匣，當相爲愛惜，以緬前賢，恍如在覿，特不能不遺憾毀博物志之九卷者。

光緒丙午季春月邑人李鏞謹識：

重建劍匣亭記

劍津，在福建延平邵，嘉慶庚申夏，余隨侍　家嚴宦遊閩中，路過津旁，舟人告以此間有雙龍盤屈於潭下，余徘徊留之不能去，因憶晉雷煥令豐城，掘獄得石匣，藏劍二，送一與張華，華曰：此干將也，莫邪何爲不至？然神物終當合耳。今既得雙劍之所在，而古匣存與否？恨不得至豐城一訪，爲可惜也。越七年，以邑丞來江右，又十三年，補職豐城，因得考所云石匣者。夫匣有蓋有底，茲之匣蓋存，其底失所在。或曰：底沒於滎塘故池中，每歲三月三日池上風雨迷離，雙龍歸朝故匣者，其即此底與？姑勿深論，第念劍神物也，匣亦神物也，世之相隔千有餘歲，張華、雷煥去而上仙，干將、莫邪化而爲龍，獨留此一匣，經兵燹之摧殘，城池之遷徙，依然無恙於人間，安知非造物顯示神迹而不欲終晦耶？考匣之顛末，先是埋於土窟，晉時出諸舊治獄基，明代移置今治學宮，至我朝嘉慶十有一年，前令朱始於尊經閣東偏覆之以亭，曾幾何時，亭遭水圮，匣復淪於草莽。夫以天生神物，既不獲與砥礪砮丹同登天府，徒聽其晦而顯，顯而復晦，如此亦良足慨已！夏六月，余兼理邑篆，與諸紳士謀重建，相厥故址，築高數尺，爲亭復其舊觀，仍妥匣於中，俾遊斯亭者，觀匣之爲物，窈然以深，如人之中藏若虛；確乎不拔，如人之品望敦重；矗而平，剛而直，如人之大雅在骨，不露嶙峋焉。以塊然之質，爲他山之助，將見人材蔚起，牛斗之間，文光更盛於龍光，而謂後之人有不踵而珍之者乎？夫然後知神跡之不可輕也，夫然後知神跡之不終晦也。昔蘇文忠公過石鐘山下，以小舟泊絕壁，務求石鐘之所由名。余於石匣，自過劍津後，每思一訪，不意歷經數十年，以風塵末吏相遭於萍水，亦未始非天假之緣，以慰吾慕古之懷也。故書以爲記。

大清道光四年，歲次甲申六月己亥豐城縣縣丞兼理縣事秋浦姚敏德記。

歷代劍俠名人表

名別	類別	朝代	事徵	書名
顓頊氏	帝	上古	居位有曳影之劍，騰空而舒，若四方有兵，此劍則飛起指其方則尅代之。	拾遺記
仲由	儒	春秋	戎服見孔子孔子問曰：汝何好？曰：好長劍，拔劍而舞之。曰：古之君子，以劍自衛乎？	孔子家語
莒子庚輿	君	春秋	虐而好劍。苟鑄劍，必試諸人，國人患之。	公羊傳
曹沫	將	春秋 魯國	沫爲魯將，與齊戰三敗北，魯以地和。盟于柯。沫執匕首劫齊桓公，公莫敢動。盡復魯侵地。	史記 曹沫傳
鉏麑	刺客	春秋 魯國	晉靈公不君，忌趙盾諫，使鉏麑賊之。盾朝服端坐。麑歎曰：不忘恭敬，民之主也。賊民之主不忠，棄君之命不信。觸槐而死。	左傳

歷代劍俠名人表 二

專諸	刺客	春秋	吳國	吳公子，欲立。具酒請王僚。使專諸置匕首魚炙之腹中而進之。至王前專諸擘魚以匕首刺王，死專諸亦死。	史記 專諸傳
要離	刺客	春秋	吳國	吳王使要離刺慶忌，離請戮其妻子，斷其右手，詐以負罪出奔衛。慶忌果信其謀，渡江圖吳。離於中流因風勢以矛鈎忌冠。順風而刺之。忌死，離亦自殺。	吳越春秋
丘來丹	刺客	春秋	魏國	來丹以其父被黑卵所殺。初將手劍報仇，不能，復借周孔之寶劍名宵練，三斬黑卵。不血刃。三擊其子，亦如投虛歎而歸。	列子 湯問篇
赤比客	刺客	春秋	楚國	干將被楚王殺，其子赤比欲報仇。王知之，亡去，遇客。客許代報。赤比自取頭與劍付客。客持見王，王喜。客請以頭入湯鑊煮之。王臨視，客斬王頭落湯中，客亦自擬頭墮湯中。	搜神記

佽非　劍客　春秋　荊

佽非渡江，兩蛟繞其船。非瞑目勃然攘臂拔劍，赴江刺蛟，斷其頭，船中人得以盡活。淮南子

蘭子　劍客　春秋　宋國

蘭子以術干宋元。弄七劍，迭而躍之，五劍常在空中。列子說符篇

越處女　劍客　春秋　越國

越王使袁公聘處女，欲求劍術，遇諸途，女請以術試。於是袁公即杖箖箊竹，竹枝上頡橋末墮地，女即捷末。袁公飛上樹，變爲白猿別去。見越王，談劍術。此爲劍俠之始。吳越春秋

豫讓　刺客　戰國

豫讓爲其主，智伯報仇。一藏于廁，再伏于橋下，皆爲趙襄子所覺。襄子義之，持衣與讓，拔劍擊其衣，遂自伏劍而死。戰國策

聶政　刺客　戰國

政感嚴遂之知，許報韓傀仇。東孟之會，傀適在焉。政獨持劍直入刺殺之，兼中烈侯。政亦遂死。戰國策

歷代劍俠名人表　四

荊軻	刺客	戰國	燕太子丹懼秦皇兼併，求軻刺之。軻以樊于期之頭，及燕督元之地圖獻，得近。旋爲皇識破。軻持匕首刺之，逐諸庭。皇以佩劍擊斷軻股，軻知事不濟，倚柱笑罵爲左右殺。	史記荊軻傳
高漸離	刺客	戰國	漸離以秦天下，變姓名爲宋家庸，一日擊筑，客皆流涕。秦王聞而召之，使擊筑，與皇近。舉筑扑皇，不中，遂誅。	史記荊軻傳
趙文王	國君	戰國	喜劍。劍士夾門而客三千餘人，日夜相擊劍于前。	說劍篇
趙主父	國君	戰國	主父受神人隱身術，入秦昭王所居之宮，人不知。夜靜，以匕首刺王，中之而不傷。	瑯嬛記
項莊 項伯	武士 俠客	楚漢	項羽鴻門宴沛公，范增令項莊舞劍，因擊沛公。項伯亦起舞，以身翼沛公。	高祖本紀

梁刺客	刺客	漢景帝時	梁王怨袁盎阻其爲嗣，使人刺盎。刺者至關中聞人稱盎不容口。遂不忍刺，置其劍。	漢書袁盎傳
淮南太子	太子	漢	淮南王安太子，學用劍，自以爲人莫及。	淮南王安傳
蜀刺客	刺客	漢建武間	來歙攻公孫述，乘服遂進，蜀人大懼。使客刺之，遂中。	後漢書來歙傳
楊賢	刺客	漢建武間	隗囂令楊賢刺杜林于隴坻。賢見林身推鹿車，載致弔喪。嘆曰：何忍殺義士！亡去。	杜林傳
梁刺客	刺客	漢	梁冀忌崔琦直諫，遣歸，令刺客陰殺之。客見琦耕於陌上，懷書奮讀，客哀其治，令琦自逃。	崔琦傳
劉刺客	刺客	後漢	先生領平原相。劉平素輕之，使客刺之。客不忍，語之而去。	蜀志先主傳

歷代劍俠名人表

王越	將	漢靈桓間	劍術之善，噪震京師。	典論自序
阿言	將	漢靈桓間	具得王越劍法。	典論自序
鄧展	將軍	漢	手臂挽五兵，空手入白刃。	典論自序
曹丕	太子	魏	幼學擊劍，閱師孔多，桓靈間虎賁王越善劍術，稱于京師。河南史阿言者與越游，具得其法。丕從阿學之精熟，聞平虜將軍鄧展善斯術，與論劍。既而比較其術，丕竟勝之。	典論自序
鄧遐	劍客	晉	襄陽城北沔水有蛟，常爲人害。遐遂拔劍入水，蛟繞其足。遐揮劍截蛟數段而出。	鄧遐傳

六

沐謙 刺客 晉

劉裕忌憚司馬楚之，遣沐謙刺之。楚之聞謙病，齋湯藥往省之，謙感其意，出匕首於下，告以狀，遂委身事之。（魏書司馬楚之傳）

呂元伯 刺客 晉

劉義隆忌憚王慧龍，遣客刺呂元伯購其首，元伯僞反間來求，慧龍疑之，探其懷有尺刀，元伯請死，慧龍宥之。（王慧龍傳）

鄭植 刺客 梁

扶風大守東昏使植至雍州，潛爲刺客。雍州刺史鄭紹叔知之，密白高祖，置酒飲之，并請觀兵馬強盛，回去不敢動。（梁書鄭紹叔傳）

棗強氏 刺客 唐祖末年

唐祖親征河北，令楊師厚分兵攻棗強縣，半浹旬方拔其壘。既陷之日，無少長皆屠之。時城中遣一民詐投軍中，李周彝收爲部伍，謂周彝曰：請一劍，願先登以收其城。未許。民急抽茶担擊周彝頭仆地，左右擒之。民本欲窺楊師厚，不能辨，誤中周彝。（北夢瑣言）

歷代劍俠名人表 八

姓名	類別	朝代	事蹟	出處
虬髯客	劍俠	隋	知李靖是丈夫。傳授兵書。後興唐。一日與靖飲，開革囊取一人頭并心肝。卻頭囊中，以匕首切心肝，共食之。曰此人天下負心者。銜之十年，今始得之，吾恨釋矣。	杜光庭虬髯客傳
李靖	將	唐	受虬髯客傳授兵法及劍術，佐高祖成帝業。	杜光庭虬髯客傳
裴旻	劍客	唐	旻爲吳道子舞劍。走馬如飛，左旋右抽，擲劍入雲，高數十丈若電光下射。旻引手執鞘承之，劍透空而下。又旻常與幽州都督北伐，爲奚所圍。旻舞刀立馬上，矢四集皆迎刀而斷。奚大驚，引去。	獨異志
車中女子	劍俠	唐開元中	吳郡士人入京，適宮苑失物，捕賊，誤收士入獄。女子飛入獄，以絹縛士人胸膊及己身，聳然飛出宮城數十里而下。	劍俠傳

崐崘磨勒 劍俠 唐大曆中

負崔生與姬，飛出峻垣十餘里，甲士五十人，圍崔生院，又持匕首飛出高垣，瞥若翅翮，疾同鷹準，攢矢如雨，莫能中之。 劍俠傳

蘭陵老人 劍俠 唐

老人偶居蘭陵，京兆尹往道缺，老人試劍術，以長劍七口，舞于中庭。迭躍揮霍，閃光電激，或橫若掣帛，旋若欻火，有短劍二尺餘，時時及尹之鬚。尹歸臨鏡，知鬚剃落寸餘。 劍俠傳

公孫大娘 劍客 唐開元中

其舞西河劍器，渾脫，瀏灕，頓挫，獨出冠時。曉是舞者，皇帝初公孫一人而已。 唐本紀

李十二娘 劍客 唐大曆中

爲公孫大娘弟子，其在臨潁舞劍器，夔州別駕元特宅見之，壯其蔚跂。 杜甫觀公孫大娘弟子舞劍器行并序

紅線	劍俠	唐	潞州節度使薛嵩，憂魏博節度使田承嗣併其地，紅線爲之謀。是夜一更至魏，盜田金合，二更回府。往返七百里。田失金合，一軍憂疑，嵩使人持書及金合授之，田極感謝。由是兩方交歡，紅線即去。	劍俠傳
僧俠	劍俠	唐建中初	士人韋氏，途遇僧，僧邀其至舍宿，久未至，韋疑之，取弓銜彈之。後至舍，僧厚待之，出其所中彈五枚，又授韋一劍，乞其盡藝，殺其徒飛飛，韋引彈俟飛飛，彈盡被敲落，躍在櫟上，循壁虛躡，復以劍逐之，飛飛忽近韋身，韋斷鞭數節，莫能傷之。	劍俠傳
聶隱娘	劍俠	唐貞元中	娘，魏博大將聶鋒之女，十歲，尼取之石穴中，教法五年，成就送歸。每夜失蹤，及明而返。父卒，以劉昌裔有神算，服從之，後魏帥使精精兒來賊劉，娘殺之。又使空空兒至，空空兒之神術，娘莫及。使劉以闐玉周其	甘澤謠

頸，娘化蠓蠛潛入劉腸中。至三更，聞項上鏗然聲，娘自劉口中躍出，賀劉無患矣。後不知所之。

盧生 劍俠 唐元和中

有唐山人者，自言善縮錫。遇盧生。盧求其術，唐不肯。盧曰：我俠客也。出懷匕首。唐懼，言其術。盧笑曰：此術十得六七，某師仙也。劍俠傳

田膨郎 劍俠 唐文宗中
王小僕

帝失玉枕，索盜嚴。時蕃將王敬弘軍宴中宵，求好樂器。小僕劇將琵琶至。王奇之，問偷枕者何人。小僕曰：田膨郎也。市廛軍伍，行止不恆，勇力過人，且喜超越千兵萬騎，亦難擒之。隔宿，田等入望仙門，小僕執毬杖擊之，折其足，就擒。劍俠傳

李龜壽 刺客 唐宣宗朝

晉國公退朝入書齋，花鴨從，花鴨連銜公衣卻行。既入，花鴨仰視吠急。公疑之，取劍向空祝曰：若有異類陰物，可出相見。忽櫟 江行雜錄

上有人墮地，請罪。曰：吾乃李龜壽也。或有厚賄，令不利于公，公赦之。

荊十三娘　劍俠　唐

李正郎有愛妓，妓父母奪以與諸葛殷。李語于荊娘。曰：六月六日正午，待我于潤州北固山。至期，荊娘將妓與妓父母首級授李。

劍俠傳

京西店老人　劍俠　唐

韋行規遊京西，自恃弓矢。老人勸勿夜行。不聽。行數十里，有人起草中，尾之，連發矢中之，矢盡不退。韋懼，頃風雷總至。韋負一大樹，見空中電光相逐，勢漸逼樹杪。韋仰空拜命，電雷息，樹之枝幹盡矣。返前店，老人笑曰：客勿恃弓矢，須知劍術。旋出桶板，昨夜之箭，悉中其上。

劍俠傳

李汧公勉爲開封尉，縱一囚，罷職後見故囚，囚迎家厚待，欲報恩。其妻以恩厚難報，

梁上客 刺客 唐

請殺之。勉知，夜逃至津店。梁上人曰：我幾誤殺長者。乃去。未明，擒故囚夫妻二首以示勉。

唐國史補

長安客妾 劍俠 唐 貞元中

長安客有買妾者，居之數年，忽爾不知所之。一夜，提人首至，告其夫曰：我有父冤，故至此，今報矣，請歸。出門如風，旋至，斷所生二子喉而去。

唐國史補

王子刺客 刺客 唐 則天朝

都督謝祐凶險忍毒，逼曹王自盡，王子令刺客于臥中截祐首以去。

金鑾密記

呂用之 方士 唐 僖宗中

用之以亡命歸高駢，駢與鄭畋有隙，用之預知畋遣刺客來刺駢，告駢并請以其黨張守一禦之，乃免。

通鑑

康王刺客 刺客 五代 梁 貞明元年

康王友孜，欲爲帝，使刺客夜刺末帝。帝夢人害己，既寢，聞榻上寶劍鏘然有聲，索寢中，得刺客，手殺之。

五代史 人傳

田英	刺客	南唐保大十二年	受周大將荊罕儒之賞，既殺契丹使之首，復劫江南番使頭。	南唐書
潘扆	劍客	五代南唐	嘗依海州刺史鄭匡國，匡國後知其是劍客，試其術。扆探懷出二錫丸，置掌中，俄而氣出指端，如二白虹，旋繞匡國頸，有聲錚然，引手收之，復爲錫丸。	南唐書
淘沙子	劍客	五代	僞蜀有隱迹於淘沙者，時休息于宇文化宅門大桐樹下。宇文異之，約再會浹旬。淘沙子到其門，門僕見其破帽，厲聲罵之。宇文聞之，出迎，與飲酣談道，辭去。翌晨扣門，將一新手帕裹一物寄于宇文，開視之，乃髮髻一顆，至日高，門僕不來，令召之，云：五更睡中頭髻被人截去。	茅亭客話
隱名士	劍士	五代	於腕間出彈子二丸，皆五色，叱令變化，即化雙燕飛騰，名雙奴，又令變，即化二小劍	雲仙雜記

交擊須臾，復爲丸入腕中。

李光輔 劍士 宋

眞宗時，光輔善擊劍，詣闕。帝曰：若獎用之，民悉好劍矣。

宋史眞宗本紀

張乖崖 劍俠 宋

乘崖一日與祝隱居遊，見棗樹有合拱之圍，探手袖間，飛一短劍，約平人肩，斷樹爲二。隱居驚曰：我往受此術於陳希夷，而未嘗爲人言也。又一日有舉子王元之于平野間見之，避道於百步前，曰：我視君昂然飛步，神韻輕舉，知必非常人。

春渚紀

西夏刺客 刺客 宋

韓魏公領四路招討使，駐延安。張元使西夏刺客于夜攜匕首至公臥內。公語之，令取首去。客曰：不忍，得諫議金帶足矣。

清波雜志

苗劉刺客 刺客 宋

張浚討苗傅、劉正彥，夜坐，警備甚嚴。忽有客至前，出一紙曰：此劉正彥募公賞格也。

宋史張浚傳

			僕粗讀書，知順逆，豈以身爲賊用？恐有後來者。	
姜家劍仙	劍仙	宋	姜廉夫一夕方就枕，忽一女子來，云：與有嘉約。一日女云已有厄，暫他避，出門不見。頃之，一道士來，令姜于靜室設榻堅臥，明日至正午啓門。久之，刀劍擊桌之聲不絕，忽若一物榻墮下，日午啓門，道士至，笑曰：無慮矣。令視墮物，乃一髑髏，如五斗大，用藥化爲水。道士與此女皆劍仙。女先與人綢繆，遽舍而從姜，故懷忿，欲殺女與姜。道士出力相救獲濟，女遂同室如初	誠齋雜記
角巾道人脫郭倫	劍俠	宋	郭于惡少窘辱，邀飲爲謝。辭去曰：吾乃劍俠，非世人也。擲杯長揖出門，數步耳中鏗然有聲，一劍躍出墮地，躡之騰空而去。	劍俠傳
劉遂	劍師	遼	聖宗時，命遂教神武軍士劍法，賜袍帶錦幣。	遼史聖宗本紀

察罕帖木兒 將 元

至正十一年，盜發汝潁，焚城邑，殺長史，所過殘破，江淮諸郡皆陷，朝廷徵兵致討，卒無成功。察罕帖木兒乃奮義起兵，從者數百人，與李思齊合兵，襲破羅山。事聞朝廷，授中順大夫，所在義士俱將兵東會，得萬人，與賊戰皆捷。 元史

張三丰 劍仙 元

元末明初之劍仙，本武當山丹士，明太祖召之不前，夜夢神授拳法，遂以絕技名於世，深通劍術，常以單丁殺賊百餘。 張三丰傳

玄貞子 劍俠

一塵子 劍俠 明正德武宗間

以下諸劍俠，出於明代野史之一，明寧藩謀叛，遍地私畜武士，邪道害國殃民，勢焰難制。于謙、王守仁用一班飛簷走壁技勇絕倫之豪傑，而莫可如何。諸劍俠出而相助，本其正氣，盡其異能，始得搗其巢穴，逆 明野史 以下同

藩被擒。但彼時是否確有其人，確有其事，不敢確定，不過據書摘錄，以供採擇。

歷代劍俠名人表

飛雲子	劍俠	明
默存子	劍俠	明
山中子	劍俠	明
霓裳子	劍俠	明
海鷗子	劍俠	明
凌雲生	劍俠	明
御風生	劍俠	明
雲陽生	劍俠	明
傀儡生	劍俠	明

獨孤生　劍俠　明

臥雲生　劍俠　明

羅浮生　劍俠　明

一瓢生　劍俠　明

夢覺生　劍俠　明

漱石生　劍俠　明

鷦寄生　劍俠　明

河海生　劍俠　明

自全生　劍俠　明

張松溪　劍俠　明　張三丰之高徒。

張三丰傳

歷代劍俠名人表

姓名	類別	朝代
呂四娘	劍俠	清
周潯	劍俠	清
曹仁父	劍俠	清
甘鳳池	劍俠	清
呂元	劍俠	清
路民瞻	劍俠	清
白泰官	劍俠	清
張福兒	劍俠	清
陳美娘	劍俠	清

以下劍俠九人，散見于稗官野史者甚夥。茲不贅記。

近聞錄

謝劍俠　劍俠　民國廿二年

廿二年八月某日，湖南常德黃清漢香粉店學徒耿杏兒年十七，益陽人。被一道士誘至一高山，旬日同時又誘來一人，年相等，將并殺之以鑄劍。忽有人從空中飛騰而至，道士懼，其人曰：好孽障，又欲害命，遂探懷取末藥少許，令道士吞之，即倒地而斃，化為血水，遂將兩人救出，復騰空帶至漢陽鸚鵡洲，囑其自尋親友帶回家去。問其人姓名，只答云姓謝，即不見，故稱之為謝劍俠。謝劍俠與該道士均操北方口音，此事最確。

李將軍傳

陳世鈞　劍客　民國

皖北籍，隱於關東者有年，能出沒無踪，日食全羊，與數日不食，冬不裘，夏不葛，以人盤劍，傳河北李芳辰將軍。

李景林　將　民國

籍隸河北棗強縣，親受陳世鈞劍俠之傳授，人盤劍術，曩在東省之日本軍人及海內國術名家與劍術者無不披靡。其他拳術槍術亦極優良。

歷代劍俠名人表

劍俠雖不多覯，但數千年來，代有其人。統系若何？卻無可攷。蓋此道不尚文字，擇人以傳。其出沒隱現，猶神龍之不可端倪。俠固衆人所不識，俠之道，自非衆人所能言。或且事涉忌諱，史乘不敢書。士大夫弗屑道。俠之與世，乃相去愈遠，而隔閡愈甚。本表所列，或出自經史傳紀。或從諸子雜記稗官野史中蒐集而來。因其統系無可攷，僅以時代先後爲次序。有非俠客一流而以善於用劍著稱者，爰亦選擇加入，并以謝陳李三君殿於後。此三人者，皆今之鳳毛麟角也。鄙人見聞不廣，掛一漏萬，知所不免，幸博雅君子，有以補益之。

民國廿三年冬月虎林黃元秀識於南昌百花洲行營。

黃元秀太極要義

編著者｜黃　元　秀
點校者｜崔　虎　剛
責任編輯｜苑　博　洋

發行人｜蔡森明
出版者｜大展出版社有限公司
社　址｜台北市北投區（石牌）致遠一路 2 段 12 巷 1 號
電　話｜（02）28236031・28236033・28233123
傳　真｜（02）28272069
郵政劃撥｜01669551
網　址｜www.dah-jaan.com.tw
電子郵件｜service@dah-jaan.com.tw
登記證｜局版臺業字第 2171 號

承印者｜傳興印刷有限公司
裝　訂｜佳昇興業有限公司
排版者｜弘益企業行
授權者｜北京科學技術出版社
初版 1 刷｜2024 年 7 月

定　價｜500 元

黃元秀太極要義／黃元秀　編著　崔虎剛　點校
——初版——臺北市，大展出版社有限公司，2024.07
面；21 公分——（武學名家典籍校注；20）
ISBN 978-986-346-471-6（平裝）
1.CST：太極拳
528.972　　113008149